JN407388

1권

제1회
하나은행
온라인 필기전형

www.sdedu.co.kr

〈문항 수 및 시험시간〉

구분	출제범위	문항 수	시험시간
NCS 직업기초능력	의사소통능력, 수리능력, 문제해결능력	70문항	90분
금융 · 디지털상식	금융 · 디지털상식	10문항	

※ 문항 수 및 시험시간은 2025년 하반기 공고문을 참고하여 구성하였습니다.

하나은행 온라인 필기전형

제1회 모의고사

문항 수 : 80문항
시험시간 : 90분

제1영역 NCS 직업기초능력

01 다음 중 띄어쓰기가 옳지 않은 것은?

① 나는 책을 읽어도 보고 했으나 머릿속에 들어오지 않았다.
② "어디, 나한테 덤벼들어 봐라!"
③ 신발이 그만 물에 떠내려가 버렸다.
④ 하늘을 보니 비가 올듯도 하다.

02 다음 한자성어 중 나머지와 의미가 다른 것은?

① 군계일학(群鷄一鶴)
② 철중쟁쟁(鐵中錚錚)
③ 태산북두(泰山北斗)
④ 천재일우(千載一遇)

03 다음 중 밑줄 친 관용 표현의 사용이 적절하지 않은 것은?

① 학생들은 쉬는 시간마다 난장을 치고 논다.

② 그녀는 말이 없는 편인데, 항상 달다 쓰다 말이 없어서 답답하다.

③ 그들은 부정한 방법으로 한몫 잡고 해외로 도주했다.

④ 그와 나는 눈 위의 혹처럼 막역한 사이이다.

04 다음 글의 중심 내용으로 가장 적절한 것은?

> 헤르만 헤세는 어떤 책이 유명하다거나, 그것을 모르면 부끄럽다는 이유만으로 억지로 읽으려는 태도는 매우 잘못된 일이라고 말했다. 그는 이어서 "그렇게 하기보다는, 각자는 자신에게 자연스럽게 끌리는 분야에서 읽고, 알고, 사랑해야 한다. 어떤 이는 학생 시절 일찍이 아름다운 시구의 매력을 발견할 수도 있고, 또 어떤 이는 역사나 고향의 전설에 마음이 끌릴 수도 있다. 혹은 민요에서 기쁨을 느끼거나, 인간의 감정을 섬세하게 탐구하고 탁월한 지성으로 해석한 글에서 독서의 즐거움을 찾을 수도 있을 것이다."라고 덧붙였다.

① 문학 작품을 많이 읽으면 정서 함양에 도움이 된다.

② 학생 시절에 고전과 명작을 많이 읽어 교양을 쌓아야 한다.

③ 독서는 우리의 감정을 정밀하게 연구하고 해석해 행복감을 준다.

④ 남들이 읽어야 한다고 말하는 책보다 자신이 읽고 싶은 책을 읽는 것이 좋다.

05 다음 A의 주장에 대해 반박할 수 있는 내용으로 가장 적절한 것은?

> A : 우리나라의 장기 기증률은 선진국에 비해 너무 낮아. 이게 다 부모로부터 받은 신체를 함부로 훼손해서는 안 된다는 전통적 유교 사상 때문이야.
> B : 맞아. 그런데 장기기증 희망자로 등록이 돼 있어도 유족들이 장기 기증을 반대하여 기증이 이뤄지지 않는 경우도 많아.
> A : 유족들도 결국 유교 사상으로 인해 신체 일부를 다른 사람에게 준다는 방식을 잘 이해하지 못하는 거야.
> B : 글쎄, 유족들이 동의해서 기증이 이뤄지더라도 보상금을 받고 '장기를 팔았다.'는 죄책감을 느끼는 유족들도 있다고 들었어. 또 아직은 장기 기증에 대한 생소함 때문일 수도 있어.

① 캠페인을 통해 장기 기증에 대한 사람들의 인식을 변화시켜야 한다.
② 유족에게 지급하는 보상금 액수가 증가하면 장기 기증률도 높아질 것이다.
③ 장기기증 희망자는 반드시 가족들의 동의를 미리 받아야 한다.
④ 장기 기증률이 낮은 이유에는 유교 사상 외에도 여러 가지 원인이 있을 수 있다.

06 다음 글의 빈칸에 들어갈 내용으로 가장 적절한 것은?

> 미학은 자연, 인생, 예술에 담긴 아름다움의 현상이나 가치 그리고 체험 따위를 연구하는 학문으로, 미적 현상이 지닌 본질이나 법칙성을 명백히 밝히는 학문이다. 본래 미학은 플라톤에서 비롯되었지만 오늘날처럼 미학이 독립된 학문으로 불린 것은 18세기 중엽 독일의 알렉산더 고틀리프 바움가르텐(Alexander Gottlieb Baumgarten)의 저서 『미학』에서 시작된다. 바움가르텐은 '미(美)'란 감성적 인식의 완전한 것으로, 감성적 인식의 학문은 미의 학문이라고 생각했다. 여기서 근대 미학의 방향이 개척되었다.
> 미학에 대한 연구는 심리학·사회학·철학 등 다양한 각도에서 시도할 수 있다. 또한 미적 사실을 어떻게 보느냐에 따라서 미학의 성향도 달라지며, ________________________ 예컨대 고전 미학은 영원히 변하지 않는 초감각적 존재로서의 미의 이념을 추구하고, 근대 미학은 감성적 인식 때문에 포착된 현상으로서 미적인 것을 대상으로 한다. 여기서 미적인 것은 우리들의 인식에 비치는 아름다움을 말한다.
> 미학을 연구하는 사람들은 이러한 미적 의식 및 예술의 관계를 해명하는 것을 주된 과제로 삼는다. 그들에게 '아름다움'을 성립시키는 주관적 원리는 가장 중요한 것으로 미학은 우리에게 즐거움과 기쁨을 안겨주며, 인생을 충실하고 행복하게 해준다. 더 나아가 오늘날에는 이러한 미적 현상의 해명에 사회학적 방법을 적용하려는 '사회학적 미학'이나, 분석 철학의 언어 분석 방법을 미학에 적용하려고 하는 '분석미학' 등 다채로운 연구 분야가 개척되고 있다.

① 다른 학문과 달리 미학의 경계는 모호하다.
② 추구하는 이념과 대상도 시대에 따라 다르다.
③ 최근에는 미학의 새로운 분야를 개척하고 있다.
④ 따라서 미학은 이분법적인 원리로 적용할 수 없다.

07 다음 문단을 논리적 순서대로 바르게 나열한 것은?

(가) 하지만 지금은 고령화 시대를 맞아 만성질환이 다수다. 꾸준히 관리받아야 건강을 유지할 수 있다. 치료보다 치유가 대세다. 이 때문에 미래 의료는 간호사 시대라고 말한다. 그럼에도 간호사에 대한 활용은 시대 흐름과 동떨어져 있다.

(나) 인간의 질병 구조가 변하면 의료 서비스의 비중도 바뀐다. 과거에는 급성질환이 많았다. 맹장염(충수염)이나 구멍 난 위궤양 등 수술로 해결해야 할 상황이 잦았다. 따라서 질병 관리 대부분을 의사의 전문성에 의존해야 했다.

(다) 현재 2년 석사과정을 거친 전문 간호사가 대거 양성되고 있다. 하지만 이들의 활동은 건강보험 의료수가에 반영되지 않고, 그러니 병원이 전문 간호사를 적극적으로 채용하려 하지 않는다. 의사의 손길이 미치지 못하는 곳은 전문성을 띤 간호사가 그 역할을 대신해야 함에도 말이다.

(라) 고령 장수 사회로 갈수록 간호사의 역할은 커진다. 병원뿐 아니라 다양한 공간에서 환자를 돌보고 건강관리가 이뤄지는 의료 서비스가 중요해졌다. 간호사 인력 구성과 수요는 빠르게 바뀌어 가는데 의료 환경과 제도는 한참 뒤처져 있어 안타깝다.

① (나) – (가) – (다) – (라)
② (나) – (라) – (가) – (다)
③ (다) – (가) – (라) – (나)
④ (다) – (나) – (가) – (라)

08 다음 글의 '플라시보 소비'에 대한 사례와 거리가 먼 것은?

플라시보 소비란 속임약을 뜻하는 '플라시보'와 '소비'가 결합된 말로, 가격 대비 마음의 만족이란 의미의 '가심비(價心費)'를 추구하는 소비를 뜻한다. 플라시보 소비에서의 '플라시보(Placebo)'란 실제로는 생리 작용이 없는 물질로 만든 약을 말한다. 젖당・녹말・우유 따위로 만들어지며 어떤 약물의 효과를 시험하거나 환자를 일시적으로 안심시키기 위한 목적으로 투여한다. 환자가 이 속임약을 진짜로 믿게 되면 실제로 좋은 반응이 생기기도 하는데 이를 '플라시보 효과'라고 한다.
즉, 가심비를 추구하는 소비에서는 소비자가 해당 제품을 통해서 심리적으로 안심이 되고 제품에 대한 믿음을 갖게 되면, 플라시보 효과처럼 객관적인 제품의 성능과는 상관없이 긍정적인 효과를 얻게 된다. 이러한 효과는 소비자가 해당 제품을 사랑하는 대상에 지출할 때, 제품을 통해 안전에 대한 심리적 불안감과 스트레스를 해소할 때일수록 강해진다. 따라서 상품의 가격과 성능이라는 객관적인 수치에 초점을 두었던 기존의 가성비(價性費)에 따른 소비에서는 소비자들이 '싸고 품질 좋은 제품'만을 구매했다면, 가심비에 따른 소비에서는 다소 비싸더라도 '나에게 만족감을 주는 제품'을 구매하게 된다.

① K씨는 딸을 위해 비싸지만 천연 소재의 원단으로 제작된 유치원복을 구매하였다.
② C씨는 자신만의 물건이라는 만족감을 얻기 위해 다소 비싼 가격에 각인이 가능한 만년필을 구매하였다.
③ S씨는 계절이 바뀔 때면 브랜드 세일 기간을 공략해 꼭 필요한 옷을 산다.
④ L씨는 평소 좋아하는 캐릭터의 피규어를 비싸게 구매하였다.

09 다음 글의 내용으로 적절하지 않은 것은?

사람에게서는 인슐린이라는 호르몬이 나온다. 이 호르몬은 당뇨병에 걸리지 않게 하는 호르몬이다. 따라서 이 호르몬이 제대로 생기지 않는 사람은 당뇨병에 걸리게 된다. 이런 사람에게는 인슐린을 주사하여 당뇨병을 치료할 수 있다. 문제는 인슐린을 구하기가 어렵다는 것이다. 돼지의 인슐린을 뽑아서 이용하기도 했지만, 돼지 한 마리로부터 얻을 수 있는 인슐린이 너무 적어서 인슐린은 아주 값이 비싼 약일 수밖에 없었다.
한편 사람에게는 인슐린을 만들도록 하는 DNA가 있다. 이 DNA를 찾아 잘라낸 다음 대장균의 DNA에 연결한다. 그러면 대장균은 인슐린을 만들어 낸다.

① 인슐린을 만드는 DNA를 가공할 수 있다.
② 대장균의 DNA와 인간의 DNA가 결합할 수 있다.
③ 돼지의 인슐린이 인간의 인슐린을 대체할 수 있다.
④ 인슐린은 당뇨병을 예방할 수 있게 해 주는 약이다.

10 다음 글의 주장에 대한 비판으로 가장 적절한 것은?

고대 그리스 시대의 사람들은 신에 의해 우주가 운행된다고 믿는 결정론적 세계관 속에서 신에 대한 두려움이나 신이 야기한다고 생각되는 자연재해나 천체 현상 등에 대한 두려움을 떨치지 못했다. 에피쿠로스는 당대의 사람들이 이러한 잘못된 믿음에서 벗어나도록 하는 것이 중요하다고 보았고, 이를 위해 인간이 행복에 이를 수 있도록 자연학을 바탕으로 자신의 사상을 전개하였다.
에피쿠로스는 신의 존재는 인정하나 신의 존재 방식이 인간이 생각하는 것과는 다르다고 보고, 신은 우주들 사이의 중간 세계에 살며 인간사에 개입하지 않는다는 이신론적(理神論的) 관점을 주장한다. 그는 불사의 존재인 신이 최고로 행복한 상태이며, 다른 어떤 것에게도 고통을 주지 않고, 모든 고통은 물론 분노와 호의와 같은 것으로부터 자유롭다고 말한다. 따라서 에피쿠로스는 인간의 세계가 신에 의해 결정되지 않으며, 인간의 행복도 자율적 존재인 인간 자신에 의해 완성된다고 본다.
한편 에피쿠로스는 인간의 영혼도 육체와 마찬가지로 미세한 입자로 구성된다고 본다. 영혼은 육체와 함께 생겨나고 육체와 상호작용하며 육체가 상처를 입으면 영혼도 고통을 받는다. 더 나아가 육체가 소멸하면 영혼도 함께 소멸하게 되어 인간은 사후(死後)에 신의 심판을 받지 않으므로, 살아있는 동안 인간은 사후에 심판이 있다고 생각하여 두려워 할 필요가 없게 된다. 이러한 생각은 인간으로 하여금 죽음에 대한 모든 두려움에서 벗어나게 하는 근거가 된다.

① 신은 우리가 생각하는 것처럼 인간 세계에 대해 그다지 관심이 많지 않다.
② 인간은 신을 믿지 않기 때문에 두려움도 느끼지 않는다.
③ 신이 만든 인간의 육체와 영혼은 서로 분리될 수 없으므로 사후세계는 인간의 허상에 불과하다.
④ 인간이 아픔 때문에 죽음에 대해 두려움을 느낀다면, 사후에 대한 두려움을 떨쳐버리는 것만으로 두려움은 해소될 수 없다.

11 다음 (가) ~ (다)에 들어갈 내용을 바르게 연결한 것은?

> 일반적으로 우리는 음악을 감정의 예술로 이해한다. 아름다운 선율과 화음은 듣는 사람들의 마음속으로 파고든다. 그래서인지 음악을 수(數) 또는 수학(數學)과 연결시키기 어렵다고 생각하는 경우가 많다. (가) 음악을 구성하는 원리로 수학의 원칙과 질서 등이 활용되는 것이다.
> (나) 중세 시대의 『아이소 리듬 모테트』와 르네상스 시대 오케겜의 『36성부 카논』은 서양 전통 음악 장르에서 사용되는 작곡 기법도 수의 비율 관계로 설명할 수 있다는 것을 보여준다. 음정과 음계는 수학적 질서를 통해 음악의 예술적 특성과 음악의 미적 가치를 효과적으로 전달했다. (다) 피보나치수열을 작품의 중심 모티브로 연결한 바르톡, 건축가 르 코르뷔지에와의 공동 작업으로 건축적 비례를 음악에 연결시킨 제나키스의 현대 음악 작품들은 좋은 사례이다. 12음 기법과 총렬음악, 분석 이론의 일종인 집합론을 활용한 현대 음악 이론에서도 음악과 수학의 밀접한 관계는 잘 드러난다.

〈보기〉

ㄱ. 하지만 음악 작품은 다양한 화성과 리듬으로 구성되고, 이들은 3도 음정, 1도 화음, 3/4 박자, 8분 음표처럼 수와 관련되어 나타난다.
ㄴ. 고대에도 음악과 수, 음악과 수학의 관계는 음악을 설명하는 중요한 사고의 틀로 작동했다.
ㄷ. 20세기에 들어와 음악과 수, 음악과 수학의 관계는 더욱 밀접해졌다.

	(가)	(나)	(다)
①	ㄱ	ㄴ	ㄷ
②	ㄱ	ㄷ	ㄴ
③	ㄴ	ㄱ	ㄷ
④	ㄴ	ㄷ	ㄱ

12 다음 글의 내용으로 가장 적절한 것은?

> 핀테크(Fin-Tech)는 '금융(Finance)'과 '기술(Technology)'의 합성어이다. 이는 은행, 카드사 등의 금융기관이 기존 금융서비스에 ICT를 결합한 것으로, 금융 전반에 나타난 디지털 혁신이다. 은행에 직접 방문하지 않아도 스마트폰 등을 이용하여 은행 업무를 처리할 수 있는 것이 대표적이다.
> 테크핀(Tech-Fin)은 ICT 기업이 자신들의 기술을 통해 특색 있는 금융 서비스를 만드는 것으로, 테크핀은 핀테크보다 기술을 금융보다 강조하는 점이 특징이다. ○○페이 등의 간편결제, 송금 서비스, 인터넷전문은행 등이 대표적이다.
> 한국은 주로 금융기관이 주축이 되어 금융서비스를 개선하고 있었지만, 최근에는 비금융회사의 금융업 진출이 확대되고 있다. 국내의 높은 IT 인프라와 전자상거래 확산으로 인해 소비자들이 현재보다 편한 서비스를 필요하다고 생각하는 것이 원인이다. 또한 공인인증서 의무사용 폐지와 같은 규제가 완화되는 것 또한 ICT 기업이 금융으로 진출할 수 있는 좋은 상황으로 평가된다.
> 테크핀의 발전은 핀테크의 발전 역시 야기하였다. 테크핀으로 인한 위기를 느낀 금융기관은 이와 경쟁하기 위해 서비스를 개선하고 있다. 금융기관도 공인인증서, 보안카드 등이 필요 없는 서비스 등을 개선하고 모바일 뱅킹도 더 편리하게 개선하고 있다.
> 핀테크와 테크핀이 긍정적인 영향만을 가진 것은 아니다. 금융서비스 이용실태 조사에 따르면 금융 혁신이 이루어지고 이에 대한 혜택을 받는 사람이 저연령층이나 고소득층이 높은 비율을 차지하고 있다. 따라서 핀테크와 테크핀을 발전시키는 동시에 모든 사람이 혜택을 누릴 수 있는 방안도 함께 찾아야 할 것이다.

① 테크핀은 기술보다 금융을 강조한다.
② 핀테크는 비금융기관이 주도한 금융 혁신이다.
③ IT 인프라가 높으면 테크핀이 발전하기 쉬워진다.
④ 핀테크가 발전하면 저소득층부터 고소득층 모두 혜택을 누린다.

13 다음 글을 읽고 추론한 내용으로 가장 적절한 것은?

사람들은 단순히 공복을 채우기 위해서가 아니라 다른 많은 이유로 '먹는' 행위를 한다. 먹는다는 것에 대한 비생리학적인 동기에 관해서 연구하고 있는 과학자들에 따르면 비만인 사람들과 표준체중인 사람들은 식사 패턴에서 꽤나 차이를 보이는 것을 알 수 있다. 한 연구에서는 비만인 사람들에 대해 식사 전에 그 식사에 대한 상세한 설명을 하면 설명을 하지 않은 경우에 비해서 식사량이 늘었지만, 표준체중인 사람들에게서는 그런 현상이 보이지 않음을 발견했다. 또한 표준체중인 사람들은 밝은 색 접시에 담긴 견과류와 어두운 색 접시에 담긴 견과류를 먹은 개수의 차가 거의 없는 것에 비해, 비만인 사람들은 밝은 색 접시에 담긴 견과류를 어두운 색 접시에 담긴 견과류보다 2배 더 많이 먹었다는 연구도 있다.

① 비만인 사람들은 표준체중인 사람들보다 감각이 예민하다.
② 표준체중인 사람들은 음식에 대한 욕구를 절제할 수 있다.
③ 표준체중인 사람들은 비만체중인 사람들에 비해 식사량이 적다.
④ 비만인 사람들은 표준체중인 사람들에 비해 외부 자극에 의해 식습관에 영향을 받기 쉽다.

14 다음 글에서 〈보기〉의 문장이 들어갈 위치로 가장 적절한 곳은?

우리나라의 4대강에서 녹조 현상이 두드러지게 나타나고 있다. 지난여름 낙동강에서 심한 녹조 현상이 나타남에 따라 '녹조라테'라는 말이 등장했다. 녹조라테란 녹조 현상을 녹차라테에 빗대어, 녹색으로 변한 강을 비꼬아 이르는 말이다.
(가) 녹조는 부영양화된 호수나 유속이 느린 하천이나 정체된 바다에서 부유성의 조류가 대량 증식하여 물색을 녹색으로 변화시키는 현상을 말한다. (나) 부영양화는 물에 탄소, 질소 및 인과 같은 플랑크톤의 번식에 양분이 되는 물질들이 쌓여 일어난다. 이런 물질들은 주로 공장폐수나 가정하수 등에 많이 들어 있고, 연못처럼 고여 있는 물에서 빠른 속도로 부영양화가 진행된다. (다) 대량으로 증식된 조류는 물속의 산소량을 줄여 수중생물들의 생명을 위협하고, 독성물질을 생성하면서 악취를 풍긴다.
(라) 사실 조류는 물속에 있어서 꼭 필요한 존재이다. 조류는 먹이사슬의 1차 생산자로 수생태계 유지에 중요한 역할을 담당하기 때문이다. 단지 인간에 의해 과도한 조류로 발생한 녹조가 문제일 뿐, 적당한 녹조는 생태계에 꼭 필요한 존재이다.

〈보기〉

물론 녹조라고 해서 무조건 나쁜 것은 아니다.

① (가)
② (나)
③ (다)
④ (라)

15 다음 글을 읽고 추론한 내용으로 적절하지 않은 것은?

> 언어는 배우는 아이들이 있어야 지속된다. 그러므로 성인들만 사용하는 언어가 있다면 그 언어의 운명은 어느 정도 정해진 셈이다. 언어학자들은 이런 방식으로 추리하여 인류 역사에 드리워진 비극에 대해 경고한다. 한 언어학자는 현존하는 북미 인디언 언어의 약 80%인 150개 정도가 빈사 상태에 있다고 추정한다. 알래스카와 시베리아 북부에서는 기존 언어의 90%인 40개 언어, 중앙아메리카와 남아메리카에서는 23%인 160개 언어, 오스트레일리아에서는 90%인 225개 언어 그리고 전 세계적으로는 기존 언어의 50%인 3,000개의 언어들이 소멸해 가고 있다고 한다. 이 중 사용자 수가 10만 명을 넘는 약 600개의 언어들은 비교적 안전한 상태에 있지만, 그 밖의 언어는 21세기가 끝나기 전에 소멸할지도 모른다.
> 언어가 이처럼 대규모로 소멸하는 원인은 중첩적이다. 토착 언어 사용자들의 거주지가 파괴되고, 종족 말살과 동화(同化)교육이 이루어지며, 사용 인구가 급격히 감소하는 것 외에 '문화적 신경가스'라고 불리는 전자 매체가 확산되는 것도 그 원인이 된다. 물론 우리는 소멸을 강요하는 사회적, 정치적 움직임들을 중단시키는 한편, 토착어로 된 교육 자료나 문학작품, 텔레비전 프로그램 등을 개발함으로써 언어 소멸을 어느 정도 막을 수 있다. 나아가 소멸 위기에 처한 언어라도 20세기의 히브리어처럼 지속적으로 공식어로 사용할 의지만 있다면 그 언어를 부활시킬 수도 있다.
> 우리가 지구상의 모든 동물이나 식물종을 보존할 수 없는 것처럼 모든 언어를 보존할 수는 없으며, 어쩌면 그래서는 안 되는지도 모른다. 가령, 어떤 언어 공동체가 경제적 발전을 보장해 주는 주류 언어로 돌아설 것을 선택할 때, 그 어떤 외부 집단이 이들에게 토착 언어를 유지하도록 강요할 수 있겠는가? 또한, 한 공동체 내에서 이질적인 언어가 사용되면 사람들 사이에 심각한 분열을 초래할 수도 있다. 그러나 이러한 문제가 있더라도 전 세계 언어의 50% 이상이 빈사 상태에 있다면 이를 보고만 있을 수는 없다.

① 소멸 위기에 있는 언어라도 사용자들의 의지에 따라 유지될 수 있다.
② 언어 소멸은 지구상의 동물이나 식물종 수의 감소와 같이 자연스럽고 필연적인 현상이다.
③ 소멸 위기 언어 사용자가 처한 현실적인 문제는 언어의 다양성을 보존하기 어렵게 만들 수 있다.
④ 현재 소멸해 가고 있는 전 세계 언어 중 약 2,400여 개의 언어들은 사용자 수가 10만 명 이하이다.

16 다음은 H은행의 거래 일시 중단 안내문이다. 이에 대한 내용으로 적절하지 않은 것은?

> 〈서비스 개선 작업에 따른 H은행 거래 일시 중단 안내〉
>
> 항상 H은행을 이용해 주시는 고객님께 진심으로 감사드립니다.
> 고객님들께 더욱 편리하고 유용한 서비스를 제공하기 위한 개선작업으로 인해 서비스가 일시 중단되오니 고객님께 양해를 부탁드립니다.
>
> • 제한일시 : 2025년 12월 6일(토) 00:00 ~ 24:00
> • 제한서비스
>   – 현금 입출금기(ATM, CD) 이용 거래
>   – 인터넷뱅킹, 폰뱅킹, 모바일 · 스마트폰 뱅킹, 펌뱅킹 등 모든 전자 금융거래
>   – 체크카드, 직불카드를 이용한 물품 구매, 인출 등 모든 거래(외국에서의 거래 포함)
>   – 타 은행 ATM, 제휴 CD기(지하철, 편의점 등)에서 H은행 계좌 거래
> ※ 인터넷뱅킹을 통한 대출 신청 · 실행 · 연기 및 지방세 처리 ARS 업무는 12월 9일(화) 12시(정오)까지 계속해서 중지됩니다.
>
> 단, 신용카드를 이용한 물품 구매, 고객센터 전화를 통한 카드 · 통장 분실 신고(외국에서의 신고 포함) 및 자기앞 수표 조회 같은 사고 신고는 정상 이용 가능하다는 점을 참고하시기 바랍니다.
>
> 항상 저희 H은행을 이용해 주시는 고객님께 늘 감사드리며, 이와 관련하여 더 궁금하신 점이 있다면 아래 고객센터 번호로 문의 부탁드리겠습니다.
>
> H은행 1500–1234 / 1500–5678
> H은행 카드사업부 1500–9875

① 12월 9일 12시 이후부터 H은행에서 대출 신청이 가능하다.

② 12월 7일 내내 H은행의 지방세 처리 ARS 업무를 이용할 수 없다.

③ 12월 6일 해외에서 체류 중이더라도 H은행의 고객센터를 통해 신용카드 분실 신고는 언제든지 가능하다.

④ 12월 6일 친구의 H은행 계좌로 돈을 입금하기 위해 다른 은행의 ATM기를 이용하더라도 정상적인 거래를 할 수 없다.

17 다음은 직장인 월 복리 적금에 대한 자료이다. 이 상품에 대해 설명한 내용으로 적절하지 않은 것은?

〈가입현황〉

(단위 : %)

구분		연령대		신규금액		계약기간	
여성	63	20대	20	5만 원 이하	21	1년 이하	60
		30대	31	10 ~ 50만 원	36	1 ~ 2년	17
남성	37	40대	28	50 ~ 100만 원	22	2 ~ 3년	21
		기타	21	기타	21	기타	0

※ 현재 이 상품을 가입 중인 고객의 계좌 수 : 138,736개

〈상품설명〉

상품특징	급여이체 및 교차거래 실적에 따라 우대금리를 제공하는 직장인재테크 월 복리 적금상품
가입대상	만 18세 이상 개인(단, 개인사업자 제외)
가입기간	1년 이상 3년 이내(월 단위)
가입금액	초입금 및 매회 입금 1만 원 이상 원 단위, 1인당 분기별 3백만 원 이내, 계약기간 3/4 경과 후 적립할 수 있는 금액은 이전 적립누계액의 1/2 이내
적립방법	자유적립식
금리안내	• 기본금리+우대금리 최대 0.8%p • 기본금리 : 신규가입일 당시의 직장인 월 복리 적금 고시금리
우대금리	가입기간 동안 1회 이상 당행에 건별 50만 원 이상 급여를 이체한 고객 中 ① 가입기간 중 '3개월 이상' 급여이체 0.3%p ② 당행의 주택청약종합저축(청약저축 포함) 또는 적립식펀드 중 '1개 이상' 가입 0.2%p ③ 당행 신용·체크카드의 결제실적이 100만 원 이상 0.2%p ④ 인터넷 또는 스마트뱅킹으로 본 적금에 가입 시 0.1%p
이자지급방법	월 복리식(단, 중도해지이율 및 만기 후 이율은 단리계산)
가입 / 해지안내	비과세종합저축으로 가입가능
예금자보호	있음

① 아쉽게도 중도해지를 하시면 복리가 아닌 단리로 이율이 계산됩니다.

② 여성고객님이 가장 많이 가입하는 상품으로 주로 1년 이하 단기로 가입합니다.

③ (1년 약정 가입고객) 지금이 8개월째이기 때문에 이전 적립누계액의 반이 넘는 금액은 적립할 수 없습니다.

④ 인터넷뱅킹이나 스마트뱅킹으로 이 적금에 가입하신 후, 급여를 3개월 이상 이체하시면 0.4%p의 금리를 더 받으실 수 있어요.

18 다음은 로봇산업현황 중 국내시장 규모에 대한 자료이다. 제조업용 로봇 생산액의 2023년 대비 2025년의 성장률은?(단, 소수점 둘째 자리에서 반올림한다)

〈국내시장(생산기준) 규모〉

(단위 : 억 원, %)

구분	2023년		2024년			2025년		
	생산액	구성비	생산액	구성비	전년 대비	생산액	구성비	전년 대비
제조업용 로봇	6,272	87.2	6,410	85.0	2.2	7,016	84.9	9.5
서비스용 로봇	447	6.2	441	5.9	−1.1	483	5.9	9.4
전문 서비스용	124	1.7	88	1.2	−29.1	122	1.5	38.4
개인 서비스용	323	4.5	353	4.7	9.7	361	4.4	2.2
로봇부품 및 부분품	478	6.6	691	9.1	44.5	769	9.2	11.4
합계	7,197	100	7,542	100	4.8	8,268	100	9.6

① 7.3%
② 8.9%
③ 10.2%
④ 11.9%

19 다음은 2017년부터 2025년까지의 전국 교통안전시설 설치현황에 대한 자료이다. 빈칸에 들어갈 수치로 옳은 것은?

〈2017 ~ 2025년 전국 교통안전시설 설치현황〉

(단위 : 개)

구분	안전표지				신호등	
	주의	규제	지시	보조	차량 신호	보행 신호
2017년	100	110	80	57	88	35
2018년	126	120	90	82	73	40
2019년	140	140	100	85	82	45
2020년	160		100	95	50	46
2021년	175	180	130	135	110	48
2022년	205	200	150	140	160	70
2023년	205	230	150	140	160	70
2024년	230	240	165	135	195	80
2025년	240	260	175	145	245	87

① 140
② 150
③ 160
④ 170

20 다음은 국내 주요 젖병 브랜드인 C사, G사, U사의 구매 고객 1,000명을 대상으로 조사한 최근 5개년의 판매율에 대한 자료이다. 이에 대한 설명으로 옳지 않은 것은?

〈젖병회사별 판매율〉

(단위 : %)

구분	2021년	2022년	2023년	2024년	2025년
C사	52	55	61	58	69
G사	14	19	21	18	20
U사	34	26	18	24	11

① C사와 G사의 판매율 증감 추이가 동일하다.

② C사와 G사의 판매율이 가장 높은 연도는 동일하다.

③ G사의 판매율이 가장 낮은 연도에 U사의 판매율이 가장 높았다.

④ U사의 판매율이 가장 높은 연도와 가장 낮은 연도의 판매율 차이는 20%p 이상이다.

21 다음은 업종별 해외 현지 자회사 법인 현황에 대한 자료이다. 이에 대한 설명으로 옳지 않은 것은?

〈업종별 해외 현지 자회사 법인 현황〉

(단위 : 개, %)

구분	사례 수	진출 형태별					
		단독법인	사무소	합작법인	지분투자	유한회사	무응답
주조	4	36.0	36.0	0	0	0	28.0
금형	92	35.5	44.4	14.9	1.7	0	3.5
소성가공	30	38.1	0	15.2	0	0	46.7
용접	128	39.5	13.1	0	1.7	0	45.7
표면처리	133	66.4	14.9	9.0	0	2.4	7.3
열처리	0	0	0	0	0	0	0
전체	387	47.6	20.4	7.8	1.0	0.8	22.4

① 단독법인 형태의 소성가공 업체의 수는 10개 이상이다.

② 모든 업종에서 단독법인 형태로 진출한 현지 자회사 법인의 비율이 가장 높다.

③ 표면처리 업체의 해외 현지 자회사 법인 중 유한회사의 형태인 업체는 2개 이상이다.

④ 소성가공 업체의 해외 현지 자회사 법인 중 단독법인 형태의 업체 수는 합작법인 형태의 업체 수의 2배 이상이다.

22 다음은 어느 나라의 2024년과 2025년의 노동 가능 인구구성의 변화에 대한 자료이다. 2024년과 비교한 2025년의 상황에 대한 설명으로 옳은 것은?

〈노동 가능 인구구성의 변화〉

(단위 : %)

구분	취업자	실업자	비경제활동인구
2024년	55	25	20
2025년	43	27	30

① 실업자의 수는 알 수 없다.
② 실업자의 비율은 감소하였다.
③ 경제활동인구의 비율은 증가하였다.
④ 취업자 비율의 증감폭이 실업자 비율의 증감폭보다 작다.

23 다음은 H지역 전체 가구를 대상으로 조사한 원자력발전소 사고 전·후 식수 조달원별 가구 수에 대한 자료이다. 이에 대한 설명으로 옳은 것은?

〈원자력발전소 사고 전·후 H지역 조달원별 가구 수〉

(단위 : 가구)

사고 전 조달원 \ 사고 후 조달원	수돗물	정수	약수	생수
수돗물	40	30	20	30
정수	10	50	10	30
약수	20	10	10	40
생수	10	10	10	40

※ H지역 가구의 식수 조달원은 수돗물, 정수, 약수, 생수로 구성되며, 각 가구는 한 종류의 식수 조달원만 이용함

① 사고 전에 식수 조달원으로 정수를 이용하는 가구 수가 가장 많다.
② 사고 전·후 식수 조달원을 변경한 가구 수는 전체 가구 수의 60% 이하이다.
③ 사고 전에 비해 사고 후에 이용 가구 수가 감소한 식수 조달원의 수는 3개이다.
④ 각 식수 조달원 중에서 사고 전·후에 이용 가구 수의 차이가 가장 큰 것은 생수이다.

24 다음은 연금복권에 대한 자료이다. 연금복권의 앞자리에 따른 1등 당첨횟수 그래프로 옳은 것은?(단, 모든 그래프의 단위는 '회'이다)

복권열풍이 한창인 가운데, 연금복권의 판매율은 날이 갈수록 올라가고 있다. 타 복권은 당첨금을 일시에 주는 데 반해, 연금복권은 1등의 경우 월 500만 원씩 20년에 걸쳐 주는 것이 특징이다. 연금복권은 뒷자리 6개의 숫자뿐 아니라 앞자리 1조부터 7조까지의 숫자 또한 맞추어야 하는데, 한 회차당 1등 번호는 2개가 존재한다. 최근 300회차 중 1등에서 4조, 5조 순으로 당첨횟수가 가장 많았으며 그 합은 절반 이상을 차지한 것으로 집계되었다. 또한 1조와 7조의 당첨횟수는 같으면서 가장 낮았으며, 각각 횟수는 전체 1등 번호 중 당첨횟수 5% 미만인 것으로 집계되었다.

①
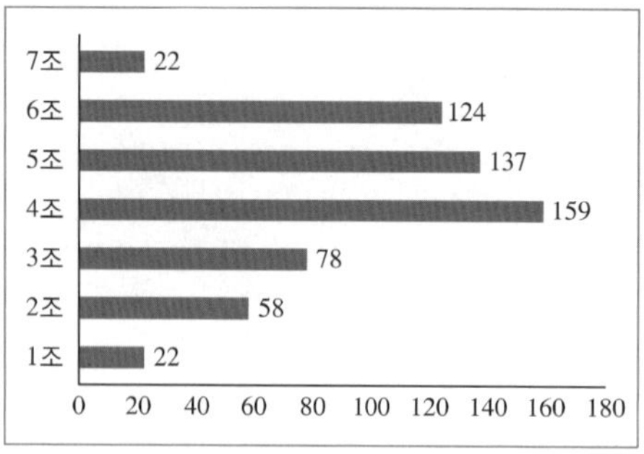

②
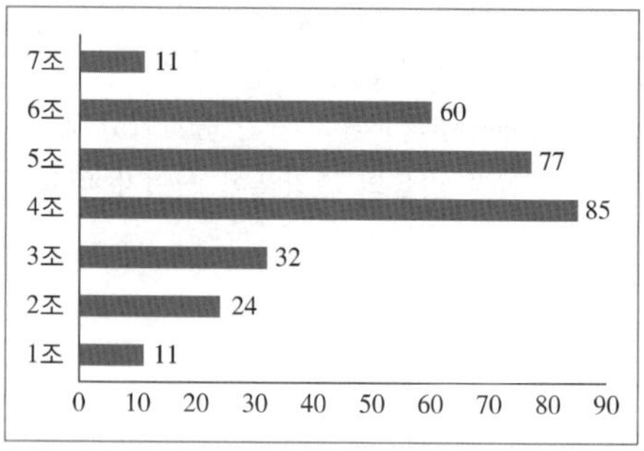

③
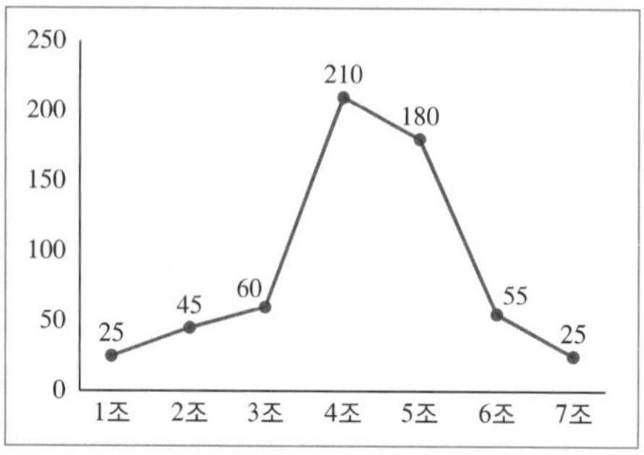

④
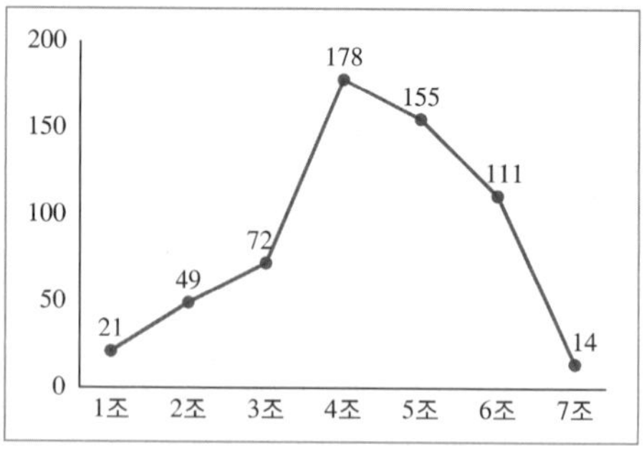

※ K씨는 목돈 마련을 위해 일정액의 월급으로 적금상품에 가입하고자 한다. K씨가 현재 가입 가능한 적금상품에 대한 정보가 다음과 같다. 이어지는 질문에 답하시오. **[25~26]**

〈적금상품〉

구분	가입기간	기본금리
A적금	24개월	연 2.5%(연복리)
B적금	24개월	연 4%(단리)

〈조건〉

- 모든 상품은 이자 지급방식을 만기 이자 지급식으로 하며, 비과세 상품이다.
- $1.025^{\frac{1}{12}}=1.002$, $1.025^{\frac{25}{12}}=1.05$로 계산한다.

25 K씨가 매월 30만 원씩 입금한다고 하였을 때, 두 상품에 대하여 만기 시 받을 수 있는 만기환급금은?

	A적금	B적금
①	600만 원	900만 원
②	620만 원	920만 원
③	650만 원	850만 원
④	720만 원	750만 원

26 K씨가 A적금과 B적금 중에 만기환급금이 더 많은 상품에 가입하여 만기환급금을 받았다. 그리고 K씨는 정산 받은 만기환급금으로 다음 예금상품에 가입하고자 한다. C상품과 D상품의 만기 시 받는 금액의 차이는?(단, $1.02^5=1.104$로 계산한다)

〈예금상품〉

구분	가입기간	기본이율
C상품	5년	연 3%(단리)
D상품	5년	연 2%(복리)

① 345,000원
② 350,000원
③ 355,000원
④ 360,000원

27 다음은 2025년 9월과 12월의 원/달러 환율이다. 2025년 9월에 100만 원을 달러로 환전하고 2025년 12월에 다시 원화로 환전했을 때, 손해를 보는 금액은 얼마인가?(단, 환전수수료는 고려하지 않는다)

〈원/달러 환율〉

구분	2025년 9월	2025년 12월
환율	1,327원/달러	1,302원/달러

※ 단, 원화에서 달러로 환전할 때에는 소수점 둘째 자리에서 반올림하고, 달러에서 원화로 환전할 때에는 백의 자리에서 반올림함

① 17,000원
② 19,000원
③ 21,000원
④ 23,000원

28 A씨는 예·적금 상품을 알아보던 중 다음과 같은 조건의 금융상품을 발견하였다. A씨가 해당 상품에 가입하여 만기 이후 찾아갈 적금의 총액은?(단, 이자 세금은 계산하지 않는다)

〈H은행 청년희망주택적금〉

- 가입기간 : 24개월
- 가입금액 : 매월 초 300,000원 납입
- 적용금리 : 연 2.1%, 단리식
- 저축방법 : 정기적립식, 만기일시지급

① 7,000,875원
② 7,111,875원
③ 7,222,875원
④ 7,357,500원

29 H은행에서 근무하는 행원 A는 고객 B에게 적금 만기를 통보하고자 한다. 고객 B의 상품 가입 정보가 다음과 같을 때, 행원 A가 고객 B에게 안내할 만기환급금액은?

〈H은행 희망적금〉

- 가입자 : B(본인)
- 가입기간 : 24개월
- 가입금액 : 매월 초 200,000원 납입
- 적용금리 : 연 2.0%
- 저축방법 : 정기적립식
- 이자지급방식 : 만기일시지급, 단리식

① 4,225,000원
② 4,500,000원
③ 4,725,000원
④ 4,900,000원

30 어느 펀드가 A, B, C주식에 각각 30%, 20%, 50%를 투자하였다. 매입가에서 A주식이 20%, B주식이 40%씩 각각 오르고, C주식이 20% 하락했다면, 이 펀드는 몇 %의 이익을 보았는가?

① 2%
② 4%
③ 6%
④ 8%

31 1,000만 원을 보유한 A씨는 매년 이자가 10%인 예금상품에 3년 동안 전액을 예치하려 한다. 예금방식에 단리식과 복리식이 있을 때, 두 경우의 원리합계의 합은?(단, 연 복리를 적용하고, $1.1^3 = 1.331$로 계산한다)

- 단리예금 : 목돈을 원하는 만큼 맡기고, 원금과 원금에 대해서만 이자를 산정하여 만기 시까지 추가 입금이 불가한 금융상품
- 복리예금 : 원금과 이자에 대한 이자를 받을 수 있고, 만기 시까지 추가 입금이 불가하며, 이자 지급기간에 따라 연 복리, 월 복리, 일 복리로 구분하는 금융상품

① 2,122만 원
② 2,482만 원
③ 2,631만 원
④ 2,896만 원

32 A씨는 창업자금을 마련하기 위해 H은행 대출상담사인 귀하에게 문의하였다. A씨가 필요한 금액은 4천만 원이며, 대출기간은 1년으로 설정하기를 원하고 있다. 귀하는 A씨에게 대출상환 방식에 대해 설명하였는데, A씨는 원금균등상환방식으로 취급하기를 원했고 본인이 대출 기간 지불하게 되는 이자의 총액이 얼마인지 물었다. 다음 중 A씨가 지불해야 할 이자 총액은?

〈대출상환방식〉

- 원금균등상환 : 대출원금을 대출기간으로 나눈 상환금에 잔고 이자를 합산하여 상환하는 방식

〈대출조건〉

- 대출금액 : 4천만 원
- 대출기간 : 1년
- 대출이율 : 연 8%
- 상환회차 : 총 4회(분기별 1회 후납)

① 700,000원
② 1,000,000원
③ 1,500,000원
④ 2,000,000원

33 H은행이 본사 사옥 내 공원에 다음 그림의 흰색 부분과 같이 산책로를 조성하려고 할 때, 산책로의 폭은?

- 공원의 넓이는 가로 18m, 세로 10m이다.
- 산책로가 아닌 면적의 넓이는 153m^{2}이다.
- 산책로의 폭은 일정하다.

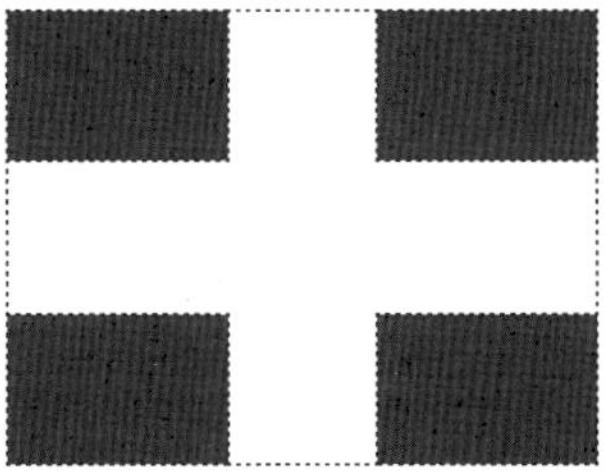

① 1m
② 2m
③ 3m
④ 4m

34 A는 마당에 원통형 스탠드 식탁을 만들어 페인트칠을 하려고 한다. 페인트칠 비용이 넓이 1m^{2}당 원형 윗면은 10만 원, 옆면은 7만 원일 때, 윗면과 옆면에 페인트칠을 하는 데 드는 총비용은?[단, 원주율(π)은 3으로 계산한다]

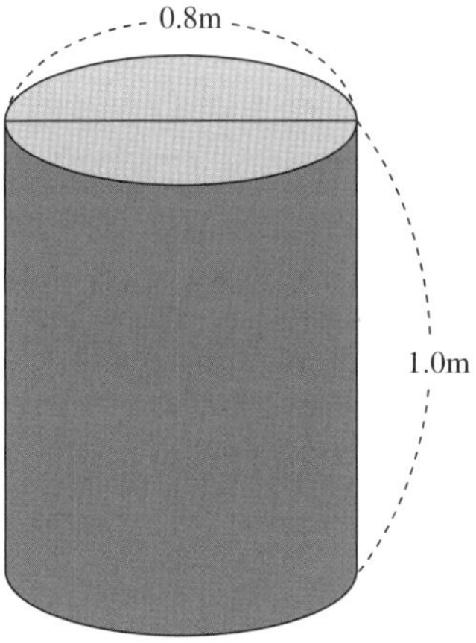

① 205,000원
② 215,000원
③ 216,000원
④ 224,000원

35 A와 아버지의 나이 차는 28세이다. 현재 아버지의 나이가 A의 나이의 3배라면 아버지의 나이는?

① 40세
② 42세
③ 44세
④ 46세

36 K가 5지선다형 문제 2개를 풀고자 한다. 첫 번째 문제의 정답은 선택지 중 1개이지만, 두 번째 문제의 정답은 선택지 중 2개이며, 이를 모두 맞혀야 정답으로 인정된다. 이때, 두 문제 중 하나만 맞힐 확률은?

① 18%
② 20%
③ 26%
④ 30%

37 평균점수가 80점 이상이면 우수상을, 85점 이상이면 최우수상을 받는 시험이 있다. 현재 A는 70점, 85점, 90점을 받았고 나머지 한 과목의 시험만을 남겨 놓은 상태이다. 이때, A가 최우수상을 받기 위해서는 몇 점 이상을 받아야 하는가?

① 80점
② 85점
③ 90점
④ 95점

38 A사원이 혼자 자료를 정리하는 데 15일이 걸리고 B사원과 같이 하면 6일 만에 끝낼 수 있다. 이때 B사원 혼자 자료를 정리하는 데 걸리는 시간은?

① 8일
② 9일
③ 10일
④ 11일

39 A와 B는 이번 주 토요일에 함께 미용실에 가기로 약속했다. 두 사람이 약속한 토요일에 함께 미용실에 다녀온 후 A는 20일마다, B는 15일마다 미용실에 간다. 다시 두 사람이 함께 미용실에 가게 되는 요일은 언제인가?

① 월요일
② 화요일
③ 수요일
④ 목요일

40 H미술관의 올해 신입사원 수는 작년 대비 남자는 50% 증가하고 여자는 40% 감소하여 60명이다. 작년의 전체 신입사원 수가 55명이었을 때, 올해 입사한 여자 신입사원 수는?

① 12명
② 13명
③ 14명
④ 15명

41 500원짜리 과자와 1,000원짜리 아이스크림을 합쳐서 12개를 구매하고 10,000원을 지불하였더니 거스름돈을 1,000원 받았다. 이때 구매한 과자의 개수는?

① 5개
② 6개
③ 7개
④ 8개

42 동전을 연속해서 세 번 던질 경우 두 번째와 세 번째에 모두 앞면이 나올 확률은?

① $\frac{1}{2}$
② $\frac{1}{3}$
③ $\frac{1}{4}$
④ $\frac{1}{6}$

43 신입사원 H는 행사용으로 제작한 달력을 준비된 박스에 포장하여 거래처로 배송하려고 한다. 박스 하나당 4개의 달력을 넣으면 마지막 박스에는 2개의 달력이 들어가고, 박스 하나당 10개의 달력을 넣으면 2개의 박스가 남는다. 이때 H가 준비한 박스의 개수는?

① 2개
② 3개
③ 5개
④ 8개

44 원형 모양의 산책로가 있다. 민주는 산책로 시작 지점에서 40m/min의 속력으로 걷고, 같은 지점에서 세희는 45m/min의 속력으로 서로 반대 방향으로 걷고 있다. 출발한 지 40분 후에 둘이 두 번째로 마주치게 된다고 할 때, 산책로의 길이는?

① 1,320m
② 1,400m
③ 1,550m
④ 1,700m

45 1L 들이 물통을 가득 채우는 데 수도 A는 15분, 수도 B는 20분이 걸린다고 한다. 수도 A, B를 동시에 사용해 30분 동안 물을 받는다면 가득 채울 수 있는 물통의 개수는?

① 1개
② 2개
③ 3개
④ 4개

46 농도 8%의 소금물 500g에 소금을 더 넣어 농도 12%의 소금물을 만들 때, 더 넣은 소금의 양은?

① $\frac{250}{11}$g
② $\frac{260}{11}$g
③ $\frac{270}{11}$g
④ $\frac{280}{11}$g

47 A공장은 어떤 상품을 원가의 23%의 이익을 남겨 판매하였으나, 잘 팔리지 않아 판매가에서 1,300원 할인하여 판매하였다. 이때 얻은 이익이 원가의 10%일 때, 이 상품의 원가는?

① 10,000원　　② 11,500원
③ 13,000원　　④ 14,500원

48 일정한 속력으로 달리는 기차가 400m 길이의 터널을 완전히 통과하는 데 10초, 800m 길이의 터널을 완전히 통과하는 데 18초가 걸렸다. 이 기차의 속력은?

① 50m/s　　② 55m/s
③ 60m/s　　④ 75m/s

49 소민이는 7일 일한 후 2일 쉬고, 민준이는 10일 일하고 2일 쉰다고 한다. 두 사람이 같은 날 일을 시작한 후 처음으로 동시에 2일 연속 쉬는 날은 며칠 후인가?

① 31일 후　　② 32일 후
③ 33일 후　　④ 34일 후

50 서로 다른 소설책 7권과 시집 5권이 있다. 이 중에서 소설책 3권과 시집 2권을 선택하는 경우의 수는?

① 350가지
② 360가지
③ 370가지
④ 380가지

51 학생회장을 포함한 학생 4명과 A ~ H교수 8명 중 위원회를 창설하기 위한 대표 5명을 뽑으려고 한다. 학생회장과 A교수가 동시에 위원회 대표가 될 수 없을 때, 위원회를 구성할 수 있는 경우의 수는?(단, 교수와 학생의 구성 비율은 신경 쓰지 않는다)

① 602가지
② 648가지
③ 658가지
④ 672가지

52 현재 딸의 나이는 8세이고, a년 후 딸과 아버지의 나이를 더하면 현재 딸의 나이의 7배가 된다고 한다. 이때, 현재 아버지의 나이는 딸의 나이의 몇 배인가?

① $\frac{20-a}{4}$배
② $\frac{22-a}{4}$배
③ $\frac{24-a}{4}$배
④ $\frac{26-a}{4}$배

53 **다음 명제가 모두 참일 때, 반드시 참인 것은?**

• 창조적인 기업은 융통성이 있다. • 오래가는 기업은 건실하다. • 오래가는 기업이라고 해서 모두가 융통성이 있는 것은 아니다.

① 창조적인 기업은 오래간다.

② 융통성이 있는 기업은 오래간다.

③ 어떤 창조적인 기업은 건실하다.

④ 창조적인 기업이 오래갈지 아닐지 알 수 없다.

54 **다음 명제가 모두 참일 때, 항상 참이 아닌 것은?**

• 어떤 회사에서는 모든 직원에게 영어, 중국어, 일본어 중 하나의 외국어만을 선택해서 배우게 한다. • 모든 남직원은 중국어를 배운다. • 어떤 여직원들은 일본어를 배우지 않는다.

① 이 회사의 남직원은 아무도 일본어를 배우지 않는다.

② 이 회사에는 영어를 배우는 직원이 적어도 한 명 있다.

③ 이 회사에서 일본어를 배우는 직원이 있다면 여직원이다.

④ 이 회사에서 중국어를 배우지 않는 직원은 모두 여직원이다.

55 다음 명제가 모두 참일 때, 빈칸에 들어갈 명제로 옳은 것은?

- 커피를 많이 마시면 카페인을 많이 섭취한다.
- 커피를 많이 마시지 않으면 불면증이 생기지 않는다.
- ______________________

① 커피를 많이 마시면 불면증이 생긴다.
② 카페인을 많이 섭취하면 불면증이 생긴다.
③ 불면증이 생기면 카페인을 많이 섭취한 것이다.
④ 카페인을 많이 섭취하면 커피를 많이 마신 것이다.

56 H사에서는 자사 온라인 쇼핑몰에서 제품을 구매하는 경우 구매 금액 1만 원당 이벤트에 참여할 수 있는 응모권 1장을 준다. 응모권의 개수가 많을수록 이벤트에 당첨될 확률이 높다. 〈조건〉이 다음과 같을 때, 항상 참이 아닌 것은?

〈조건〉

- A는 H사의 온라인 쇼핑몰에서 85,000원을 결제하였다.
- A는 B보다 응모권을 2장 더 받았다.
- C는 B보다 응모권을 더 많이 받았으나, A보다는 적게 받았다.
- D는 H사의 오프라인 매장에서 40,000원을 결제하였다.

① A의 이벤트 당첨 확률이 가장 높다.
② B의 구매 금액은 6만 원 이상 7만 원 미만이다.
③ C의 응모권 개수는 정확히 알 수 없다.
④ D는 이벤트에 응모할 수 없다.

57 **H기업의 홍보팀에서 근무하고 있는 강 대리, 박 사원, 유 사원, 김 대리, 이 사원 중 1명은 이번 회사 워크숍에 참석하지 않았다. 이들 중 2명이 거짓말을 한다고 할 때, 워크숍에 참석하지 않은 사람은?**

- 강 대리 : 나와 김 대리는 워크숍에 참석했다. 나는 누가 워크숍에 참석하지 않았는지 알지 못한다.
- 박 사원 : 유사원은 이번 워크숍에 참석하였다. 강 대리님의 말은 모두 사실이다.
- 유 사원 : 워크숍 불참자의 불참 사유를 세 사람이 들었다. 이 사원은 워크숍에 참석했다.
- 김 대리 : 나와 강 대리만 워크숍 불참자의 불참 사유를 들었다. 이 사원의 말은 모두 사실이다.
- 이 사원 : 워크숍에 참석하지 않은 사람은 유 사원이다. 유 사원이 개인 사정으로 인해 워크숍에 참석하지 못한다고 강 대리님에게 전했다.

① 강 대리
② 박 사원
③ 김 대리
④ 이 사원

58 **각각 다른 심폐기능 등급을 받은 A ~ E 5명 중 등급이 가장 낮은 2명의 환자에게 다음 〈조건〉에 따라 건강 관리 안내문을 발송하려고 한다. 이때 발송 대상자는?**

〈조건〉

- E보다 심폐기능이 좋은 환자는 2명 이상이다.
- E는 C보다 한 등급 높다.
- B는 D보다 한 등급 높다.
- A보다 심폐기능이 나쁜 환자는 2명이다.

① B, C
② B, D
③ C, D
④ C, E

59 국제영화제 행사에 참석한 H는 A ~ F 6편의 영화를 다음 〈조건〉에 따라 5월 1일부터 5월 6일까지 하루에 1편씩 보려고 한다. 항상 참인 것은?

〈조건〉

- F영화는 3일과 4일 중 하루만 상영된다.
- D영화는 C영화가 상영된 날 이틀 후에 상영된다.
- B영화는 C, D영화보다 먼저 상영된다.
- 첫째 날 B영화를 본다면, 5일에 반드시 A영화를 본다.

① A영화는 C영화보다 먼저 상영될 수 없다.
② B영화는 1일 또는 2일에 상영된다.
③ D영화는 5일이나 폐막작으로 상영될 수 없다.
④ E영화는 개막작이나 폐막작으로 상영된다.

60 갑 ~ 정 4명이 함께 중식당에서 음식을 주문했는데 각자 주문한 음식이 다르다. 짜장면을 주문한 사람은 언제나 진실을 말하고 볶음밥을 주문한 사람은 언제나 거짓을 말하며, 짬뽕과 우동을 주문한 사람은 진실과 거짓을 1개씩 말한다. 이들이 다음과 같이 진술했을 때, 주문한 사람과 음식이 바르게 연결된 것은?

- 갑 : 병은 짜장면, 을은 짬뽕을 주문했다.
- 을 : 병은 짬뽕, 정은 우동을 주문했다.
- 병 : 갑은 짜장면, 정은 우동을 주문했다.
- 정 : 을은 짬뽕, 갑은 볶음밥을 주문했다.

① 갑 – 짬뽕
② 을 – 볶음밥
③ 병 – 짜장면
④ 정 – 우동

61 김 과장은 건강상의 이유로 다음 〈조건〉에 따라 간헐적 단식을 시작하기로 했다. 김 과장이 선택한 간헐적 단식 방법은 일주일 중에 2일을 선택하여 아침 혹은 저녁 한 끼 식사만 하는 것이다. 김 과장이 단식을 시작한 첫 주 월요일부터 일요일까지 한 끼만 먹은 요일과 식사를 한 때는?

〈조건〉

- 단식을 하는 날 전후로 각각 최소 2일간은 세 끼 식사를 한다.
- 단식을 하는 날 이외에는 항상 세 끼 식사를 한다.
- 2주 차 월요일에는 단식을 했다.
- 1주 차에 먹은 아침식사 횟수와 저녁식사 횟수가 같다.
- 1주 차 월요일, 수요일, 금요일은 조찬회의에 참석하여 아침식사를 했다.
- 1주 차 목요일은 업무약속이 있어서 점심식사를 했다.

① 월요일(아침), 목요일(저녁)
② 화요일(아침), 금요일(아침)
③ 화요일(저녁), 금요일(아침)
④ 수요일(아침), 일요일(저녁)

62 A ~ E 5명은 부산에 가기 위해 서울역에서 저녁 7시에 출발하여 대전역과 울산역을 차례로 정차하는 부산행 KTX 열차를 타기로 했다. 이들 중 2명은 서울역에서 승차하였고, 다른 2명은 대전역에서, 나머지 1명은 울산역에서 각각 승차하였다. 다음 〈보기〉의 대화를 바탕으로 할 때 항상 옳은 것은?(단, 같은 역에서 승차한 경우 서로의 탑승 순서는 알 수 없다)

〈보기〉

A : 나는 B보다 먼저 탔지만, C보다 먼저 탔는지는 알 수 없어.
B : 나는 C보다 늦게 탔어.
C : 나는 가장 마지막에 타지 않았어.
D : 나는 대전역에서 탔어.
E : 나는 내가 몇 번째로 탔는지 알 수 있어.

① A는 대전역에서 승차하였다.
② B는 C와 같은 역에서 승차하였다.
③ C와 D는 같은 역에서 승차하였다.
④ E는 울산역에서 승차하였다.

63 H은행에서 근무하는 K행원은 건강관리를 위해 다음 달에 헬스장을 등록하려 한다. 다음 달은 1일이 토요일이고 30일까지 있는 달이며, K행원은 평일에는 매일 헬스장을 가려고 한다. 다음 중 가장 저렴하게 등록할 수 있는 헬스장은?(단, 라커룸은 헬스장에 갈 때마다 이용하며, 다음 달에는 주말을 제외한 공휴일은 없다)

구분	요금표
A헬스장	• 1일권 5천 원 • 라커룸 이용료 월 2만 원
B헬스장	• 월회비 11만 원(라커룸 이용 포함) • 부가세 10% 별도
C헬스장	• 1일권 6천 원 • 라커룸 이용 월 1만 5천 원 • 10일권 10% 할인 중
D헬스장	• 주간권 3만 원(5회) • 주간권 당월 추가 구매 시 3천 원씩 누적 할인 • 라커룸 월 1만 2천 원

① A헬스장
② B헬스장
③ C헬스장
④ D헬스장

64 H은행 A과장은 2박 3일로 경주 출장을 가기 위해 여러 경로를 알아보고 있다. 다음은 A과장이 회사 차량을 이용해 집에서 출발하여 경주 출장지까지 갈 방법에 대한 자료이다. 이를 참고할 때, 출장지까지 가는 최단 거리 경로는?

〈경로별 고속도로 및 국도 거리〉

(단위 : km)

<table>
<tr><th>구분</th><th colspan="3">고속도로 및 국도</th><th>기타 도로</th></tr>
<tr><td>경로 1</td><td>영동
46.5</td><td rowspan="2">중부내륙
127.0</td><td rowspan="2">상주영천
92.2</td><td>72.77</td></tr>
<tr><td>경로 2</td><td>제2중부
31.5</td><td>93.7</td></tr>
<tr><td>경로 3</td><td>중부내륙
145.2</td><td>상주영천
92.2</td><td>경부
22.3</td><td>87.69</td></tr>
<tr><td>경로 4</td><td>성남이천로
30.6</td><td>중부내륙
120.3</td><td>상주영천
72.7</td><td>104.56</td></tr>
</table>

① 경로 1
② 경로 2
③ 경로 3
④ 경로 4

65 다음은 직원 인사규정의 벌점 규정 및 팀원들의 올해 업무 평정 내역에 대한 자료이다. 올해 업무 평정 최종점수에서 가장 낮은 점수를 받을 팀원은?

제25조 벌점
1. 일반사고는 회당 올해 업무 평정에서 20점을 차감한다.
2. 중대사고는 회당 올해 업무 평정에서 40점을 차감한다.
3. 수상경력이 있는 경우 올해 업무 평정에서 100점을 더한다.

〈평정 내역〉

구분	올해 업무 평정	일반사고	중대사고	수상경력
A사원	420	4	2	–
B사원	380	9	–	1
C대리	550	11	1	–
D과장	440	5	3	–

① A사원
② B사원
③ C대리
④ D과장

66 A사는 현재 22,000원에 판매하고 있는 B제품의 판매 이익을 높이기 위해 다양한 방식을 고민하고 있다. 다음 정보를 참고할 때, B제품의 판매 이익을 가장 크게 높일 수 있는 방법은?

〈B제품 정보〉

• 개당 소요 비용

재료비	생산비	광고비
2,500원	4,000원	1,000원

• A/S 관련 사항
 – 고객의 무료 A/S요청 시 회사는 1회당 3,000원을 부담해야 한다.
 – 무료 A/S는 구매 후 단 1회만 제공된다.
 – 판매되는 제품 중 무료 A/S가 요구되는 제품의 비율은 15%이다.
• (판매 이익)=(판매량)×(판매가격)−[(재료비)+(생산비)+(광고비)+(A/S 부담 비용)×(A/S 비율)]

① 재료비를 25% 감소시킨다.
② 생산비를 10% 감소시킨다.
③ 광고비를 50% 감소시킨다.
④ 무료 A/S 비율을 5%p 감소시킨다.

67 다음은 H은행 ○○지점 행원들의 주말 비상 근무 일정표이다. 오전 9시부터 오후 4시까지 반드시 1명 이상이 사무실에서 비상 근무를 해야 하며, 토요일과 일요일을 연속하여 비상 근무를 할 수는 없다. 또 월 2회 이상 월 최대 10시간 미만으로 비상 근무를 해야 한다. 이때, 근무 일정을 수정해야 하는 사람은?(단, 점심시간 12 ~ 13시는 비상 근무 시간에서 제외한다)

〈주말 비상 근무 일정표〉

비상 근무일	비상 근무자	비상 근무일	비상 근무자
첫째 주 토요일	A 9 ~ 14시 B 12~ 16시	첫째 주 일요일	E 9 ~ 16시 C 13 ~ 16시 G 10 ~ 14시
둘째 주 토요일	C 9 ~ 13시 B 12 ~ 16시 D 12 ~ 15시	둘째 주 일요일	K 9 ~ 12시 J 10 ~ 16시 I 13 ~ 16시
셋째 주 토요일	J 9 ~ 12시 I 13 ~ 16시	셋째 주 일요일	A 9 ~ 12시 G 10 ~ 16시
넷째 주 토요일	B 9 ~ 13시 E 10 ~ 16시 F 9 ~ 16시	넷째 주 일요일	K 9 ~ 12시 D 9 ~ 14시 F 14 ~ 16시

① A　　② E
③ F　　④ G

68 다음은 출장 여비 및 K행원의 출장 내역에 대한 자료이다. K행원이 1월 출장 여비로 받을 수 있는 총액은?

〈출장 여비 계산 기준〉

- 출장 여비는 출장수당과 교통비의 합으로 계산한다.
- 출장수당의 경우 업무추진비 사용 시 1만 원을 차감하며, 교통비의 경우 법인차량 사용 시 1만 원을 차감한다.

〈출장지별 출장 여비〉

출장지	출장수당	교통비
D시	10,000원	20,000원
D시 이외	20,000원	30,000원

※ D시 이외 지역으로 출장을 갈 경우 13시 이후 출장 시작 또는 15시 이전 출장 종료 시 출장수당에서 1만 원 차감됨

〈K행원의 2025년 1월 출장 내역〉

출장일	출장지	출장 시작 및 종료 시각	비고
1월 8일	D시	14 ~ 16시	관용차량 사용
1월 16일	S시	14 ~ 18시	–
1월 19일	B시	09 ~ 16시	업무추진비 사용

① 6만 원　② 7만 원
③ 8만 원　④ 10만 원

69 다음은 주당배당금 및 배당수익률 산출식에 대한 정보이다. 이를 참고하여 배당금이 많은 사람부터 적은 사람 순으로 바르게 나열한 것은?(단, 빈칸은 일부 누락된 부분이다)

〈주당배당금 및 배당수익률 정보〉

- 주당배당금(DPS; Dividend Per Share) : 배당금 총액을 주식 수로 나누는 방식
  =(배당금 총액)÷(발행주식 수)
- 배당수익률(Dividend Yield Ratio, %) : 주당배당금을 주가로 나눈 백분율 값
  =(주당배당금)÷(주가)×100
- 배당금 총액은 통상 당기순이익의 20%이며, 배당금은 주당배당금의 100배이다.

〈개인별 투자 현황〉

구분	투자한 회사의 당기순이익	투자한 회사의 주가	투자한 회사의 배당수익률	투자한 회사의 발행주식 수
갑	20억 원	20,000원		10만 주
을		30,000원	10%	80만 주
병	40억 원	100,000원		10만 주
정		60,000원	20%	20만 주
무	20억 원	40,000원		20만 주

① 병 – 정 – 을 – 갑 – 무
② 정 – 갑 – 병 – 을 – 무
③ 정 – 병 – 갑 – 을 – 무
④ 무 – 을 – 갑 – 병 – 정

70 다음은 EAEU(유라시아경제연합) 공동가스시장 출범을 앞둔 상황에서 러시아 천연가스 산업의 SWOT 분석 자료를 정리한 것이다. ㉠ ~ ㉣ 중 SWOT 분석에 들어갈 내용으로 옳지 않은 것은?

〈러시아 천연가스 산업 SWOT 분석 결과〉

구분	분석 결과
강점(Strength)	• ㉠ 1위인 미국에 이어 세계 가스 생산 2위 • 저렴한 가스 생산비로 인한 가격 경쟁력 우위 • 카자흐스탄 등 EAEU 회원국과의 전략적 파트너십 • 러시아산 가스에 대한 아르메니아, 벨라루스, 키르기스스탄의 매우 높은 의존도 • 가스 공급을 위해 EAEU 회원국 지역 전역에 걸쳐 가즈프롬(러시아 국영 에너지 기업)의 자회사들이 소유·운영 중인 가스관
약점(Weakness)	• 자국 내 가스 가격과 수출 가스 가격과의 차이 • 공동가스시장 출범 시 EAEU 회원국과의 기존 장기공급 계약 수정 필요성 • ㉡ 쿠데타 등 자국 내 정치적 리스크가 높아질 경우 EAEU 공동가스시장을 주도하기 곤란해질 수 있음
기회(Opportunity)	• 가스 가격 상승 가능성 • EAEU 파트너십 강화를 통한 성장 • 카자흐스탄, 키르기스스탄과 협력해 대(對) 중국 수출 가스관 접근 가능성 • EAEU 회원국의 가스 인프라 구축, 가스 수요 증대 등을 통해 EAEU 공동가스시장이 확대될 가능성 • ㉢ 유럽이 법제화를 통해 가스 시장 자율화로 다양한 참여자 간의 경쟁을 추구하는 추세에 대응해 가즈프롬이 유럽 전역에 자회사들을 설립해 효과적으로 시장을 공략한 러시아의 경험
위협(Threat)	• ㉣ 저가의 가스 공급자 등장 • 지역 가스 시장 내 영향력 약화 • 러시아 – 우크라이나 전쟁에 따른 지정학적 리스크

※ 유라시아경제연합(Eurasian Economic Union) : 러시아가 중심이 되어 아르메니아·벨라루스·카자흐스탄·키르기스스탄 등이 참여하고 있는 경제 공동체로, 상품·자본·노동·서비스 등의 자유로운 이동을 목표로 한다. 이들은 가스·원유 등의 천연자원이 풍부하며, 유럽과 아시아를 관통하는 지정학적 이점이 있어 잠재력이 큰 시장

① ㉠
② ㉡
③ ㉢
④ ㉣

71 다음 중 금융 분야의 여러 정보를 거래 · 결합할 수 있는 데이터 거래소에 대한 설명으로 옳지 않은 것은?

① 데이터 3법(개인정보보호법 · 신용정보법 · 정보통신망법) 개정이 법적 근거가 되었다.
② 상품으로써 데이터를 사고팔 수 있는 중개 · 거래 플랫폼이다.
③ 거래소를 이용하면 상권분석 서비스를 개발할 수 있다.
④ 익명 · 가명 정보 거래를 금지하고 실명으로 거래한다.

72 다음 중 일종의 유가증권으로 은행의 정기예금에 매매가 가능하도록 양도성을 부여한 증서는?

① 기업어음(CP)
② 양도성 예금증서(CD)
③ 환매조건부채권(RP)
④ 어음관리계좌(CMA)

73 다음 중 주식시장에서 주가를 기술적으로 분석하여 예측하는 지표의 하나로 강세장으로의 전환을 나타내며, 정치에서는 지지율이 약세에서 강세로 전환되는 신호를 뜻하는 용어는?

① 골든 크로스(Golden Cross)
② 데드 크로스(Dead Cross)
③ 실버 크로스(Silver Cross)
④ 레드 크로스(Red Cross)

74 다음 중 여러 가지 자산운용서비스를 하나로 묶어서 고객의 투자성향에 따라 종합금융서비스를 제공하고, 그 대가로 일정률의 수수료를 받는 상품은?

① 어음관리계좌(CMA)
② 사모펀드(Private Equity Fund))
③ 랩 어카운트(Wrap Account)
④ 상장지수펀드(ETF)

75 다음 중 유로채와 외국채에 대한 설명으로 옳지 않은 것은?

① 유로채는 채권의 표시통화 국가에서 발행되는 채권이다.
② 유로채는 이자소득세를 내지 않는다.
③ 외국채는 감독 당국의 규제를 받는다.
④ 외국채는 신용 평가가 필요하다.

76 다음 중 IP(Internet Protocol)에 대한 설명으로 옳지 않은 것은?

① 송신자가 여러 개인 데이터 그램을 보내면서 순서가 뒤바뀌어 도달할 수 있다.
② 각 데이터그램이 독립적으로 처리되고 목적지까지 다른 경로를 통해 전송될 수 있다.
③ 신뢰성이 부족한 비연결형 서비스를 제공하기 때문에 상위 프로토콜에서 이러한 단점을 보완해야 한다.
④ IP 프로토콜은 직접 전송과 간접 전송으로 나누어지며, 직접 전송은 패킷의 최종 목적지와 같은 물리적인 네트워크에 연결된 라우터에 도달할 때까지를 말한다.

77 다음과 같은 성적 테이블을 읽어 학생별 점수 평균을 얻을 수 있는 SQL 구문으로 옳은 것은?

〈성적 테이블〉

성명	과목	점수
김유진	국어	80
김유진	영어	68
김유진	수학	97
최정민	국어	58
최정민	영어	97
최정민	수학	65

① SELECT 성명, SUM(점수) FROM 성적 ORDER BY 성명
② SELECT 성명, AVG(점수) FROM 성적 ORDER BY 성명
③ SELECT 성명, SUM(점수) FROM 성적 GROUP BY 성명
④ SELECT 성명, AVG(점수) FROM 성적 GROUP BY 성명

78 다음 중 병행 수행(Concurrency)의 문제점으로 옳지 않은 것은?

① 갱신 분실 문제(Lost Update Problem)
② 로그 관리 문제(Log Management Problem)
③ 불일치 분석 문제(Inconsistent Analysis Problem)
④ 비완료 의존성 문제(Uncommitted Dependency Problem)

79 다음 중 기존 관계형 데이터 베이스의 한계를 벗어난 데이터 베이스 NoSQL의 특징으로 옳지 않은 것은?

① 데이터 항목을 클러스터 환경에 자동적으로 분할하여 적재한다.
② 기존 관계형 데이터 베이스의 SQL과 같은 질의 언어를 제공한다.
③ 기존에 정의된 스키마 없이 데이터를 상대적으로 자유롭게 저장할 수 있다.
④ PC 수준의 상용 하드웨어를 활용하여 데이터를 복제 또는 분산 저장할 수 있다.

80 다음 〈보기〉에서 중앙은행 디지털화폐(CBDC)에 대한 설명으로 옳은 것과 옳지 않은 것을 바르게 짝지은 것은?

〈보기〉

ㄱ. CBDC는 중앙은행에서 발행하는 전자 형태의 법정화폐이다.
ㄴ. CBDC는 일반적인 다른 암호화폐보다 안정성・신뢰성이 높다.
ㄷ. CBDC는 화폐의 위조 우려가 없고, 현금 같은 화폐 발행에 드는 비용을 절감할 수 있다.
ㄹ. CBDC는 은행의 자금 조달(중개) 기능을 더욱 강화시켜 저신용자들에 대한 '대출 문턱'을 낮출 것으로 기대된다.
ㅁ. CBDC는 거래를 추적하기 어렵고 암시장을 억제하는 것 또한 어려워 자금세탁 등에 악용될 우려가 있다.

	옳은 것	옳지 않은 것
①	ㄱ, ㅁ	ㄴ, ㄷ, ㄹ
②	ㄱ, ㄴ, ㄷ	ㄹ, ㅁ
③	ㄱ, ㄹ, ㅁ	ㄴ, ㄷ
④	ㄴ, ㄷ, ㄹ	ㄱ, ㅁ

제2회
하나은행
온라인 필기전형

〈문항 수 및 시험시간〉

구분	출제범위	문항 수	시험시간
NCS 직업기초능력	의사소통능력, 수리능력, 문제해결능력	70문항	90분
금융・디지털상식	금융・디지털상식	10문항	

※ 문항 수 및 시험시간은 2025년 하반기 공고문을 참고하여 구성하였습니다.

하나은행 온라인 필기전형

제2회 모의고사

문항 수 : 80문항
시험시간 : 90분

제1영역 NCS 직업기초능력

01 다음 중 맞춤법이 옳지 않은 것은?

① 오늘은 웬일인지 지호가 나에게 웃으며 인사해주었다.
② 그녀의 집은 살림이 넉넉지 않다.
③ 분위기에 걸맞은 옷차림이다.
④ 영희한테 들었는데 이 집 자장면이 그렇게 맛있데.

02 다음 한자성어 중 나머지와 의미가 다른 것은?

① 일사불란(一絲不亂)
② 평지풍파(平地風波)
③ 옥석혼효(玉石混淆)
④ 지리멸렬(支離滅裂)

03 다음 글과 관련 있는 속담은?

러시아에서는 공무원들의 근무 태만을 감시하기 위해 공무원들에게 감지기를 부착시켜 놓고 인공위성 추적 시스템을 도입하는 방안을 둘러싸고 논란이 일고 있다. 전자 감시 기술은 인간의 신체 속까지 파고 들어갈 만반의 준비를 하고 있다. 어린아이의 몸에 감시 장치를 내장하면 아이의 안전을 염려할 필요는 없겠지만, 그게 과연 좋기만 한 것인지, 또 그 기술이 다른 좋지 않은 목적에 사용될 위험은 없는 것인지 따져볼 일이다. 감시가 목적이 아니라 하더라도 전자 기술에 의한 정보의 집적은 언제든 개인의 프라이버시를 위협할 수 있다.

① 사공이 많으면 배가 산으로 간다.
② 새가 오래 머물면 반드시 화살을 맞는다.
③ 쇠뿔은 단김에 빼랬다.
④ 일곱 번 재고 천을 째라.

04 다음 글의 주제로 가장 적절한 것은?

동영상 압축 기술인 MPEG는 일반적으로 허프만 코딩 방식을 사용한다. 허프만 코딩은 데이터 발생빈도수에 따라 서로 다른 길이의 부호를 부여하여 데이터를 비트로 압축하는 방식이다. 예를 들어 데이터 abccdddddd를 허프만 코딩 방식으로 압축해 보면, 먼저 데이터 abccdddddd를 발생빈도와 발생확률에 따라 정리한다. 그리고 발생확률이 0.1로 가장 낮은 문자 a와 b를 합하여 0.2로 만들고, 이것을 S1으로 표시한다. 이 S1을 다음으로 발생확률이 낮은 c의 0.2와 합한다. 그리고 이를 S2라고 표시한다. 다시 S2의 발생확률 0.4를 d의 발생확률 0.6과 더하고 그것을 S3라고 한다.
이런 방식으로 만들면 발생확률 합은 1이 된다. 이와 같은 과정을 이어가며 나타낸 것을 허프만 트리라고 한다. 허프만 트리는 맨 위 S3을 기준으로 왼쪽으로 뻗어나가는 줄기는 0으로 표시하고, 오른쪽으로 뻗어가는 줄기는 1로 표시한다. 이렇게 원래의 데이터를 0과 1의 숫자로 코드화한다. 그러면 a는 000, b는 001, c는 01, d는 1이 된다. 이렇게 발생빈도에 따라 데이터의 부호 길이는 달리 표시된다. 이런 과정을 거치면 코딩 이전의 원래 데이터 abccdddddd는 0000010101111111로 표현된다.

① MPEG의 종류
② 허프만 트리의 양상
③ 데이터의 표현 방법
④ 허프만 코딩 방식의 과정

05 다음 글의 중심 내용으로 가장 적절한 것은?

신문이 진실을 보도해야 한다는 것은 새삼스러운 설명이 필요 없는 당연한 이야기이다. 정확한 보도를 하기 위해서는 문제를 전체적으로 보아야 하고, 역사적으로 새로운 가치의 편에서 봐야 하며, 무엇이 근거이고, 무엇이 조건인가를 명확히 해야 한다. 그런데 이러한 준칙을 강조하는 것은 기자들의 기사 작성 기술이 미숙하기 때문이 아니라, 이해관계에 따라 특정 보도의 내용이 달라지기 때문이다. 자신들에게 유리하도록 기사가 보도되게 하려는 외부 세력이 있으므로 진실 보도는 일반적으로 수난의 길을 걷게 마련이다. 신문은 스스로 자신들의 임무가 '사실 보도'라고 말한다. 그 임무를 다하기 위해 신문은 자신들의 이해관계에 따라 진실을 왜곡하려는 권력과 이익 집단, 그 구속과 억압의 논리로부터 자유로워야 한다.

① 진실 보도를 위하여 구속과 억압의 논리로부터 자유로워야 한다.
② 자신들에게 유리하도록 기사가 보도되게 하는 외부 세력이 있다.
③ 신문의 임무는 '사실 보도'이나, 진실 보도는 수난의 길을 걷는다.
④ 정확한 보도를 하기 위하여 전체적 시각을 가져야 한다.

06 다음 글에서 〈보기〉가 들어갈 위치로 가장 적절한 곳은?

그럼 이제부터 제형에 따른 특징과 복용 시 주의점을 알아보겠습니다. 먼저 산제나 액제는 복용해야 하는 용량에 맞게 미세하게 조절이 가능합니다. 그리고 정제나 캡슐제에 비해 노인이나 소아가 약을 삼키기 쉽고 약효도 빠르게 나타납니다. (가) 캡슐제는 캡슐로 약물을 감싸서 자극이 강한 약물을 복용할 때 생기는 불편을 줄일 수 있고, 정제로 만들면 약효가 떨어질 수 있는 경우에 사용되어 약효를 유지할 수 있습니다. (나) 하지만 캡슐이 목구멍이나 식도에 달라붙을 수 있기 때문에 충분한 양의 물과 함께 복용해야 합니다. (다) 그리고 정제는 일정한 형태로 압축되어 있어 산제나 액제에 비해 보관이 간편하고 정량을 복용하기 쉽습니다. 이러한 정제는 약물의 성분이 빠르게 방출되는 속방정과 서서히 지속적으로 방출되는 서방정으로 구분할 수 있습니다. (라) 서방정은 오랜 시간 일정하게 약의 효과를 유지할 수 있어 복용 횟수를 줄일 수 있습니다. 그런데 서방정은 함부로 쪼개거나 씹어서 먹으면 안 됩니다. 왜냐하면 약물의 방출 속도가 달라져 부작용의 위험이 커질 수 있기 때문입니다.

오늘 강연 내용은 유익하셨나요? 이번 강연이 약에 대한 이해를 높일 수 있는 계기가 되었으면 합니다. 또한 약과 관련해 더 궁금한 내용이 있다면 '온라인 의약 도서관'을 통해 찾아보실 수 있습니다. 마지막으로 상세한 복약 정보는 꼭 의사나 약사에게 확인하시기 바랍니다. 경청해 주셔서 감사합니다.

〈보기〉

하지만 이 둘은 정제에 비해 변질되기 쉬우므로 특히 보관에 주의해야 하고 복용 전 변질 여부를 잘 확인해야 합니다.

① (가) ② (나)
③ (다) ④ (라)

07 다음 문단을 논리적 순서대로 바르게 나열한 것은?

(가) 고창 갯벌은 서해안에 발달한 갯벌로서 다양한 해양 생물의 산란・서식지이며, 어업인들의 삶의 터전으로 많은 혜택을 주었다. 그러나 최근 축제식 양식과 육상에서부터 오염원 유입 등으로 인한 환경 변화로 체계적인 이용・관리 방안이 지속적으로 요구됐다.

(나) 정부는 전라북도 고창 갯벌 약 11.8km^2를 '습지보전법'에 의한 '습지보호지역'으로 지정하며 고시한다고 밝혔다. 우리나라에서 일곱 번째 습지보호지역으로 지정되는 고창 갯벌은 칠면초・나문재와 같은 다양한 식물이 자생하고, 천연기념물인 황조롱이와 멸종 위기종을 포함한 46종의 바닷새가 서식하는 생물 다양성이 풍부하며 보호 가치가 큰 지역으로 나타났다.

(다) 정부는 이번 습지보호지역으로 지정된 고창 갯벌을 람사르 습지로 등록할 계획이며, 제2차 연안습지 기초 조사를 실시하여 보전 가치가 높은 갯벌뿐만 아니라 훼손된 갯벌에 대한 관리도 강화해 나갈 계획이다.

(라) 습지보호지역으로 지정되면 이 지역에서 공유수면 매립, 골재 채취 등의 갯벌 훼손 행위는 금지되나, 지역 주민이 해오던 어업 활동이나 갯벌 이용 행위에는 특별한 제한이 없다.

① (가) – (나) – (다) – (라)
② (가) – (라) – (나) – (다)
③ (나) – (가) – (라) – (다)
④ (다) – (가) – (나) – (라)

08 다음 글의 내용을 바탕으로 할 때, (가)와 (나)의 관계와 가장 유사한 관계를 지니고 있는 것은?

과학과 미술은 본질적으로 인간이 주위 사물이나 세계를 인식하는 방식이라는 점에서는 공통적이지만, 그 영역이 달라 서로 전혀 다른 차원에서 행해진다는 차이점을 지닌다. 다시 말해 이 둘은 서로 모순되거나 상대를 방해할 수 있는 관계에 놓여 있지 않다. 따라서 (가) 과학의 개념적 해석은 (나) 미술의 직관적 해석을 배제하지 않는다. 각자는 자체의 시각, 이를테면 자체의 굴절 각도를 지니고 있다.
그러나 그렇다고 해서 이 둘은 엄격히 분리되어서 상호 간에 전연 영향을 끼칠 수 없는 것일까? 과학과 미술이 각각 의지하고 있는 사물의 개념적・추상적 이해와 직관적・구체적 파악은 밀접하게 연관되어 있는 인간의 인식 작용의 두 측면이다. 따라서 우리는 이 둘이 밀접하게 연관되면서도 독립적인 영역을 갖고 서로 방해하지 않기 때문에 오히려 서로 영향을 끼칠 수 있다고 본다. 또한 더 나아가 상호 보완적으로 작용함으로써 인간의 인식을 더욱 풍요롭고 충실하게 한다고 생각할 수 있다. 실제로 우리가 서양 회화를 고찰의 대상으로 삼고 과학에 대한 미술의 관련성을 추적해 볼 때 이러한 가정은 사실로 확인된다.

① 법이 강제에 의해서 우리의 행위를 규제한다면 관습은 양심을 통해 우리의 행동을 규제한다. 이 둘에 의해서 우리는 자신의 행동을 보다 바람직한 방향으로 이끌어나갈 수가 있는 것이다.
② 서양의 사상이 자연을 정복과 투쟁의 대상으로 보고 있는 데 비하여, 동양의 사상은 자연을 함께 공존해야 할 존재, 서로 조화를 이루어야 할 존재로 보고 있다.
③ 언어의 순화는 곧 그것을 사용하는 사람의 의식의 정화로 이어지고, 이것은 또다시 언어의 순화로 이행되며, 이는 한층 강화된 의식의 정화로 나타나게 된다.
④ 흔히 물질적 풍요와 행복을 동일시하는 착각에 빠지기 쉬우나 물질적 풍요가 행복을 보장하는 것은 아니다. 단지, 그것은 행복을 위한 여러 가지 요건 중의 하나일 뿐이다.

09 다음 글의 내용으로 가장 적절한 것은?

> 지금까지 보았듯이 체계라는 개념은 많은 현실주의자들에게 있어서 중요한 개념이다. 무질서 상태라는 단순한 개념이든 현대의 현실주의자가 고안한 정교한 이론이든 간에 체계라는 것은 국제적인 행위체에 영향을 주기 때문에 중요시되는 것이다. 그런데 최근의 현실주의자들은 체계를 하나의 유기체로 보고 얼핏 국가의 의지나 행동으로부터 독립한 듯이 기술하고 있다. 정치가는 거의 자율성이 없으며 획책할 여지도 없어서, 정책결정 과정에서는 인간의 의지가 별 효과가 없는 것으로 본다. 행위자로서 인간은 눈앞에 버티고 선 냉혹한 체계의 앞잡이에 불과하고 그러한 체계는 이해할 수 없는 기능을 갖는 하나의 구조이며 그러한 메커니즘에 대하여 막연하게 인지할 수밖에 없다. 정치가들은 무수한 제약에 직면하지만 호기는 거의 오지 않는다. 정치가들은 권력정치라고 불리는 세계규모의 게임에 열중할 뿐이며 자발적으로 규칙을 변화시키고 싶어도 그렇게 하지 못한다. 결국 비판의 초점은 현실주의적 연구의 대부분은 숙명론적이며 결정론적이거나 비관론적인 저류가 흐르고 있다고 지적한다. 그 결과, 이러한 비판 중에는 행위자로서 인간과 구조는 상호 간에 영향을 주고 있다는 것을 강조하면서 구조를 보다 동적으로 파악하는 사회학에 눈을 돌리는 학자도 있다.

① 현실주의자들은 숙명론 혹은 결정론을 신랄하게 비판한다.

② 현실주의적 관점에서 정치인들은 체계 앞에서 무기력하다.

③ 이상주의자들에게 있어서 체계라는 개념은 그리 중요하지 않다.

④ 무질서 상태는 국제적 행위체로써 작용하는 체계가 없는 혼란스러운 상태를 의미한다.

10 다음 글의 내용으로 적절하지 않은 것은?

일그러진 달항아리와 휘어진 대들보. 물론 달항아리와 대들보가 언제나 그랬던 것은 아니다. 사실인즉 일그러지지 않은 달항아리와 휘어지지 않은 대들보가 더 많았을 것이다. 하지만 주목해야 할 것은 한국인들은 달항아리가 일그러졌다고 해서 깨뜨려 버리거나, 대들보가 구부러졌다고 해서 고쳐서 쓰거나 하지는 않았다는 것이다. 나아가 그들은 살짝 일그러진 달항아리나 그럴싸하게 휘어진 대들보, 입술이 약간 휘어져 삐뚜름 능청거리는 사발이 오히려 멋있다는 생각을 했던 것 같다. 일그러진 달항아리와 휘어진 대들보에서 '형(形)의 어눌함'과 함께 '상(象)의 세련됨'을 볼 수 있다. 즉, '상의 세련됨'을 머금은 '형의 어눌함'을 발견하게 된다. 대체로 평균치를 넘어서는 우아함을 갖춘 상은 어느 정도 형의 어눌함을 수반한다. 이런 형상을 가리켜 아졸하거나 고졸하다고 하는데, 한국 문화는 이렇게 상의 세련됨과 형의 어눌함이 어우러진 아졸함이나 고졸함의 형상으로 넘쳐난다. 분청이나 철화, 달항아리 같은 도자기 역시 예상과는 달리 균제적이거나 대칭적이지 않은 경우가 많다. 이 같은 비균제성이나 비대칭성은 무의식(無意識)의 산물이 아니라 '형의 어눌함을 수반하는 상의 세련됨'을 추구하는 미의식(美意識)의 산물이다. 이러한 미의식은 하늘과 땅과 인간을 하나의 커다란 유기체로 파악하는 우리 민족이 자신의 삶을 통해 천지인의 조화를 이룩하기 위해 의식적으로 노력한 결과이다.

① 달항아리는 일그러진 모습, 대들보는 휘어진 모습을 한 것들이 많다.
② 한국인들은 곧은 대들보와 완벽한 모양의 달항아리를 좋아하지 않았다.
③ 분청, 철화, 달항아리 같은 도자기에서는 비대칭적인 요소가 종종 발견된다.
④ 비대칭적 미의식은 천지인을 유기체로 파악하는 우리 민족의 의식적인 노력의 결과이다.

11 다음 글에 대한 반론으로 가장 적절한 것은?

고대 중국인들은 인간이 행하지 못하는 불가능한 일은 그들이 신성하다고 생각한 하늘에 의해서 해결 가능하다고 보았다. 그리하여 하늘은 인간에게 자신의 의지를 심어 두려움을 갖고 복종하게 하는 의미뿐만 아니라 인간의 모든 일을 책임지고 맡아서 처리하는 의미로까지 인식되었다. 그 당시에 하늘은 인간에게 행운과 불운을 가져다줄 수 있는 힘이고, 인간의 개별적 또는 공통적 운명을 지배하는 신비하고 절대적인 존재라는 믿음이 형성되었다. 이러한 하늘에 대한 인식은 결과적으로 하늘을 권선징악의 주재자로 보고, 모든 새로운 왕조의 탄생과 정치적 변천까지도 그것에 의해 결정된다는 믿음의 근거로 작용하였다.

① 인간의 길흉화복은 우주적 질서의 일부이다.
② 사람이 받게 되는 재앙과 복의 원인은 모두 자신에게 있다.
③ 하늘은 인륜의 근원이며, 인륜은 하늘의 덕성이 발현된 것이다.
④ 뱃사공들은 하늘에 제사를 지냄으로써 자신들의 항해가 무사하길 기원한다.

12 다음 글의 주장을 비판하기 위한 탐구 활동으로 가장 적절한 것은?

> 기술은 그 내부적인 발전 경로를 이미 가지고 있으며, 따라서 어떤 특정한 기술(혹은 인공물)이 출현하는 것은 '필연적'인 결과라고 생각하는 사람들이 많다. 이러한 통념을 약간 다르게 표현하자면, 기술의 발전 경로는 이전의 인공물보다 '기술적으로 보다 우수한' 인공물들이 차례차례 등장하는, 인공물들의 연쇄로 파악할 수 있다는 것이다. 그리고 기술의 발전 경로가 '단일한' 것으로 보고, 따라서 어떤 특정한 기능을 갖는 인공물을 만들어 내는 데 있어서 '유일하게 가장 좋은' 설계 방식이나 생산 방식이 있을 수 있다고 가정한다. 이와 같은 생각을 종합하면 기술의 발전은 결코 사회적인 힘이 가로막을 수 없는 것일 뿐 아니라 단일한 경로를 따르는 것이므로, 사람들이 할 수 있는 일은 이미 정해져 있는 기술의 발전 경로를 열심히 추적해 가는 것밖에 남지 않게 된다는 결론이 나온다.
>
> 그러나 다양한 사례 연구에 의하면 어떤 특정 기술이나 인공물을 만들어 낼 때, 그것이 특정한 형태가 되도록 하는 데 중요한 역할을 하는 것은 그 과정에 참여하고 있는 엔지니어, 자본가, 소비자, 은행, 정부 등의 이해관계나 가치체계임이 밝혀졌다. 이렇게 보면 기술은 사회적으로 형성된 것이며, 이미 그 속에 사회적 가치를 반영하고 있는 셈이 된다. 뿐만 아니라 복수의 기술이 서로 경쟁하여 그중 하나가 사회에서 주도권을 잡는 과정을 분석해 본 결과, 이 과정에서 중요한 역할을 하는 것은 기술적 우수성이나 사회적 유용성이 아닌, 관련된 사회집단들의 정치적·경제적 영향력인 것으로 드러났다고 한다. 결국 현재에 이르는 기술 발전의 궤적은 결코 필연적이고 단일한 것이 아니었으며, '다르게' 될 수도 있었음을 암시하고 있는 것이다.

① 논거가 되는 연구 결과를 반박할 수 있는 다른 연구 자료를 조사한다.
② 사회 변화에 따라 가치 체계의 변동이 일어나게 되는 원인을 분석한다.
③ 기술 개발에 관계자들의 이해관계나 가치가 작용한 실제 사례를 조사한다.
④ 글쓴이가 문제 삼고 있는 통념에 변화가 생기게 된 계기를 분석한다.

13 다음 글의 빈칸에 들어갈 내용으로 가장 적절한 것은?

> 민주주의의 목적은 다수가 폭군이나 소수의 자의적인 권력행사를 통제하는 데 있다. 민주주의의 이상은 모든 자의적인 권력을 억제하는 것으로 이해되었는데 이것이 오늘날에는 자의적 권력을 정당화하기 위한 장치로 변화되었다. 이렇게 변화된 민주주의는 민주주의 그 자체를 목적으로 만들려는 이념이다. 이것은 법의 원천과 국가권력의 원천이 주권자 다수의 의지에 있기 때문에 국민의 참여와 표결 절차를 통하여 다수가 결정한 법과 정부의 활동이라면 그 자체로 정당성을 갖는다는 것이다. 즉, 유권자 다수가 원하는 것이면 무엇이든 실현할 수 있다는 말이다.
>
> 이런 민주주의는 '무제한적 민주주의'이다. 어떤 제약도 없는 민주주의라는 의미이다. 이런 민주주의는 자유주의와 부합할 수가 없다. 그것은 다수의 독재이고 이런 점에서 전체주의와 유사하다. 폭군의 권력이든, 다수의 권력이든, 군주의 권력이든, 위험한 것은 권력 행사의 무제한성이다. 중요한 것은 이러한 권력을 제한하는 일이다.
>
> 민주주의 그 자체를 수단이 아니라 목적으로 여기고 다수의 의지를 중시한다면, 그것은 다수의 독재를 초래하고, 그것은 전체주의만큼이나 위험하다. 민주주의 존재 그 자체가 언제나 개인의 자유에 대한 전망을 밝게 해준다는 보장은 없다. 개인의 자유와 권리를 보장하지 못하는 민주주의는 본래의 민주주의가 아니다. 본래의 민주주의는 ____________________

① 다수의 의견을 수렴하여 이를 그대로 정책에 반영해야 한다.

② 서로 다른 목적의 충돌로 인한 사회적 불안을 해소할 수 있어야 한다.

③ 다수 의견보다는 소수 의견을 채택하면서 진정한 자유주의의 실현에 기여해야 한다.

④ 민주적 절차 준수에 그치는 것이 아니라 과도한 권력을 실질적으로 견제할 수 있어야 한다.

14 다음 글을 읽고 추론한 내용으로 가장 적절한 것은?

2000년대 초반 미국의 설탕, 옥수수 시럽, 기타 천연당의 1인당 연평균 소비량은 140파운드로, 독일・프랑스보다 50%가 많았고 중국보다는 9배가 많았다. 그런데 설탕이 비만을 야기하고 당뇨병 환자의 건강에 해롭다는 인식이 확산되면서 사카린과 같은 인공 감미료의 수요가 증가하였다.
세계 최초의 인공 감미료인 사카린은 1879년 미국 존스홉킨스대학에서 화학 물질의 산화 반응을 연구하다가 우연히 발견됐다. 당도가 설탕보다 약 500배 높은 사카린은 대표적인 인공 감미료로, 체내에서 대사되지 않고 그대로 배출된다는 특징이 있다. 그런데 1977년 캐나다에서 쥐를 대상으로 한 사카린 실험 이후 유해성 논란이 촉발되었다. 사카린을 섭취한 쥐가 방광암에 걸렸기 때문이다. 그러나 사카린의 무해성을 입증한 다양한 연구 결과로 인해 미국 FDA는 사카린을 다시 안전한 식품 첨가물로 공식 인정하였고, 현재도 설탕의 대체재로 사용되고 있다.
아스파탐은 1965년 위궤양 치료제를 개발하던 중 우연히 발견된 인공 감미료로, 당도가 설탕보다 약 200배 높다. 그러나 아스파탐도 발암성 논란이 끊이지 않았다. 미국 암협회가 안전하다고 발표했지만, 이탈리아의 한 과학자가 쥐를 대상으로 한 실험에서 아스파탐이 암을 유발한다고 결론내렸기 때문이다.

① 사카린과 아스파탐은 설탕보다 당도가 높고, 사카린은 아스파탐보다 당도가 높다.
② 사카린은 유해성 논란으로 현재 미국에서는 더 이상 식품 첨가물로 사용되지 않고 있다.
③ 2000년대 초반 기준 중국의 설탕, 옥수수 시럽, 기타 천연당의 1인당 연평균 소비량은 20파운드 이상이었을 것이다.
④ 아스파탐은 암 유발 논란에 휩싸였지만, 미국 FDA로부터 안전한 식품 첨가물로 처음 공식 인정받았다.

15 다음 글을 읽고 추론한 내용으로 적절하지 않은 것은?

> 국어학자로서 주시경은 근대 국어학의 기틀을 세운 선구적인 인물이었다. 과학적 연구 방법이 전무하다시피 했던 국어학 연구에서, 그는 단어의 원형을 밝혀 적는 형태주의적 입장을 가지고 독자적으로 문법 현상을 분석하고 이론으로 체계화하는 데 힘을 쏟았다. 특히 '늣씨'와 '속뜻'의 개념을 도입한 것은 주목할 만하다. 그는 단어를 뜻하는 '씨'를 좀 더 작은 단위로 분석하면서 여기에 '늣씨'라는 이름을 붙였다. 예컨대 '해바라기'를 '해^바라^기', '이더라'를 '이^더라'처럼 늣씨 단위로 분석했다. 이는 그가 오늘날 '형태소'라 부르는 것과 유사한 개념을 인식하고 있었음을 보여 준다. 이것은 1930년대에 언어학자 블룸필드가 이 개념을 처음 사용하기 훨씬 이전이었다. 또한 그는 숨어 있는 구조인 '속뜻'을 통해 겉으로는 구조를 파악하기 어려운 문장을 분석했고, 말로 설명하기 어려운 문장의 계층적 구조는 그림을 그려 풀이하는 방식으로 분석했다. 이러한 방법은 현대 언어학의 분석적인 연구 방법과 유사하다는 점에서 연구사적 의의가 크다.
> 주시경은 국어학사에서 길이 기억될 연구 업적을 남겼을 뿐 아니라, 국어 교육자로서도 큰 공헌을 하였다. 그는 언어를 민족의 정체성을 나타내는 징표로 보았으며, 국가와 민족의 발전이 말과 글에 달려 있다고 생각하여 국어 교육에 온 힘을 다하였다. 여러 학교에서 우리말을 가르쳤을 뿐만 아니라, 국어 강습소를 만들어 장차 교사가 될 사람들에게 국어문법을 체계적으로 교육하였다.
> 그는 맞춤법을 확립하는 정책에도 자신의 학문적 성과를 반영하고자 했다. 이를 위해 연구 모임을 만들어 맞춤법의 이론적 근거를 확보하기 위한 논의를 지속해 나갔다. 그리고 1907년에 설치된 '국문 연구소'의 위원으로 국어 정책을 수립하는 일에도 적극 참여하였다. 그의 이러한 노력은 오늘날 우리에게 지대한 영향을 미치고 있다.

① 주시경은 맞춤법을 확립하는 정책에도 관심이 많았을 것이다.
② 주시경은 국어학 연구에서 독자적인 과학적 방법으로 국어학을 연구하려 노력했을 것이다.
③ 주시경이 '늣씨'의 개념을 도입한 것은 언어학자 블룸필드의 개념을 연구한 데서 도움을 받았을 것이다.
④ 주시경이 국어 교육에 온 힘을 다한 이유는 언어를 민족의 정체성을 나타내는 징표로 보았기 때문이다.

16 다음은 예금보험공사의 금융회사 파산절차에 대한 기사이다. 이에 대한 내용으로 가장 적절한 것은?

> 일반적으로 파산제도는 채무자의 재산상태가 악화되어 총채권자에 대한 채무를 완제할 수 없게 된 경우에 채무자의 총재산을 강제적으로 관리, 환가하여 모든 채권자에게 공평하게 변제하는 것을 목적으로 하는 재판상의 절차를 말합니다. 모든 파산절차는 채무자 회생 및 파산에 관한 법률에 의하여 규율되며 법원의 감독을 받게 됩니다.
> 법원의 파산선고와 동시에 채무자가 보유한 국내외 모든 자산으로 파산재단이 구성되고, 파산채권자는 채권의 개별행사가 금지되며 법원은 파산절차를 총괄할 파산관재인을 선임하여 파산재단 자산에 대한 관리 처분 권한을 채무자 본인에게서 파산관재인에게로 이전합니다.
> 파산관재인은 파산재단 자산을 조기에 최대한 환가하여 파산채권자들에 분배하는 임무를 맡고 있기 때문에 파산선고일을 기준으로 파산재단 자산을 조사하여 누락되는 자산이 없도록 각별한 주의를 기울이게 됩니다. 구체적으로 파산재단의 현금, 예금통장, 권리증, 금고 등을 확보하고 장부를 폐쇄하여 파산재단 자산이 실질적으로 파산관재인의 점유가 될 수 있도록 조치합니다.
> 이후, 파산관재인은 파산채권자로 하여금 채권을 일정기간 내에 법원에 신고하게 하여 파산채권을 확정하고 확정된 채권의 우선순위에 따라 배당을 실시하여야 합니다. 즉, 파산재단의 자산을 자산별 특성에 따라 빠른 시간 내에 최대한 환가, 매각하여 현금화한 후 파산채권자들에게 파산배당 절차를 통하여 분배하게 됩니다. 파산관재인은 더 이상 현금화할 자산이 사라질 때까지 자산환가업무를 계속하여 환가를 종료한 시점에 최후 배당을 실시하고 법원에 파산종결 선고를 요청하게 되며, 법원은 잔여자산 유무 등을 확인한 후 파산종결 선고를 통하여 파산절차를 종결하게 됩니다.

① 파산관재인은 채권자에 대한 변제를 위해 파산재단의 자산을 점유한다.
② 채무자의 파산재단 자산을 조사하는 것은 파산관재인의 업무가 아니다.
③ 채무자의 자산으로 파산재단이 구성된 후에 법원의 파산선고가 이루어진다.
④ 채무자의 파산재단이 구성된 이후 파산채권자는 채권의 개별행사가 가능하다.

17 다음은 H공단의 여비규칙을 일부 발췌한 것이다. 이를 이해한 내용으로 가장 적절한 것은?

〈여비규칙〉

목적(제1조) 이 규칙은 H공단의 임원 및 직원이 공단업무로 국내외에 여행하거나 전근 명령을 받고 신임지로 부임할 때 지급하는 여비에 관한 사항을 규정함을 목적으로 한다.

용어의 정의(제3조) 이 규칙에서 사용하는 용어의 정의는 다음과 같다.

1. 일비란 출장 중의 현지 교통비 등 여행 중에 발생하는 기타 경비를 말한다.
2. 숙박비란 숙박료와 숙박시설 이용료 및 기타 부대비용 등 숙박에 수반하는 모든 경비를 말한다.
3. 운임이란 출발 지점과 종착 지점 간(여행거리)의 철도운임, 항공운임, 선박운임, 자동차운임을 말한다.
4. 이전비란 전근, 신규채용 등으로 신임지 부임에 드는 경비를 말한다.
5. 근무지 내 국내출장이란 같은 시(특별시 및 광역시를 포함한다. 이하 같다)·군 및 섬(제주특별자치도는 제외한다. 이하 같다) 안에서의 출장이나 시·군·섬을 달리하여도 여행거리가 왕복 12km 미만인 출장을 말한다.
6. 시외출장이란 제5호 이외의 지역을 말한다.
7. 근무지 내 출장비란 근무지 내 출장에 드는 경비를 말한다.
8. 차량운행비란 자동차 운임 중 규칙에서 정한 부득이한 사유로 대중교통이 아닌 자가용차량 이용 승인을 득하였을 경우 지급하는 차량연료비 및 통행료를 말한다.

여비계산(제5조)

① 여비는 통상의 경로 및 방법에 의하여 이를 계산한다. 다만, 공단업무 형편상 또는 천재지변, 기타 부득이한 사유로 인하여 통상의 경로 및 방법에 의하여 여행하기 곤란한 경우에는 실제로 행한 경로 및 방법에 의하여 계산한다.

② 여행일수는 여행을 위하여 실제로 필요한 일수에 따른다. 다만, 공무의 형편상 또는 천재지변 그 밖의 부득이한 사유로 인하여 소요되는 일수는 이에 포함한다.

③ 여행 도중 공단 내규나 직위 등의 변경에 따라 여비 계산을 구분하여야 할 필요가 있는 때에는 그 사유가 발생한 날을 기준으로 계산한다. 다만, 당해 공단 임·직원이 이동 중인 경우에는 그 사유가 발생한 후 최초의 목적지에 도착한 날을 기준으로 구분하여 계산하며, 같은 날에 여비액을 달리하여야 할 경우에는 많은 금액을 기준으로 지급한다.

수행출장 등(제6조) 직원이 같은 목적으로 임원·별정직·상급직원 또는 외빈을 수행·동행하여 여행할 경우 출장목적 수행상 부득이하다고 인정될 때에는 임원·별정직·상급직원 또는 외빈과 같은 등급의 운임·일비·숙박비·식비를 최소화하여 조정·적용할 수 있다.

① 차량운행비란 출발 지점과 종착 지점 간(여행거리)의 대중교통 및 자가용 운임을 말한다.
② 여비는 기본적으로 실제 행한 경로 및 방법을 기준으로 계산한다.
③ 직원이 외빈을 동행하여 여행할 경우 기존 여비의 1.5배를 가산하여 지급한다.
④ 출장 시 폭설로 인해 고립되어 예정된 일정보다 하루 더 소요되었을 때 총여행일수에 이를 포함한다.

18 다음은 2025년 연령별 인구수 현황에 대한 자료이다. 각 연령대를 기준으로 남성 인구가 40% 이하인 연령대 ㉠과 여성 인구가 50% 초과 60% 이하인 연령대 ㉡을 바르게 짝지은 것은?

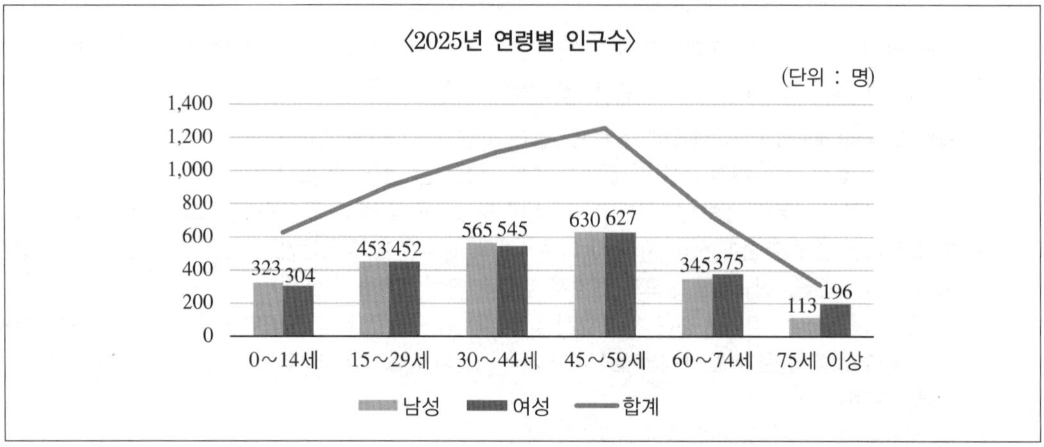

	㉠	㉡		㉠	㉡
①	0 ~ 14세	15 ~ 29세	②	30 ~ 44세	15 ~ 29세
③	45 ~ 59세	60 ~ 74세	④	75세 이상	60 ~ 74세

19 다음은 6명의 고등학생들이 측정한 몸무게와 키에 대한 자료이다. 6명 중 두 번째로 키가 큰 사람은 누구이며, 그 사람의 몸무게는 몇 번째로 가벼운가?

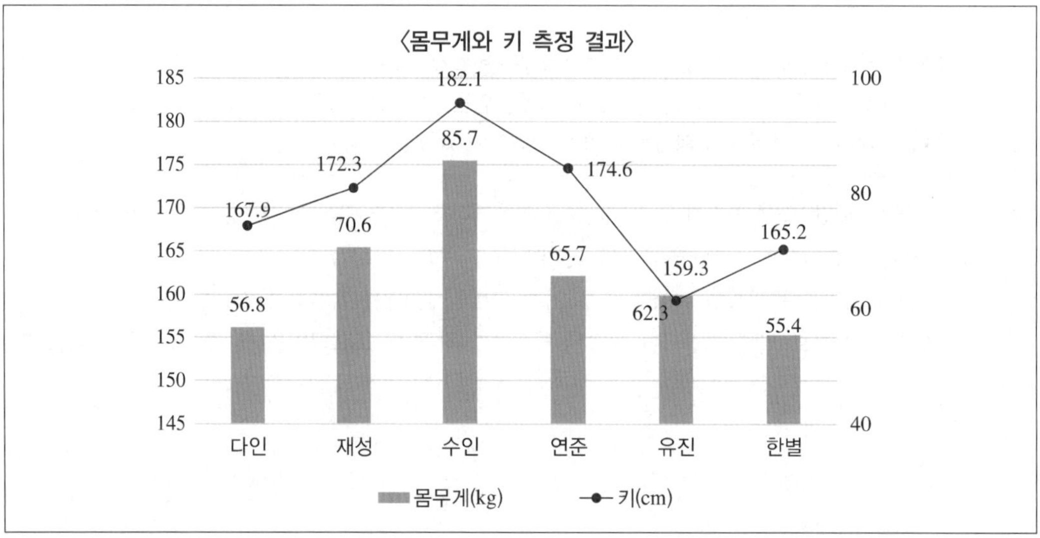

① 연준, 세 번째
② 연준, 네 번째
③ 재성, 두 번째
④ 재성, 네 번째

20 다음은 H전자에서 최근 5년간 생산한 기계 제품의 원가 정보를 연도별로 정리한 자료이다. 이에 대한 설명으로 옳지 않은 것은?

〈H전자 기계 제품 원가 정보〉

(단위 : 만 원)

구분	2021년	2022년	2023년	2024년	2025년
가격	200	230	215	250	270
재료비	105	107	99	110	115
인건비	55	64	72	85	90
수익	40	59	44	55	65

① 제품의 가격 증가율은 2025년에 가장 크다.

② 재료비의 상승폭이 가장 큰 해에는 가격의 상승폭도 가장 크다.

③ 제품의 원가에서 인건비는 꾸준히 증가하였다.

④ 2024 ~ 2025년에 재료비와 인건비의 증감 추이는 같다.

21 다음은 H은행의 등급별 인원 비율 및 성과 상여금에 대한 자료이다. 마케팅부서의 인원은 15명, 영업부서 인원은 11명이다. 이에 대한 설명으로 옳지 않은 것은?(단, 인원은 소수점 첫째 자리에서 반올림한다)

〈등급별 인원 비율 및 성과 상여금〉

(단위 : %, 만 원)

구분	S등급	A등급	B등급	C등급
인원 비율	15	30	40	15
상여금	500	420	330	290

① 마케팅부서에 지급되는 총상여금은 5,660만 원이다.

② A등급 1인당 상여금은 B등급 1인당 상여금보다 약 27% 많다.

③ 영업부서 A등급과 B등급의 인원은 마케팅부서 인원보다 각각 2명씩 적다.

④ 영업부서에 지급되는 총상여금은 마케팅부서에 지급되는 총상여금보다 1,200만 원이 적다.

22 다음은 전년 동월 대비 특허 심사 건수 증감 및 등록률 증감 추이에 대한 자료이다. 이에 대한 설명으로 옳지 않은 것을 〈보기〉에서 모두 고르면?

〈특허 심사 건수 증감 및 등록률 증감 추이(전년 동월 대비)〉

(단위 : 건, %)

구분	2025년 1월	2025년 2월	2025년 3월	2025년 4월	2025년 5월	2025년 6월
심사 건수 증감	125	100	130	145	190	325
등록률 증감	1.3	−1.2	−0.5	1.6	3.3	4.2

〈보기〉

ㄱ. 2025년 3월에 전년 동월 대비 등록률이 가장 많이 낮아졌다.
ㄴ. 2025년 6월의 심사 건수는 325건이다.
ㄷ. 2025년 5월의 등록률은 3.3%이다.
ㄹ. 2024년 1월 심사 건수가 100건이라면, 2025년 1월 심사 건수는 225건이다.

① ㄱ
② ㄱ, ㄴ
③ ㄱ, ㄴ, ㄷ
④ ㄴ, ㄷ, ㄹ

23 다음은 우리나라의 어느 해 하반기 달러, 유로, 엔화의 월별 환율 변동에 대한 자료이다. 이에 대한 설명으로 옳은 것은?(단, 변화량은 절댓값으로 비교한다)

〈월별 환율 현황〉

구분	원/달러	원/유로	원/100엔
7월	1,205	1,300	1,034
8월	1,180	1,320	1,012
9월	1,112	1,350	1,048
10월	1,141	1,350	1,049
11월	1,142	1,400	1,060
12월	1,154	1,470	1,080

① 유로/달러의 경우 8월의 값이 12월의 값보다 크다.
② 12월의 원/유로 환율은 7월 대비 18% 이상 증가하였다.
③ 8월부터 12월까지 원/달러와 원/100엔의 전월 대비 증감 추이는 항상 동일하다.
④ 전월 대비 원/달러 변화량의 최댓값은 원/100엔 변화량의 최댓값보다 작다.

24 다음은 지난해 1월, 6월, 12월에 20대부터 70대를 대상으로 조사한 5개의 정당 A ~ E의 지지율과 응답자에 대한 자료이다. 이에 대한 설명으로 옳지 않은 것은?

〈정당 A ~ E의 지지율〉

(단위 : %)

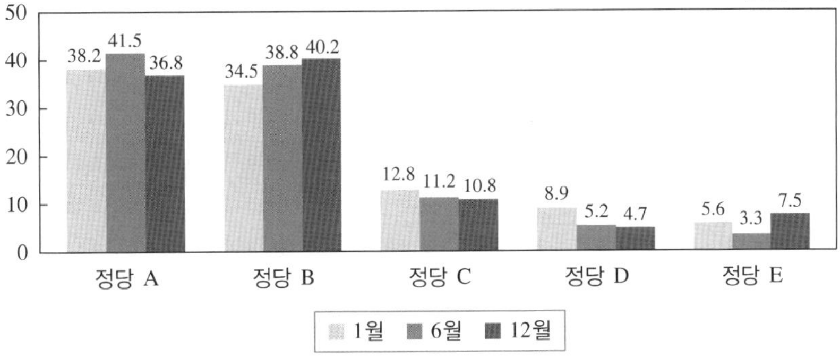

〈정당 지지율 조사 응답자〉

(단위 : 명)

구분	남성	여성	합계
20 ~ 30대	295	305	600
40 ~ 50대	370	335	705
60 ~ 70대	330	365	695

※ 모든 응답자는 정당 A ~ E 중에서 한 정당만 지지함

※ 1월, 6월, 12월 응답자 인원은 모두 동일함

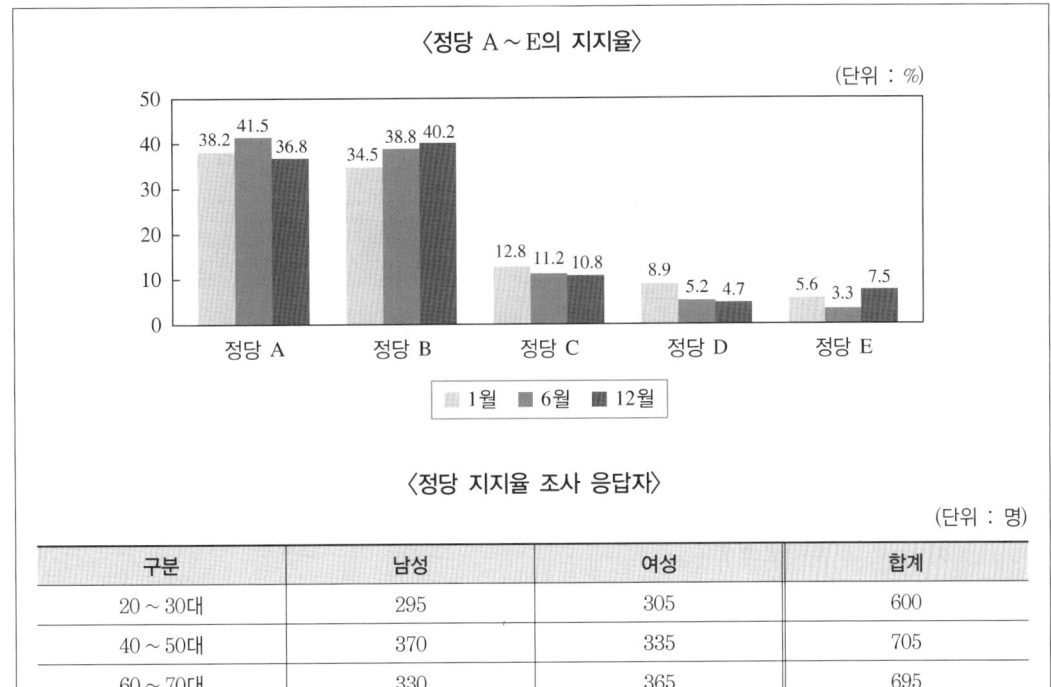

① 지지율 증감 추이가 동일한 정당은 C와 D이다.

② 응답기간 중 정당 A와 B의 지지율의 합은 항상 70% 이상이다.

③ 지지율이 하위인 두 정당의 지지율 합은 항상 정당 C의 지지율보다 낮다.

④ 6월 조사에서 정당 A와 정당 B를 지지하는 전체 인원수 차이는 54명이다.

25 다음은 연도 및 연령대별 흡연율에 대한 자료이다. 이를 참고하여 작성한 그래프로 옳지 않은 것은?

〈연도별·연령대별 흡연율〉

(단위 : %)

구분	20대	30대	40대	50대	60대 이상
2016년	28.4	24.8	27.4	20.0	16.2
2017년	21.5	31.4	29.9	18.7	18.4
2018년	18.9	27.0	27.2	19.4	17.6
2019년	28.0	30.1	27.9	15.6	2.7
2020년	30.0	27.5	22.4	16.3	9.1
2021년	24.2	25.2	19.3	14.9	18.4
2022년	13.1	25.4	22.5	15.6	16.5
2023년	22.2	16.1	18.2	13.2	15.8
2024년	11.6	25.4	13.4	13.9	13.9
2025년	14.0	22.2	18.8	11.6	9.4

① 40대, 50대 연도별 흡연율

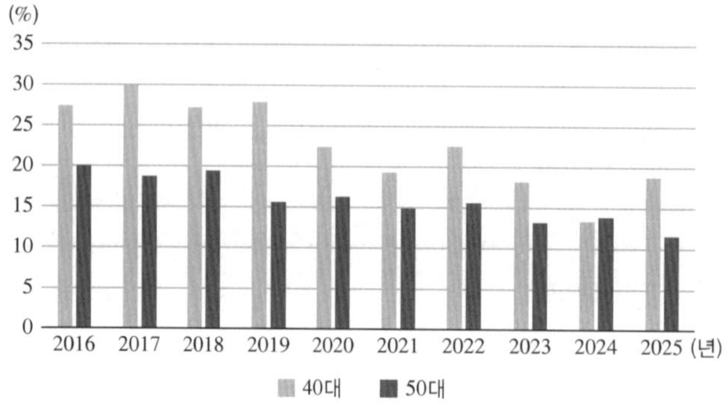

② 2022 ~ 2025년 연령대별 흡연율

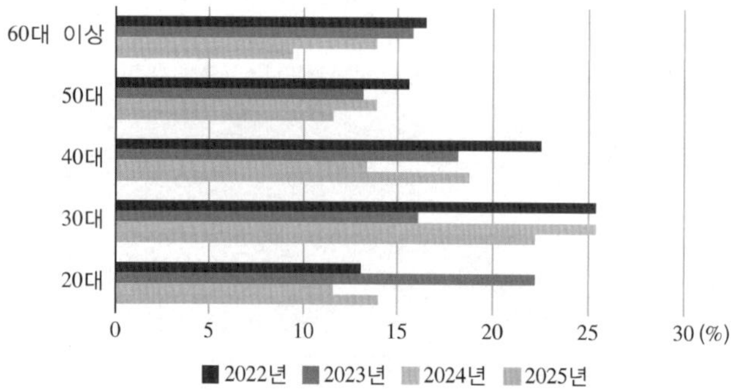

③ 2020 ~ 2025년 60대 이상 연도별 흡연율

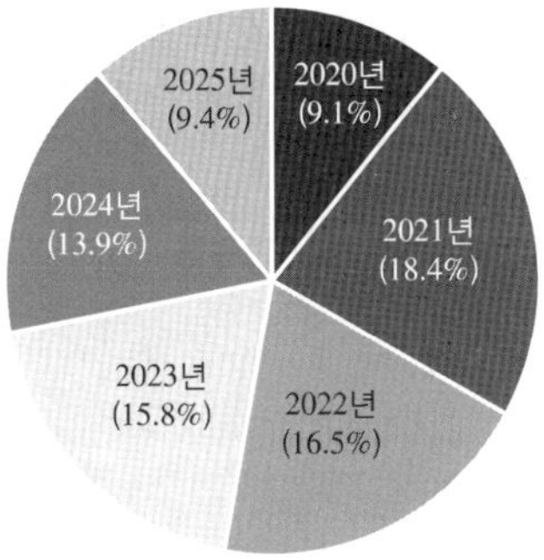

④ 20대, 30대 연도별 흡연율

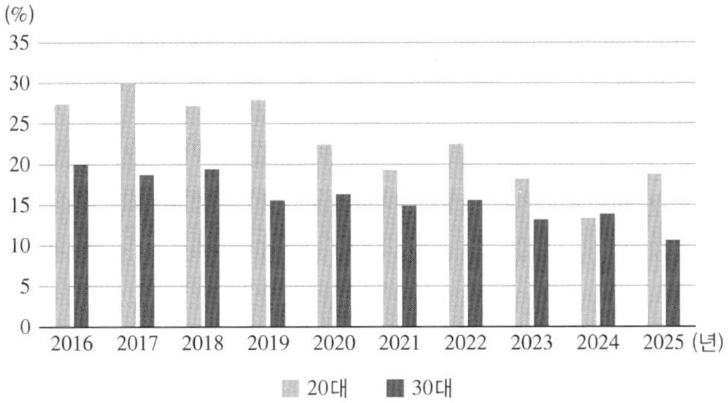

26 H은행의 연금 상품에 가입한 K고객은 올해부터 10년 동안 연초에 연 10%의 물가상승률이 적용되는 연금을 받기로 하였으며, 올해 말에는 500(1+0.1)만 원이 나온다고 한다. 갑자기 사정이 생겨 목돈이 필요한 K고객이 해당 연금을 올해 초에 일시불로 받으려고 은행을 찾았다면, K고객이 일시불로 받을 수 있는 금액은?(단, 만의 자리 미만은 버림하며, $1.1^{10}=2.5$로 계산한다)

① 2,300만 원
② 2,800만 원
③ 3,000만 원
④ 3,300만 원

27 현수가 연이율 2.4%인 월복리 적금 상품에 원금 총 2,400만 원을 납입하고자 한다. 2년 만기 적금 상품에 매월 초 100만 원씩 납입할 때의 만기 시 원리합계와, 1년 만기 적금 상품에 매월 초 200만 원씩 납입할 때 만기 시 원리합계의 차이는?(단, $1.002^{12}=1.024$, $1.002^{24}=1.049$로 계산하며, 이자 소득에 대한 세금은 고려하지 않는다)

① 50.1만 원
② 50.2만 원
③ 50.3만 원
④ 50.4만 원

28 연 실수령액을 다음과 같이 계산할 때, 연봉이 3,480만 원인 A대리의 연 실수령액은?(단, 십 원 단위 미만은 버림한다)

- (연 실수령액)=(월 실수령액)×12
- (월 실수령액)=(월 급여)−[(국민연금)+(건강보험료)+(고용보험료)+(장기요양보험료)+(소득세)+(지방세)]
- (국민연금)=(월 급여)×4.5%
- (건강보험료)=(월 급여)×3.12%
- (고용보험료)=(월 급여)×0.65%
- (장기요양보험료)=(건강보험료)×7.38%
- (소득세)=68,000원
- (지방세)=(소득세)×10%

① 30,944,400원
② 31,078,000원
③ 31,203,200원
④ 32,150,800원

29 다음은 H고객의 외국환거래 계산서의 일부이다. H고객에게 적용된 환율은?

〈외국환거래 계산서〉

계좌번호	거래명	외화로 대체한 금액	입금한 원화 합계
123-456-789102	외국통화구입(지폐)		547,865원

구분	통화명	외화금액	적용환율	원화금액
외화금액(원화 대가) ※ 수수료가 없는 거래임	JPY 100	50,000.00엔		547,865원

① 1,015.23원/100엔
② 1,072.85원/100엔
③ 1,095.73원/100엔
④ 1,100.12원/100엔

30 A씨는 출국하기 전 인천공항의 H은행에서 달러 및 유로 환전 신청을 하였다. 다음과 같은 정보를 참고할 때, A씨가 내야 할 총환전수수료는?

〈정보〉

- 신청 금액 : 미화 660달러, EUR 550유로
- 환전 우대율 : 미화 70%, EUR 50%
- 신청 날짜 : 2025-02-01
- 장소 : H은행 인천국제공항지점
- 환율 고시표

구분	현금	
	매수	매도
원/달러	1,300	1,100
원/100엔	1,120	1,080
원/유로	1,520	1,450

- (환전수수료)=(매수 매도차액)×[1−(우대율)]×(환전금액)

① 56,650원
② 57,250원
③ 58,150원
④ 58,850원

31 H은행에서는 새롭게 출시된 적금상품 '더 커지는 적금'을 내놓았다. K씨는 이번 달부터 이 상품에 가입하려고 한다. K씨가 해당되는 우대금리 조건은 4가지이고, 상품의 이자지급방식이 단리식과 연 복리식이 있다고 한다. 상품에 대한 정보가 다음과 같고, K씨가 단리 적금으로 가입하였을 때, 연 복리 적금일 경우보다 받는 이자의 손해액은 얼마인가?(단, $1.024^{\frac{1}{12}}=1.0019$로 계산하고, 손해액은 십의 자리에서 반올림한다)

〈더 커지는 적금〉

- 가입기간 : 12개월
- 가입금액 : 매월 초 200,000원 납입
- 적용금리 : 기본금리(연 2.1%)+우대금리(최대 연 0.3%p 가산)
- 저축방법 : 정기적립식, 만기 일시지급
- 우대금리 조건
  - H은행 입출금 통장 보유 시 : +0.1%p
  - 연 500만 원 이상의 H은행 예금상품 보유 시 : +0.1%p
  - 급여통장 지정 시 : +0.1%p
  - 이체 실적이 20만 원 이상 시 : +0.1%p

① 99,900원
② 100,800원
③ 100,900원
④ 101,800원

32 다음은 금융회사별 보험료 산출식과 그 구체적 사례에 대한 자료이다. 5개 회사가 납부해야 할 보험료 중 가장 많은 금액과 가장 적은 금액의 차이는?(단, 보험료 계산은 연간으로 한다)

〈금융회사별 보험료 산출 공식〉

구분	보험료 산출 공식
은행	• (분기별 보험료)=(예금 등의 분기별 평균잔액)× $\frac{8}{10,000}$ • (연간 보험료)=(분기별 보험료)×4
투자매매업자·투자중개업자	(연간 보험료)=(예금 등의 연평균잔액)× $\frac{15}{10,000}$
보험회사	(연간 보험료)=[(책임준비금)+(수입보험료)]÷2× $\frac{15}{10,000}$
종합금융회사	(연간 보험료)=(예금 등의 연평균잔액)× $\frac{15}{10,000}$
상호저축은행	(연간 보험료)=(예금 등의 연평균잔액)× $\frac{40}{10,000}$

〈회사별 평균잔액〉

회사명	비용
A종합금융회사	예금 등의 연평균잔액 : 2억 4천만 원
B보험회사	책임준비금 : 2억 원, 수입보험료 : 2천만 원
C상호저축은행	예금 등의 연평균잔액 : 5억 원
D은행	분기별 평균잔액 : 5천만 원
E투자중개업자	예금 등의 연평균잔액 : 3억 원

① 180만 원
② 182만 원
③ 184만 원
④ 186만 원

33 다음과 같이 한 변의 길이가 20cm인 정사각형 안에 넓이가 113cm^{2}인 큰 원과 넓이가 78cm^{2}인 작은 원이 있다. 이 두 원의 공통넓이가 가장 클 때, 공통넓이의 값은?

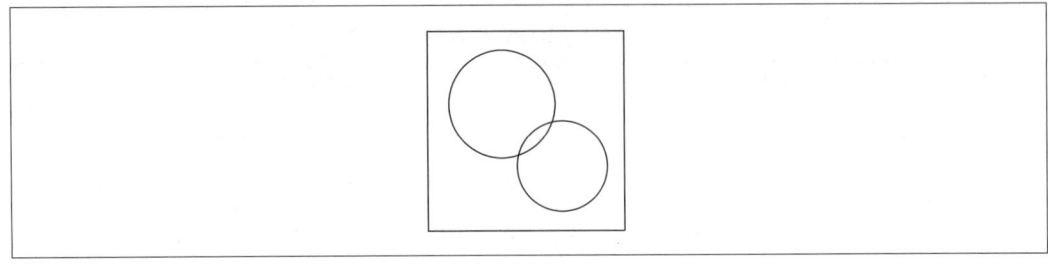

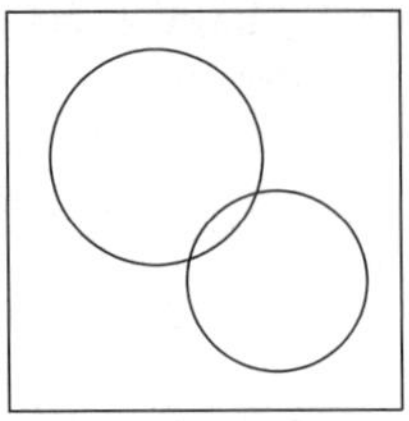

① 0cm^2
② 54cm^2
③ 78cm^2
④ 113cm^2

34 다음은 가장 큰 직사각형을 제외한 나머지 직사각형 3개가 각각 가로 길이의 절반씩 겹쳐져 있는 형태이다. 각 직사각형은 작은 것부터 순서대로 가로·세로의 길이가 각각 1cm씩 커진다. 가장 작은 직사각형의 세로 길이가 가로의 길이보다 1cm 더 크다고 할 때, 겹쳐진 상태의 4개의 사각형 넓이가 49cm^{2}라면 겹쳐진 4개의 사각형의 둘레의 길이는?

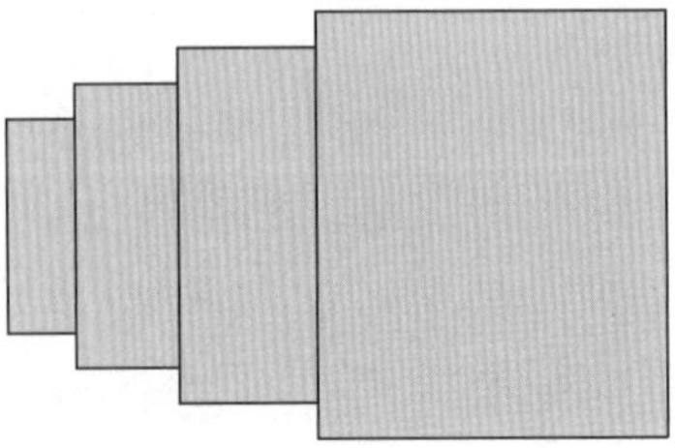

① 31cm
② 32cm
③ 33cm
④ 34cm

35 농도 3%의 소금물 400g에 농도 10%의 소금물 300g을 모두 섞었을 때, 섞인 소금물에 들어있는 소금의 양은?

① 35g ② 38g
③ 40g ④ 42g

36 A사원은 집에서 오전 8시에 출발하여 자동차를 타고 회사로 출근하였다. 60km/h의 속력으로 달려 30분 후에 회사에 도착하였다면, A사원의 집에서 회사까지의 거리는?

① 30km ② 35km
③ 40km ④ 45km

37 H백화점에는 1층에서 9층까지 왕복으로 운행하는 엘리베이터가 있다. 현진이와 서영이는 9층에서 엘리베이터를 타고 내려오다가 각자 어느 한 층에서 내렸다. 이때, 두 사람이 서로 다른 층에서 내릴 확률은?(단, 두 사람은 엘리베이터를 타고 내려오다가 다시 올라가지는 않는다)

① $\frac{3}{8}$ ② $\frac{5}{8}$
③ $\frac{3}{4}$ ④ $\frac{7}{8}$

38 다정이네 집에는 화분 2개가 있다. 화분에 있는 2개의 식물 나이의 합은 8세이고, 각 나이의 제곱을 합하면 34세가 된다. 이때 두 식물의 나이 차는?(단, 식물의 나이는 자연수이다)

① 2세　　② 3세
③ 4세　　④ 5세

39 어떤 가게에서 사과 한 상자를 9,500원에 판매하고 있다. 이 가게에서 사과를 낱개로 구매하려면 개당 1,000원을 지불해야 할 때, 50,000원으로 이 가게에서 구매할 수 있는 사과의 최대 개수는?(단, 사과는 한 상자에 10개가 들어있다)

① 48개　　② 50개
③ 52개　　④ 54개

40 H베이커리에서는 조각 케이크 1개를 정가로 팔면 3,000원의 이익을 얻는다. 정가의 20%를 할인하여 5개 팔았을 때의 순이익과 조각 케이크 1개당 정가에서 2,000원씩 할인하여 4개를 팔았을 때의 매출액이 같다면, 이 상품의 정가는?

① 4,100원　　② 4,300원
③ 4,400원　　④ 4,600원

41 철수는 오후 3시에 집에서 출발하여 평지를 지나 언덕 꼭대기까지 갔다가 같은 길을 돌아와 그날 저녁 9시에 집에 도착했다. 평지에서는 4km/h의 속력으로 걸었고, 언덕을 올라갈 때는 3km/h의 속력으로, 언덕을 내려올 때는 6km/h의 속력으로 걸었다. 이때 철수가 걸은 총거리는?(단, 철수는 쉬지 않고 걸었다)

① 6km ② 12km
③ 18km ④ 24km

42 A, B 두 팀이 축구 경기를 했는데 동점으로 끝나 승부차기를 하고 있다. 현재 어느 팀이든 한 골만 넣으면 경기가 바로 끝나는 상황일 때, 양 팀이 한 번씩 승부차기를 한 후에도 경기가 끝나지 않을 확률은?(단, A팀과 B팀의 승부차기 성공률은 각각 70%, 40%이다)

① 18% ② 28%
③ 36% ④ 46%

43 영미가 혼자 하면 4일, 민수가 혼자하면 6일 걸리는 일이 있다. 영미가 먼저 2일 동안 일을 하고, 남은 양을 민수가 끝내려고 한다. 민수는 며칠 동안 일을 해야 하는가?

① 2일 ② 3일
③ 4일 ④ 5일

44 우영이는 면적이 144m^2인 정사각형 모양 밭에 사과나무 169그루를 심으려고 한다. 일정한 간격으로 나무를 심을 때, 나무 사이의 거리는?

① 1m
② 1.2m
③ 1.3m
④ 2m

45 프로농구 결승전에서 A, B 두 팀이 시합을 했다. 2쿼터까지 A팀은 B팀보다 7점을 더 얻었고, 3쿼터와 4쿼터에 A팀은 B팀이 얻은 점수의 $\frac{3}{5}$을 얻어 75 : 78로 B팀이 이겼다. 이때 A팀이 3쿼터와 4쿼터에서 얻은 점수는?

① 15점
② 20점
③ 25점
④ 30점

46 인천 광역 버스 1300번, 790번, 1301번의 배차시간은 차례대로 30분, 60분, 80분이다. 세 버스가 같은 정류장에서 오전 7시에 첫차로 출발할 때, 세 버스가 이 정류장에서 두 번째로 같이 출발하는 시각은?

① 오전 9시 30분
② 오전 10시
③ 오전 11시
④ 오전 11시 30분

47 농도 8%의 설탕물 300g에서 설탕물을 조금 퍼내고 퍼낸 설탕물만큼의 물을 부은 후 농도 4%의 설탕물을 섞어 농도 6%의 설탕물 400g을 만들었다. 이때 처음 퍼낸 설탕물의 양은?

① 35g
② 40g
③ 45g
④ 50g

48 각자의 집에서 서로의 집을 향해 민경이는 3m/s의 속도로, 선화는 2m/s의 속도로 가고 있다. 민경이와 선화네 집은 900m 떨어져 있고 선화가 민경이보다 3분 늦게 출발했을 때, 민경이는 집에서 출발한 지 얼마 만에 선화를 만나는가?(단, 민경이 집에서 선화네 집까지는 직선의 한 가지 길밖에 없다)

① 1분 12초 후
② 2분 12초 후
③ 3분 12초 후
④ 4분 12초 후

49 경현이는 친구들과 함께 방탈출 게임을 시작하였다. 방탈출 게임은 1번부터 4번까지의 미션을 3개 이상 성공해야 탈출이 가능하다. 경현이와 친구들이 1번 미션을 성공할 확률은 $\frac{5}{6}$, 2번 미션을 성공할 확률은 $\frac{3}{5}$, 3번 미션과 4번 미션을 성공할 확률은 $\frac{1}{3}$로 같을 경우, 방탈출을 성공할 확률은?

① $\frac{2}{9}$
② $\frac{13}{45}$
③ $\frac{83}{270}$
④ $\frac{44}{135}$

50 획수가 5획, 8획, 11획인 한자를 이용하여 글을 쓰려고 한다. 각 한자를 X, Y, Z번 사용하였더니 총획수가 71획이고, 5획과 11획의 사용횟수를 바꿔 사용했더니 총획수가 89획이 나왔다. 이때 8획인 한자는 최대 몇 번 쓸 수 있는가?(단, 각 한자는 적어도 1번 이상씩 사용하였다)

① 4번　② 5번
③ 6번　④ 7번

51 물이 가득 차 있는 물통의 밑변은 5cm×4cm이고 높이는 12cm이다. 그런데 갑자기 물통 바닥에 구멍이 나서 5mL/s의 속도로 물이 빠져 나가게 되었다. 물이 완전히 다 빠지고 난 직후 15mL/s의 속도로 다시 물을 채워 넣는다면, 물이 빠지기 시작한 시점부터 다시 물이 가득 차게 될 때까지 몇 초가 걸리겠는가?

① 36초　② 48초
③ 60초　④ 72초

52 의류 수입상 A씨는 x원에 수입한 옷 30벌을 원가의 1.5배로 정가를 책정하여 판매하였다. 그러나 판매가 부진하여 팔고 남은 옷들은 정가에서 40% 할인한 가격으로 모두 판매를 하였다. 이후 매출을 계산해보니, 총 165,000원으로 옷 1벌당 10%의 이익을 얻은 것과 같았다. 이때, 정가로 판매한 옷과 할인가로 판매한 옷의 판매량 비율과 이 옷의 원가는?(단, 판매량 비율은 '정가 : 할인가'로 나타낸다)

	판매량 비율	원가		판매량 비율	원가
①	1 : 2	5,000원	②	2 : 1	5,000원
③	1 : 2	7,500원	④	2 : 1	7,500원

53 다음 명제가 모두 참일 때, 반드시 참인 것은?

- 클래식을 좋아하는 사람은 고전을 좋아한다.
- 사진을 좋아하는 사람은 운동을 좋아한다.
- 고전을 좋아하지 않는 사람은 운동을 좋아하지 않는다.

① 사진을 좋아하는 사람은 고전을 좋아한다.
② 클래식을 좋아하지 않는 사람은 운동을 좋아한다.
③ 고전을 좋아하는 사람은 운동을 좋아하지 않는다.
④ 운동을 좋아하는 사람은 클래식을 좋아하지 않는다.

54 다음 명제가 모두 참일 때, 항상 참이 아닌 것은?

- K사원은 연말이 되면 회계 결산으로 특근을 한다.
- P사원은 연말이 아니면 출장을 가지 않는다.
- K사원은 특근을 하고 Q사원은 야근을 한다.

① 지금은 연말이다.
② P사원이 출장을 가면 연말이다.
③ P사원이 출장을 가는지는 알 수 없다.
④ P사원이 출장을 가면 K사원은 특근을 한다.

55 다음 명제가 모두 참일 때, 빈칸에 들어갈 명제로 옳은 것은?

- 자차가 없으면 대중교통을 이용한다.
- ____________________
- 자차가 없으면 출퇴근 비용을 줄일 수 있다.

① 자차가 있으면 출퇴근 비용이 줄어든다.
② 자차가 없으면 출퇴근 비용을 줄일 수 없다.
③ 출퇴근 비용을 줄이려면 자차가 있어야 한다.
④ 대중교통을 이용하면 출퇴근 비용이 줄어든다.

56 A ~ D 4명의 피의자가 경찰에게 다음과 같이 진술하였다. 1명의 진술만이 참일 경우의 범인과, 1명의 진술만이 거짓일 경우의 범인을 차례로 나열한 것은?(단, 범인은 1명이며, 범인의 말은 반드시 거짓이다)

- A : C가 범인이다.
- B : 나는 범인이 아니다.
- C : D가 범인이다.
- D : C는 거짓말을 했다.

① A, B ② A, C
③ B, C ④ B, D

57 A ~ E 5명은 아파트 101 ~ 105동 중 각각 다른 동에 살고 있다. 다음 명제가 모두 참일 때, 반드시 참인 것은?(단, 101 ~ 105동은 일렬로 나란히 배치되어 있다)

- A와 B는 서로 인접한 동에 산다.
- C는 103동에 산다.
- D는 C 바로 옆 동에 산다.

① A는 101동에 산다.
② B는 102동에 산다.
③ A가 102동에 산다면 E는 105동에 산다.
④ B가 102동에 산다면 E는 101동에 산다.

58 기획팀은 A팀장, B과장, C대리, D주임, E사원으로 구성되어 있다. 각자 다음과 같이 출근한다고 할 때, 기획팀 구성원 중 먼저 출근한 사람부터 바르게 나열한 것은?

- E사원은 항상 A팀장보다 먼저 출근한다.
- B과장보다 일찍 출근하는 팀원은 1명뿐이다.
- D주임보다 늦게 출근하는 직원은 2명 있다.
- C대리는 팀원 중 가장 일찍 출근한다.

① C대리 – B과장 – D주임 – E사원 – A팀장
② C대리 – B과장 – E사원 – D주임 – A팀장
③ E사원 – A팀장 – B과장 – D주임 – C대리
④ E사원 – B과장 – D주임 – C대리 – A팀장

59 진실마을 사람은 진실만을, 거짓마을 사람은 거짓만을 말한다. 주형과 윤희는 진실마을과 거짓마을 중 한 곳에 살고 있다. 다음과 같은 윤희의 말을 통해 주형과 윤희가 어느 마을에 사는지 바르게 추론한 것은?

> 윤희 : 적어도 우리 둘 중에 한 사람은 거짓마을 사람이다.

① 윤희와 주형은 모두 진실마을 사람이다.
② 윤희와 주형은 모두 거짓마을 사람이다.
③ 윤희는 거짓마을 사람이고, 주형은 진실마을 사람이다.
④ 윤희는 진실마을 사람이고, 주형은 거짓마을 사람이다.

60 A부서는 회식 메뉴를 선정하려고 한다. 다음 〈조건〉에 따라 주문할 메뉴를 선택한다고 할 때, 반드시 주문할 메뉴를 모두 고르면?

〈조건〉

- 삼선짬뽕은 반드시 주문한다.
- 양장피와 탕수육 중 하나는 반드시 주문하여야 한다.
- 짜장면을 주문하는 경우, 탕수육은 주문하지 않는다.
- 짜장면을 주문하지 않는 경우에만 만두를 주문한다.
- 양장피를 주문하지 않으면, 팔보채를 주문하지 않는다.
- 팔보채를 주문하지 않으면, 삼선짬뽕을 주문하지 않는다.

① 삼선짬뽕, 탕수육, 만두
② 삼선짬뽕, 짜장면, 양장피
③ 삼선짬뽕, 탕수육, 양장피
④ 삼선짬뽕, 팔보채, 양장피

61 A대리는 사내 체육대회에서 경품추첨에 당첨된 직원들에게 나누어 줄 경품을 선정하고 있다. 다음 〈조건〉에 따라 경품을 선정할 때, 반드시 참인 것은?

〈조건〉

- A대리는 펜, 노트, 가습기, 머그컵, 태블릿PC, 컵받침 중 3종류의 경품을 선정한다.
- 머그컵을 선정하면 노트는 경품에 포함하지 않는다.
- 노트는 반드시 경품에 포함된다.
- 태블릿PC를 선정하면, 머그컵을 선정한다.
- 태블릿PC를 선정하지 않으면, 가습기는 선정되고 컵받침은 선정되지 않는다.

① 펜은 경품으로 선정된다.
② 컵받침은 경품으로 선정된다.
③ 태블릿PC는 경품으로 선정된다.
④ 가습기는 경품으로 선정되지 않는다.

62 A～C 3명 중 1명은 수녀, 1명은 왕, 1명은 농민이다. 수녀는 언제나 진실을, 왕은 항상 거짓을, 농민은 진실을 말하기도 하고 거짓을 말하기도 한다. 이 3명이 다음과 같은 대화를 할 때, A, B, C에 해당하는 사람을 순서대로 바르게 나열한 것은?

- A : 나는 농민이다.
- B : A의 말은 진실이다.
- C : 나는 농민이 아니다.

① 농민, 왕, 수녀
② 농민, 수녀, 왕
③ 수녀, 왕, 농민
④ 왕, 농민, 수녀

63 H사의 인력 등급별 임금이 다음과 같을 때, 〈조건〉에 따라 H사가 2주 동안 근무한 근로자에게 지급해야 할 임금의 총액은?

〈인력 등급별 임금〉

구분	초급인력	중급인력	특급인력
시간당 기본임금	45,000원	70,000원	95,000원
주중 초과근무수당	시간당 기본임금의 1.5배		시간당 기본임금의 1.7배

※ 기본 1일 근무시간은 8시간이며, 주말 및 공휴일에는 근무하지 않음
※ 각 근로자가 주중 근무일 동안 결근 없이 근무한 경우, 주당 1일(8시간)의 임금에 해당하는 금액을 주휴수당으로 각 근로자에게 추가로 지급함
※ 주중에 근로자가 기본 근무시간을 초과로 근무하는 경우, 초과한 근무한 시간에 대하여 시간당 주중 초과근무수당을 지급함

〈조건〉

- 모든 인력은 결근 없이 근무하였다.
- H사는 초급인력 5명, 중급인력 3명, 특급인력 2명을 고용하였다.
- 초급인력 1명, 중급인력 2명, 특급인력 1명은 근무기간 동안 2일은 2시간씩 초과로 근무하였다.
- H사는 1개월 전 월요일부터 그다음 주 일요일까지 2주 동안 모든 인력을 투입하였으며, 근무기간 동안 공휴일은 없다.

① 47,800,000원
② 55,010,500원
③ 61,756,000원
④ 71,080,000원

64 사내 시설 예약을 담당하는 K사원은 H서포터즈 발대식 안내문을 받고 다음 〈조건〉에 따라 시설을 예약하려고 한다. K사원이 예약해야 할 시설로 옳은 것은?

〈H서포터즈 발대식 안내〉

- 일시 : 2월 17 ~ 18일(1박 2일)
- 대상인원 : 서포터즈 선발인원 117명, 아나운서 6명

〈사내 시설 현황〉

구분	최대수용인원	시설 예약완료 현황			부대시설	
		2월 16일	2월 17일	2월 18일	마이크	빔 프로젝터
한빛관	166명	–	–	09:00 ~ 11:00	○	×
비전홀	158명	15:00 ~ 17:00	–	–	○	○
대회의실 1	148명	09:00 ~ 10:00	–	–	○	○
대회의실 2	136명	–	–	15:00 ~ 17:00	○	○

〈조건〉

- 운영인원 10명을 포함한 전체 참여인원을 수용할 수 있어야 한다.
- 전체 참여인원의 10%를 수용할 수 있는 여유공간이 있어야 한다.
- 마이크와 빔 프로젝터가 모두 있어야 한다.
- 발대식 전날 정오부터 대여가 가능해야 한다.

① 한빛관
② 비전홀
③ 대회의실 1
④ 대회의실 2

65 A는 여행을 가기 위해 B자동차를 대여하려 한다. 〈조건〉이 다음과 같을 때 A가 B자동차를 대여할 수 있는 첫날의 요일로 옳지 않은 것은?

〈2월 달력〉

일	월	화	수	목	금	토
	1	2	3	4	5	6
7	8	9	10	11 설 연휴	12 설 연휴	13 설 연휴
14	15	16	17	18	19	20
21	22	23	24	25	26	27
28						

〈조건〉

- 2월에 주말을 포함하여 3일 동안 연속으로 대여한다.
- 설 연휴에는 대여하지 않는다.
- 설 연휴가 끝난 다음 주 월, 화요일에 출장이 있다(단, 출장 중에 대여하지 않는다).
- B자동차는 첫째 주 짝수 날에는 점검이 있어서 대여할 수 없다.
- C는 24일부터 3일간 B자동차를 대여한다.
- 설 연휴가 있는 주의 화요일과 수요일은 업무를 마쳐야 하므로 대여하지 않는다.

① 수요일　② 목요일
③ 금요일　④ 토요일

66 비상 근무에 대한 다음의 일정표를 작성하고 봤더니 잘못된 점이 보여 수정을 하려 한다. 1명의 비상 근무 일정만을 변경하여 일정표를 완성하려고 할 때, 일정을 변경해야 하는 사람은?

〈비상 근무 규칙〉

- 주간에 2명, 야간에 2명은 항상 비상 근무를 해야 하고, 더 많은 사람이 비상 근무를 할 수도 있다.
- 주간과 야간을 합하여 하루에 최대 6명까지 비상 근무를 할 수 있다.
- 같은 날에 주간과 야간 비상 근무는 함께 할 수 없다.
- 주간과 야간 비상 근무를 합하여 주에 3번 이상 5번 미만으로 비상 근무를 해야 한다.
- 월요일부터 일요일까지 모두 비상 근무를 한다.

〈비상 근무 일정〉

직원	주간	야간	직원	주간	야간
가	월요일	수요일, 목요일	바	금요일, 일요일	화요일, 수요일
나	월요일, 화요일	수요일, 금요일	사	토요일	수요일, 목요일
다	화요일, 수요일	금요일, 일요일	아	목요일	화요일, 금요일
라	토요일	월요일, 수요일	자	목요일, 금요일	화요일, 토요일
마	월요일, 수요일	화요일, 토요일	차	토요일	목요일, 일요일

① 나　　② 라
③ 마　　④ 사

67 H은행에서 근무하는 A는 지점장의 사무실 배치 담당으로, 다음의 배치 시 고려사항을 참고하여 사무실을 재배치해야 한다. 3,000mm×3,400mm인 직사각형의 사무실에 가능한 가구 배치는?[단, 넓이는 (가로)×(세로)로 표기한다]

〈배치 시 고려사항〉

- 사무실 문을 여닫는 데 1,000mm의 간격이 필요함
- 서랍장의 서랍(• 로 표시하며, 가로면 전체에 위치)을 열려면 400mm의 간격이 필요(회의 탁자, 책상, 캐비닛은 서랍 없음)하며, 반드시 여닫을 수 있어야 함
- 붙박이 수납장 문을 열려면 앞면 전체에 550mm의 간격이 필요하며, 반드시 여닫을 수 있어야 함
- 가구들은 쌓을 수 없음
- 각각의 가구는 사무실에 넣을 수 있는 것으로 가정함
  - 회의 탁자 : 1,500mm×2,110mm
  - 책상 : 450mm×450mm
  - 서랍장 : 1,100mm×500mm
  - 캐비닛 : 1,000mm×300mm
  - 붙박이 수납장은 벽 한 면 전체를 남김없이 차지함(깊이 650mm)

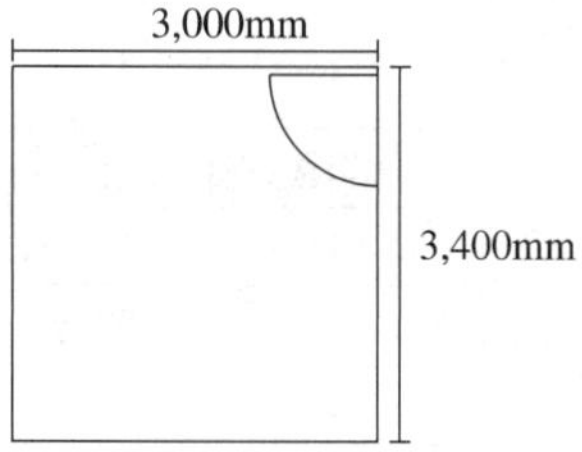

①

②
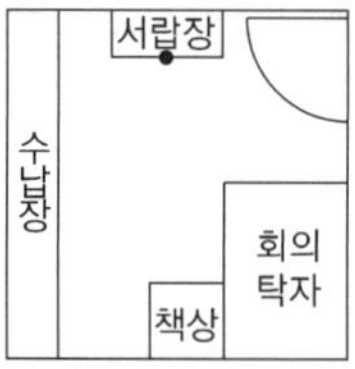

③

④
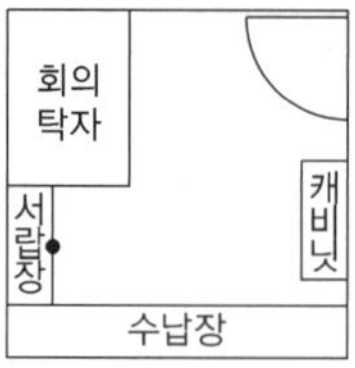

68 H공사 인력지원실 인사부의 A사원은 직원들의 근무평정 업무를 수행하고 있다. 다음과 같은 가점평정 기준표를 참고할 때, A사원이 B과장에게 부여해야 할 가점은?

〈가점평정 기준표〉

구분		내용	가점	인정범위	비고
근무경력		본부 근무 1개월(본부, 연구원, 인재개발원 또는 정부부처 파견근무기간 포함)	0.03점 (최대 3.0점)	3.0점	-
		지역본부 근무 1개월(지역본부 파견근무기간 포함)	0.015점 (최대 0.9점)	1.8점	가점이 중복될 경우 원거리, 장거리 및 특수지 근무가점은 절반만 인정
		원거리 근무 1개월	0.035점 (최대 0.84점)		
		장거리 근무 1개월	0.025점 (최대 0.6점)		
		특수지 근무 1개월	0.02점 (최대 0.48점)		
내부평가		내부평가결과 최상위 10%	월 0.012점	0.5점	현 직급에 누적됨(승진 후 소멸)
		내부평가결과 차상위 10%	월 0.01점		
제안	제안상 결정 시	금상	0.25점	0.5점	수상 당시 직급에 한정함
		은상	0.15점		
		동상	0.1점		
	시행 결과평가	탁월	0.25점	0.5점	제안상 수상 당시 직급에 한정함
		우수	0.15점		

〈B과장 가점평정 사항〉

- 입사 후 36개월 동안 본부에서 연구원으로 근무
- 지역본부에서 24개월 근무
  - 지역본부에서 24개월 근무 중 특수지에서 12개월 동안 파견근무
- 본부로 복귀 후 현재까지 총 23개월 근무
- 팀장(직급 : 과장)으로 승진 후 현재까지
  - 내부평가결과 최상위 10% 총 12회
  - 내부평가결과 차상위 10% 총 6회
  - 금상 2회, 은상 1회, 동상 1회 수상
  - 시행결과평가 탁월 2회, 우수 1회

① 3.284점 ② 3.454점

③ 3.604점 ④ 3.854점

69 H공사 기획전략처 문화홍보부 K대리는 다음의 부서 출장 일정에 맞춰 업무 시 사용할 렌터카를 대여하려고 한다. K대리가 일정에 사용할 렌터카로 가장 적절한 것은?

〈문화홍보부 출장 일정〉

일자	내용	인원	짐 무게
1월 6일(월)	보령화력 3부두 방문	2명	6kg
1월 7일(화)	임금피크제 도입 관련 세미나 참여	3명	3kg
1월 8일(수)	신서천화력 건설사업	5명	–
1월 9일(목)	햇빛새싹발전소(학교태양광) 발전사업 대상지 방문	3명	3kg
1월 10일(금)	제주 LNG복합 건설사업 관련 좌담회	8명	2kg
1월 13일(월)	H그린파워 제철 부생가스 발전사업 관련 미팅	10명	3kg
1월 14일(화)	방만경영 개선 이행실적 발표회	4명	1kg
1월 15일(수)	보령항로 준설공사현장 방문	3명	2kg
1월 16일(목)	보령 본사 방문	4명	6kg

※ 짐 무게 3kg당 탑승인원 1명으로 취급함

〈렌터카 요금 안내〉

구분	요금	유류	최대 탑승인원
A렌터카	45,000원	경유	4명
B렌터카	60,000원	휘발유	5명
C렌터카	55,000원	LPG	8명
D렌터카	55,000원	경유	6명

※ 렌터카 선정 시 가격을 가장 우선으로 하고, 최대 탑승인원을 다음으로 함
※ 1월 1 ~ 12일까지는 신년할인행사로 휘발유 차량을 30% 할인함

보내는 이 : 문화홍보부 K대리
안녕하십니까, 문화홍보부 K대리입니다.
금주 문화홍보부에서 참여하는 햇빛새싹발전소 발전사업 대상지 방문과 차주 보령 본사 방문에 관련된 정보를 첨부합니다. 해당 사항 확인해주시기 바랍니다. 감사합니다.
받는 이 : 총무부 M대리

① A렌터카, B렌터카
② A렌터카, D렌터카
③ B렌터카, C렌터카
④ B렌터카, D렌터카

70 다음은 A은행의 SWOT 분석 결과를 정리한 자료이다. 빈칸에 들어갈 내용으로 옳지 않은 것은?

〈A은행 SWOT 분석 결과〉

구분	분석 결과
강점(Strength)	• 전통적인 리테일(소매금융)의 강자로 3,600만 명 이상의 고객 보유 • 국내 최대의 규모와 높은 고객 만족도·충성도에서 비롯되는 확고한 시장 지배력, 우수한 수익성과 재무 건전성 • 양호한 총자산순이익률(ROA)과 시중은행 평균을 상회하는 순이자마진(NIM)을 유지하는 등 견고한 이익 창출 능력 • 국내 최상위권의 시장 지위(예수금 및 대출금 기준 국내 1위)와 다각화된 포트폴리오를 토대로 하는 안정적인 영업 기반 유지 • 사업 기반 및 수익의 다각화를 위한 적극적인 해외 진출로 장기적인 성장 동력 확보 • ___㉠___
약점(Weakness)	• 서민층·저소득층 위주의 개인고객 • 노조와 사용자 사이의 해묵은 갈등 • 이자수익에 비해 상대적으로 저조한 비이자수익 • 조직의 비대화에 따른 비효율(점포당 수익 저조, 고정 비용 부담 증가) • ___㉡___
기회(Opportunity)	• 빠르게 성장 중인 퇴직연금시장에 의한 자금 유입 증가세 • 유동성 지원 등 유사시 정부의 정책적인 지원 가능성이 높음 • 고령화에 따른 역모기지, 보험 상품 판매 증가로 인한 수익 개선 • ___㉢___ • 금융 규제 유연화 방안, 금융 시장 안정화 방안 등에 따른 정부 당국의 유동성 규제 완화 조치
위협(Threat)	• 금융 개방, 국제화의 심화에 따른 경쟁자 증대 • 포화 상태에 도달한 국내 금융 시장의 저성장성 • 사이버 테러의 증가에 따른 고객 정보의 유출 위험 • 중앙은행의 기준금리 인상으로 인한 연체율의 급증과 건전성 악화 가능성 • 글로벌 금융위기 이후 경제 불안 심리의 확산에 따른 금융 시장의 성장성 둔화 지속 • ___㉣___

① ㉠ : 인공지능, 클라우드, 블록체인 등 첨단 ICT 기술을 적극 활용한 디지털 전환(DT)의 안정적인 진행
② ㉡ : 연착륙을 유도하는 금융 당국의 보수적인 정책으로 인한 부실여신비율 상승
③ ㉢ : 핀테크 기업과의 제휴를 통한 디지털 혁신에 따른 업무 효율성 향상
④ ㉣ : 인터넷전문은행의 영업 확대, 핀테크 활성화, ISA(개인종합자산관리계좌) 등의 등장으로 인한 경쟁 심화

71 다음 중 현재가치를 기준으로 채권에 투자한 원금을 회수하는 데 걸리는 시간을 의미하는 것은?

① 컨벡시티(Convexity)
② 채권 스프레드(Bond Spread)
③ 듀레이션(Duration)
④ 이표채(Coupon Bond)

72 다음 중 DLS 상품의 수익 여부 기준이 되는 파생상품에 포함되는 개념으로 옳지 않은 것은?

① 주가지수
② 유가지수
③ 환율
④ 채권

73 다음 중 금융기관의 방만한 운영으로 발생한 부실자산이나 부실채권만을 사들여 별도로 관리하면서 전문적으로 처리하는 구조조정 전문기관은?

① 배드 뱅크(Bad Bank)
② 헤지 펀드(Hedge Fund)
③ 역외 펀드(Off-shore Fund)
④ 페이퍼 컴퍼니(Paper Company)

74 다음 중 특정 대상물을 사전에 정한 시점에 사전에 정한 가격으로 사거나 팔 수 있는 권리는?

① 선물(Futher)
② 스왑(Swap)
③ 옵션(Option)
④ 스톡옵션(Stock Option)

75 다음 중 금융투자업의 종류로 옳지 않은 것은?

① 투자매매업
② 신용협동기구
③ 투자일임업
④ 신탁업

76 다음 중 블록체인에 기록된 데이터 전체에 대해 암호화 기술을 적용하여 해시값을 생성한 후, 이를 나무 형태로 묘사한 것은?

① AVL 트리(AVL Tree)
② 이진 트리(Binary Tree)
③ 머클 트리(Merkle Tree)
④ 신장 트리(Spanning Tree)

77 다음 중 공개키 암호화 기법에 대한 설명으로 옳지 않은 것은?

① RSA가 대표적이며, 전자 서명 등에 사용된다.
② 실행 속도가 대칭키 암호화 기법에 비해 느리다.
③ 데이터 암호화 표준으로 IBM에서 처음으로 개발하였다.
④ 공개키로 암호화한 것은 비밀키로, 비밀키로 암호화한 것은 공개키로 복호화한다.

78 다음과 같은 특성을 갖는 웹 프로그래밍 언어는?

- 래스가 존재하지 않으며, 변수 선언도 필요 없다.
- 소스 코드가 HTML 문서에 포함되어 있다.
- 사용자의 웹 브라우저에서 직접 번역되고 실행된다.

① CGI
② XML
③ ASP
④ Javascript

79 **다음 중 서비스 거부 공격(DoS)에 대한 설명으로 옳지 않은 것은?**

① 라우터의 필터링 기능과 협정 접속률(CAR) 기능을 이용하여 차단한다.
② 로컬 호스트의 프로세서를 과도하게 사용함으로써 서비스에 장애를 준다.
③ 접속 트래픽과 DoS 공격 패킷을 구분해야 하는데 이를 위해 모니터링 툴과 침입 방지 시스템을 적절히 이용한다.
④ 다량의 패킷을 목적지 서버로 전송하거나 서비스 대기중인 포트에 특정 메시지를 대량으로 전송하여 서비스를 불가능하게 한다.

80 **다음 〈보기〉에서 GAN(생성적 적대 신경망)에 대한 설명으로 옳은 것을 모두 고르면?**

〈보기〉

㉠ 인공지능 기술을 활용하여 가짜 같은 진짜를 만들어내는 프로그램이다.
㉡ 인공지능 연구 중의 한 분야로, 인간이 정리해놓은 데이터를 학습하는 지도학습 방식의 프로그램이다.
㉢ 결과물을 생성하는 모델과 진위 여부를 식별하는 모델인 두 디지털 정보망을 활용한 프로그램이다.
㉣ GAN의 학습 방식을 이용하면 대량의 데이터에 대해 인간의 관여 없이 관리할 수 있다.

① ㉠, ㉢
② ㉡, ㉢
③ ㉡, ㉣
④ ㉢, ㉣

제3회
하나은행
온라인 필기전형

〈문항 수 및 시험시간〉

구분	출제범위	문항 수	시험시간
NCS 직업기초능력	의사소통능력, 수리능력, 문제해결능력	70문항	90분
금융·디지털상식	금융·디지털상식	10문항	

※ 문항 수 및 시험시간은 2025년 하반기 공고문을 참고하여 구성하였습니다.

하나은행 온라인 필기전형	
# 제3회 모의고사	문항 수 : 80문항 시험시간 : 90분

제 1 영역 NCS 직업기초능력

01 다음은 H공사 내부 결재 문서의 일부이다. 밑줄 친 단어를 어법에 맞게 수정할 때, 옳지 않은 것은?

> 공고 제○○ - ○○호
>
> **입 찰 공 고**
>
> 1. 입찰에 <u>붙이는</u> 사항
>   가. 입찰건명 : 미래<u>지향</u>적 경영체계 구축을 위한 조직진단
>   나. 계약기간(용역기한) : 계약<u>채결</u>일부터 6개월
>   다. 총 사업예산 : 400,000,000원(VAT 등 모든 비용 포함)
>
> 2. 입찰방법 : 제한경쟁 / 협상에 의한 계약
>
> 〈입찰주의사항〉
> - 입찰금액은 반드시 부가가치세 등 모든 비용을 포함한 금액으로 써내야 하며, 입찰결과 낙찰자가 면세 사업자인 경우 낙찰금액에서 부가가치세 상당액을 <u>합산한</u> 금액을 계약금액으로 함
> - 기한 내 미제출 업체의 입찰서는 무효처리함
> - 접수된 서류는 일체 반환하지 않음

① 붙이는 → 부치는
② 지향 → 지양
③ 채결 → 체결
④ 합산한 → 차감한

02 다음 중 '일이 잘못된 후 후회한다.'의 의미를 가진 한자성어가 아닌 것은?

① 만시지탄(晩時之歎)
② 망양보뢰(亡羊補牢)
③ 서제막급(噬臍莫及)
④ 고성낙일(孤城落日)

03 다음 사례와 관련 있는 속담은?

평소 놀기 좋아하는 A씨는 카드빚을 갚지 못하게 되자 방법을 궁리하다 대출을 받기로 결정하였다. 대출을 통해 카드빚을 갚은 A씨는 다시 아무 걱정 없이 카드를 사용하다가 결국 대출금을 갚을 수 없게 되자 가지고 있던 재산을 처분할 수밖에 없었다.

① 소 잃고 외양간 고치기
② 도랑 치고 가재 잡기
③ 언 발에 오줌 누기
④ 눈 가리고 아웅 하기

04 다음 기사의 제목으로 가장 적절한 것은?

최근 신재생에너지의 배전계통 연계가 급증함에 따라 전력품질의 불안정 요인이 증가하고 있으며, 이로 인해 배전망 운영이 한층 복잡해지고 배전계통 품질 안정성 확보가 절실히 요구되고 있다. 이에 부응하여 H사는 지난해 분산형 전원 종합운영시스템을 개발하였고, 기존 신재생에너지 발전사업자를 대상으로 분산형 전원 플랫폼 인프라를 구축하고 있으며, 앞으로 배전망에 연계되는 신규 분산형 전원에도 본 시스템이 적용될 예정이라고 밝혔다. 분산형 전원 종합운영시스템은 모든 신재생에너지 발전설비의 배전계통 연계점에 RTU(분산형 전원용 연계장치)를 설치하여 발전정보 및 전력품질을 실시간으로 모니터링하고 연계점 기준전압 초과 시 인버터 역률 조정을 통해 계통의 전압 상승 문제를 해결할 수 있게 한다. 또한 분산형 전원 플랫폼을 통해 다수의 분산형 전원과 협조 운전을 할 수 있으며, 기상정보, 월별 발전량 변동 추이, 지역별 발전량 등 빅데이터 분석을 통한 발전정보 제공, 발전량 예측 등의 고부가가치 서비스를 창출하게 된다. 이러한 분산형 전원 종합운영시스템 구축을 통해 안정적인 배전계통 운영뿐 아니라 신재생에너지의 전력계통 수용성 확대 기반을 마련하여 소규모 신재생발전사업자의 계통접속을 용이하게 할 것으로 기대된다.

① 점점 복잡해지는 신재생에너지의 배전망
② H사, '신재생에너지 3020' 목표 달성 완료
③ H사, '분산형 전원 종합운영시스템' 인프라 구축
④ 신재생에너지 배전망의 전압 상승 문제 해결의 필요

05 다음 글에서 〈보기〉의 문장이 들어갈 위치로 가장 적절한 곳은?

일반적으로 법률에서는 일정한 법률 효과와 함께 그것을 일으키는 요건을 규율한다. 이를테면, 민법 제750조에서는 불법 행위에 따른 손해 배상 책임을 규정하는데, 그 배상 책임의 성립 요건을 다음과 같이 정한다. '고의나 과실'로 말미암은 '위법 행위'가 있어야 하고, '손해가 발생'하여야 하며, 바로 그 위법 행위 때문에 손해가 생겼다는, 이른바 '인과 관계'가 있어야 한다. 이 요건들이 모두 충족되어야, 법률 효과로서 가해자는 피해자에게 손해를 배상할 책임이 생기는 것이다.

소송에서는 이런 요건들을 입증해야 한다. (가) 어떤 사실의 존재 여부에 대해 법관이 확신을 갖지 못하면, 다시 말해 입증되지 않으면 원고와 피고 가운데 누군가는 패소의 불이익을 당하게 된다. 이런 불이익을 받게 될 당사자는 입증의 부담을 안을 수밖에 없고, 이를 입증 책임이라 부른다. (나)

대체로 어떤 사실이 존재함을 증명하는 것이 존재하지 않음을 증명하는 것보다 쉽다. 이 둘 가운데 어느 한 쪽에 부담을 지워야 한다면, 쉬운 쪽에 지우는 것이 공평할 것이다. 이런 형평성을 고려하여 특정한 사실의 발생을 주장하는 이에게 그 사실의 존재에 대한 입증 책임을 지도록 하였다. (다) 그리하여 상대방에게 불법 행위의 책임이 있다고 주장하는 피해자는 소송에서 원고가 되어, 앞의 민법 조문에서 규정하는 요건들이 이루어졌다고 입증해야 한다. (라)

그런데 이들 요건 가운데 인과 관계는 그 입증의 어려움 때문에 공해 사건 등에서 문제가 된다. 공해에 관하여는 현재의 과학 수준으로도 해명되지 않는 일이 많다. 그런데도 피해자에게 공해와 손해 발생 사이의 인과 관계를 하나하나의 연결 고리까지 자연 과학적으로 증명하도록 요구한다면, 사실상 사법적 구제를 거부하는 일이 될 수 있다. 더구나 관련 기업은 월등한 지식과 기술을 가지고 훨씬 더 쉽게 원인 조사를 할 수 있는 상황이기에, 피해자인 상대방에게만 엄격한 부담을 지우는 데 대한 형평성 문제도 제기된다.

〈보기〉

소송에서 입증은 주장하는 사실을 법관이 의심 없이 확신하도록 만드는 일이다.

① (가)
② (나)
③ (다)
④ (라)

06 다음 글의 주장을 뒷받침할 수 있는 근거로 적절하지 않은 것은?

요즘 사람들은 티를 내고 싶어 안달이 나있다. 유행에 민감한 소비자들의 행태를 자세히 살펴보라. 티를 내고 싶어 물불을 가리지 않는 사람들이 많다. 기업들은 그걸 간파하고 소비자들에게 티를 낼 것을 강력히 권유한다. 예컨대 다음과 같은 신용카드의 광고 문구를 보자. '누구나 카드를 갖는 시대에 아무나 가질 수 없는 카드', '당신이 누구인지 말하지 마십시오. D카드가 모든 걸 말해 드립니다.'
사람들의 그런 노력을 가리켜 프랑스의 사회학자 피에르 부르디외는 '티 내기(Distinction)'라고 불렀다. 좀 어렵게 말하자면, 티 내기는 행위자들이 사회적인 구별을 확실히 하고 서로 구분되는 인지(認知) 양식을 확보하기 위해 사용하는 전략을 가리킨다. '티'란 '어떤 태도나 기색'을 의미한다. 그래서 우리는 '촌티'가 나느니 어쩌느니 하는 말을 한다. 물론 여기서 티 내기는 중상류층 사람들이 서민들과 구별되고 싶어 하는 상향적인 것을 의미하지만 말이다.

① 소비자는 대개 자신이 더욱 높은 계급에 속한 것처럼 보이고 싶어 한다.
② 현대 사회는 개방된 시장에서의 경쟁으로 인해 개인의 선택의 폭이 넓어졌다.
③ 현대인은 타인과 구별되는 특별함을 가지고 싶은 욕구를 물질적으로 해소하려고 한다.
④ 중상류층 사람들이 서민들과 구별되고 싶어 하는 상향적인 것을 의미하는 단어로 '촌티'가 있다.

07 다음 글을 읽고 추론한 내용으로 가장 적절한 것은?

조선이 임진왜란 중에도 필사적으로 보존하고자 한 서적은 바로 조선왕조실록이다. 실록은 원래 서울의 춘추관과 성주・충주・전주 네 곳의 사고(史庫)에 보관되었으나, 임진왜란 이후 전주 사고의 실록만 온전한 상태였다. 전란이 끝난 후 단 한 벌 남은 실록을 다시 여러 벌 등서하자는 주장이 제기되었다. 우여곡절 끝에 실록 인쇄가 끝난 시기는 1606년이었다. 재인쇄 작업의 결과 원본을 포함해 모두 다섯 벌의 실록을 갖추게 되었다. 원본은 강화도 마니산에 봉안하고 나머지 네 벌은 서울의 춘추관과 평안도 묘향산, 강원도의 태백산과 오대산에 봉안했다.
이 다섯 벌 중에서 서울 춘추관의 것은 1624년 이괄의 난 때 불에 타 없어졌고, 묘향산의 것은 1633년 후금과의 관계가 악화되자 전라도 무주의 적상산에 사고를 새로 지어 옮겼다. 강화도 마니산의 것은 1636년 병자호란 때 청군에 의해 일부 훼손되었던 것을 현종 때 보수하여 숙종 때 강화도 정족산에 다시 봉안했다. 결국 내란과 외적 침입으로 인해 다섯 곳 가운데 한 곳의 실록은 소실되었고, 한 곳의 실록은 장소를 옮겼으며, 한 곳의 실록은 손상을 입었던 것이다.
정족산, 태백산, 적상산, 오대산 네 곳의 실록은 그 후 안전하게 지켜졌다. 그러나 일본이 다시 여기에 손을 대었다. 1910년 조선 강점 이후 일제는 정족산과 태백산에 있던 실록을 조선총독부로 이관하고, 적상산의 실록은 구황궁 장서각으로 옮겼으며, 오대산의 실록은 일본 동경제국대학으로 반출했다. 일본으로 반출한 것은 1923년 관동 대지진 때 거의 소실되었다. 정족산과 태백산의 실록은 1930년에 경성제국대학으로 옮겨져 지금까지 서울대학교에 보존되어 있다. 한편 장서각의 실록은 6・25 전쟁 때 북한으로 옮겨져 현재 김일성종합대학에 소장되어 있다.

① 재인쇄하였던 실록은 모두 다섯 벌이다.
② 태백산에 보관하였던 실록은 현재 일본에 있다.
③ 적상산에 보관하였던 실록은 일부가 훼손되었다.
④ 현존하는 실록 중에서 가장 오래된 것은 서울대학교에 있다.

08 다음 글의 '클라우드'를 밑줄 친 '그린 IT 전략'으로 볼 수 있는 이유로 적절한 것을 〈보기〉에서 모두 고르면?

최근 들어 화두가 되는 IT 관련 용어가 있으니 바로 클라우드(Cloud)이다. 그렇다면 클라우드는 무엇인가? 클라우드란 인터넷상의 서버를 통해 데이터를 저장하고 이를 네트워크로 연결하여 콘텐츠를 사용할 수 있는 컴퓨팅 환경을 말한다.
그렇다면 클라우드는 기존의 웹하드와 어떤 차이가 있을까? 웹하드는 일정한 용량의 저장 공간을 확보해 인터넷 환경의 PC로 작업한 문서나 파일을 저장, 열람, 편집하고 다수의 사람과 파일을 공유할 수 있는 인터넷 파일 관리 시스템이다. 한편 클라우드는 이러한 웹하드의 장점을 수용하면서 콘텐츠를 사용하기 위한 소프트웨어까지 함께 제공한다. 그리고 저장된 정보를 개인 PC나 스마트폰 등 각종 IT 기기를 통하여 언제 어디서든 이용할 수 있게 한다. 이것은 클라우드 컴퓨팅 기반의 동기화 서비스를 통해 가능하다. 즉, 클라우드 컴퓨팅 환경을 기반으로 사용자가 보유한 각종 단말기끼리 동기화 절차를 거쳐 동일한 데이터와 콘텐츠를 이용할 수 있게 하는 시스템인 것이다.
클라우드는 구름(cloud)과 같이 무형의 형태로 존재하는 하드웨어, 소프트웨어 등의 컴퓨팅 자원을 자신이 필요한 만큼 빌려 쓰고 이에 대한 사용 요금을 지급하는 방식의 컴퓨팅 서비스이다. 여기에는 서로 다른 물리적인 위치에 존재하는 컴퓨팅 자원을 가상화 기술로 통합해 제공하는 기술이 활용된다.
클라우드는 평소에 남는 서버를 활용하므로 클라우드 환경을 제공하는 운영자에게도 유용하지만, 사용자 입장에서는 더욱 유용하다. 개인적인 데이터 저장 공간이 따로 필요하지 않기에 저장 공간의 제약도 극복할 수 있다. 가상화 기술과 분산 처리 기술로 서버의 자원을 묶거나 분할하여 필요한 사용자에게 서비스 형태로 제공되기 때문에 개인의 컴퓨터 가용률이 높아지는 것이다. 이러한 높은 가용률은 자원을 유용하게 활용하는 <u>그린 IT 전략</u>과도 일치한다.
또한 클라우드 컴퓨팅을 도입하는 기업 또는 개인은 컴퓨터 시스템을 유지 · 보수 · 관리하기 위하여 들어가는 비용과 서버의 구매 및 설치 비용, 업데이트 비용, 소프트웨어 구매 비용 등 엄청난 비용과 시간, 인력을 줄일 수 있고 에너지 절감에도 기여할 수 있다. 하지만 서버가 해킹당할 경우 개인 정보가 유출될 수 있고, 서버 장애가 발생하면 자료 이용이 불가능하다는 단점도 있다. 따라서 사용자들이 안전한 환경에서 서비스를 이용할 수 있도록 보안에 대한 대책을 강구하고 위험성을 최소화할 수 있는 방안을 마련하여야 한다.

〈보기〉

ㄱ. 남는 서버를 활용하여 컴퓨팅 환경을 제공함
ㄴ. 빌려 쓴 만큼 사용 요금을 지급하는 유료 서비스임
ㄷ. 사용자들이 안전한 환경에서 서비스를 이용하게 함
ㄹ. 저장 공간을 제공하여 개인 컴퓨터의 가용률을 높임

① ㄱ, ㄴ
② ㄱ, ㄹ
③ ㄴ, ㄹ
④ ㄷ, ㄹ

09 다음 문단을 논리적 순서대로 바르게 나열한 것은?

(가) 신채호는 아(我)를 소아(小我)와 대아(大我)로 구별한다. 그에 따르면 소아는 개별화된 개인적 아이며, 대아는 국가와 사회 차원의 아이다. 소아는 자성(自省)을 갖지만 상속성(相續性)과 보편성(普遍性)을 갖지 못하는 반면, 대아는 자성을 갖고 상속성과 보편성을 가질 수 있다.
(나) 이러한 상속성과 보편성은 긴밀한 관계를 가지는데, 보편성의 확보를 통해 상속성이 실현되며 상속성의 유지를 통해 보편성이 실현된다. 대아가 자성을 자각한 이후, 항성과 변성의 조화를 통해 상속성과 보편성을 실현할 수 있다.
(다) 만약 대아의 항성이 크고 변성이 작으면 환경에 순응하지 못하여 멸(滅絕)할 것이며, 항성이 작고 변성이 크면 환경에 주체적으로 대응하지 못하여 우월한 비아에게 정복당한다고 하였다.
(라) 여기서 상속성이란 시간적 차원에서 아의 생명력이 지속되는 것을 뜻하며, 보편성이란 공간적 차원에서 아의 영향력이 파급되는 것을 뜻한다.

① (가) – (나) – (라) – (다)
② (가) – (라) – (나) – (다)
③ (나) – (다) – (라) – (가)
④ (다) – (라) – (나) – (가)

10 다음 글의 내용으로 적절하지 않은 것은?

우리 은하에서 가장 가까이 위치한 은하인 안드로메다 은하까지의 거리는 220만 광년이다. 이처럼 엄청난 거리로 떨어져 있는 천체까지의 거리는 어떻게 측정한 것일까?
첫 번째 측정 방법은 삼각 측량법이다. 피사체가 매우 멀리 있는 경우라면 삼각형의 밑변이 충분히 길 필요가 있다. 지구는 1년에 한 바퀴씩 태양 주변을 공전하는데 우리는 이 공전 궤도 반경을 알고 있기 때문에 이를 밑변으로 삼아 별까지의 거리를 측정할 수 있다. 그러나 가까이 있는 별까지의 거리도 지구 궤도 반지름에 비하면 엄청나게 길어서 연주 시차는 아주 작은 값이 되므로 측정하기가 쉽지 않다. 두 번째 측정 방법은 주기적으로 별의 밝기가 변하는 변광성의 주기와 밝기를 연구하는 과정에서 얻어졌다. 보통 별의 밝기는 거리의 제곱에 반비례해서 어두워지는데, 1등급과 6등급의 별은 100배의 밝기 차이가 있다. 그러나 밝은 별이 반드시 어두운 별보다 가까이 있는 것은 아니다. 별의 거리는 밝기의 절대등급과 겉보기등급의 비교를 통해 확정되기 때문이다. 즉, 모든 별이 같은 거리에 놓여 있다고 가정하고 밝기 등급을 매긴 것을 절대등급이라 하는데, 만약 등급이 낮은(밝은) 별이 겉보기에 어둡다면 이 별은 매우 멀리 있는 것으로 볼 수 있다.

① 절대등급과 겉보기등급은 다를 수 있다.
② 별은 항상 같은 밝기를 가지고 있지 않다.
③ 삼각 측량법은 지구의 궤도 반경을 알아야 측정이 가능하다.
④ 어두운 별은 밝은 별보다 항상 멀리 있기 때문에 밝기에 의한 거리의 차가 있다.

11 다음 글의 내용으로 가장 적절한 것은?

> 뉴턴은 빛이 눈에 보이지 않는 작은 입자라고 주장하였고, 이것은 그의 권위에 의지하여 오랫동안 정설로 여겨졌다. 그러나 19세기 초에 토머스 영의 겹실틈 실험은 빛의 파동성을 증명하였다. 이 실험의 방법은 먼저 한 개의 실틈을 거쳐 생긴 빛이 다음에 설치된 두 개의 겹실틈을 지나가게 하여 스크린에 나타나는 무늬를 관찰하는 것이다.
> 이때 빛이 파동이냐 입자이냐에 따라 결괏값이 달라진다. 즉, 빛이 입자라면 일자 형태의 띠가 두 개 나타나야 하는데, 실험 결과 스크린에는 예상과 다른 무늬가 나타났다. 마치 두 개의 파도가 만나면 골과 마루가 상쇄와 간섭을 일으키듯이, 보강 간섭이 일어난 곳은 밝아지고 상쇄 간섭이 일어난 곳은 어두워지는 간섭무늬가 연속적으로 나타난 것이다. 그러나 19세기 말부터 빛의 파동성으로는 설명할 수 없는 몇 가지 실험적 사실이 나타났다. 1905년에 아인슈타인은 빛이 광량자라고 하는 작은 입자로 이루어졌다는 광량자설을 주장하였다. 빛의 파동성은 명백한 사실이었으므로 이것은 빛이 파동이면서 동시에 입자인 이중적인 본질을 가지고 있음을 의미하는 것이었다.

① 뉴턴의 가설은 그의 권위에 의해 현재까지도 정설로 여겨진다.

② 아인슈타인의 광량자설은 뉴턴과 토머스 영의 가설을 모두 포함한다.

③ 토머스 영의 겹실틈 실험은 빛의 파동성을 증명하였지만, 이는 아인슈타인에 의해서 거짓으로 판명 났다.

④ 겹실틈 실험은 한 개의 실틈을 거쳐 생긴 빛이 다음 설치된 두 개의 겹실틈을 지나가게 해서 그 틈을 관찰하는 것이다.

12 다음 글을 읽고 추론한 내용으로 적절하지 않은 것은?

> 20세기로 들어서기 전에 이미 영화는 두 가지 주요한 방향으로 발전하기 시작했는데, 그것은 곧 사실주의와 형식주의이다. 1890년대 중반 프랑스의 뤼미에르 형제는 『열차의 도착』이라는 영화를 통해 관객들을 매혹시켰는데, 그 이유는 영화에 그들의 실생활을 거의 비슷하게 옮겨 놓은 것처럼 보였기 때문이다. 거의 같은 시기에 조르주 멜리에스는 순수한 상상의 사건인 기발한 이야기와 트릭 촬영을 혼합시켜 『달세계 여행』이라는 판타지 영화를 만들었다. 이들은 각각 사실주의와 형식주의 영화의 전통적 창시자라 할 수 있다.

① 『열차의 도착』은 사실주의를 나타낸 영화이다.

② 영화는 사실주의와 형식주의의 방향으로 발전했다.

③ 조르주 멜리에스는 형식주의 영화를 만들고자 했다.

④ 사실주의 영화에서 기발한 이야기와 트릭 촬영은 중요한 요소이다.

13 다음 글의 빈칸에 들어갈 내용으로 가장 적절한 것은?

기분관리 이론은 사람들의 기분과 선택 행동의 관계에 대해 설명하기 위한 이론이다. 이 이론의 핵심은 사람들이 현재의 기분을 최적 상태로 유지하려고 한다는 것이다. 따라서 기분관리 이론은 흥분 수준이 최적 상태보다 높을 때는 사람들이 이를 낮출 수 있는 수단을 선택한다고 예측한다. 반면에 흥분 수준이 낮을 때는 이를 회복시킬 수 있는 수단을 선택한다고 예측한다. 예를 들어, 음악 선택의 상황에서 전자의 경우에는 차분한 음악을 선택하고 후자의 경우에는 흥겨운 음악을 선택한다는 것이다. 기분조정 이론은 기분관리 이론이 현재 시점에만 초점을 맞추고 있다는 점을 지적하고 이를 보완하고자 한다. 기분조정 이론을 음악 선택의 상황에 적용하면, '______________________________'고 예측할 수 있다.
연구자 A는 음악 선택 상황을 통해 기분조정 이론을 검증하기 위한 실험을 했다. 그는 실험 참가자들을 두 집단으로 나누고 집단 1에게는 한 시간 후 재미있는 놀이를 하게 된다고 말했고, 집단 2에게는 1시간 후 심각한 과제를 하게 된다고 말했다. 집단 1은 최적 상태 수준에서 즐거워했고, 집단 2는 최적 상태 수준을 벗어날 정도로 기분이 가라앉았다. 이때 연구자 A는 참가자들에게 기다리는 동안 음악을 선택하게 했다. 그랬더니 집단 1은 다소 즐거운 음악을 선택한 반면, 집단 2는 과도하게 흥겨운 음악을 선택했다. 그런데 30분이 지나고 각 집단이 기대하는 일을 하게 될 시간이 다가오자 두 집단 사이에는 뚜렷한 차이가 나타났다. 집단 1의 선택에는 큰 변화가 없었으나, 집단 2는 기분을 가라앉히는 차분한 음악을 선택하는 쪽으로 변하는 경향을 보인 것이다. 이러한 선택의 변화는 기분조정 이론을 뒷받침하는 것으로 간주되었다.

① 사람들은 현재의 기분을 지속하는 데 도움이 되는 음악을 선택한다.
② 사람들은 다음에 올 상황을 고려해 흥분을 유발할 수 있는 음악을 선택한다.
③ 사람들은 다음에 올 상황에 맞추어 현재의 기분을 조정하는 음악을 선택한다.
④ 사람들은 현재의 기분이 즐거운 경우에는 그것을 조정하기 위해 그와 반대되는 기분을 자아내는 음악을 선택한다.

14 다음 글의 주장에 대한 반박으로 가장 적절한 것은?

최근 들어 도시의 경쟁력 향상을 위한 새로운 전략의 하나로 창조 도시에 대한 논의가 활발하게 진행되고 있다. 창조 도시는 창조적 인재들이 창의성을 발휘할 수 있는 환경을 갖춘 도시이다. 즉 창조 도시는 인재들을 위한 문화 및 거주 환경의 창조성이 풍부하며, 혁신적이고도 유연한 경제 시스템을 구비하고 있는 도시인 것이다.

창조 도시의 주된 동력을 창조 산업으로 볼 것인가 창조 계층으로 볼 것인가에 대해서는 견해가 다소 엇갈리고 있다. 창조 산업을 중시하는 관점에서는 창조 산업이 도시에 인적 · 사회적 · 문화적 · 경제적 다양성을 불어넣음으로써 도시의 재구조화를 가져오고 나아가 부가가치와 고용을 창출한다고 주장한다. 창의적 기술과 재능을 소득과 고용의 원천으로 삼는 창조 산업의 예로는 광고, 디자인, 출판, 공연 예술, 컴퓨터 게임 등이 있다.

창조 계층을 중시하는 관점에서는 개인의 창의력으로 부가가치를 창출하는 창조 계층이 모여서 인재 네트워크인 창조 자본을 형성하고, 이를 통해 도시는 경제적 부를 축적할 수 있는 자생력을 갖게 된다고 본다. 따라서 창조 계층을 끌어들이고 유지하는 것이 도시의 경쟁력을 높이는 관건이 된다. 창조 계층에는 과학자, 기술자, 예술가, 건축가, 프로그래머, 영화 제작자 등이 포함된다.

① 창조 도시를 통해 효과적으로 인재를 육성할 수 있다.
② 광고 등의 산업을 중심으로 부가가치를 창출해 낼 수 있다.
③ 인재 네트워크 형성 역시 부가가치를 창출할 수 있는 방법 중 하나이다.
④ 창조 산업의 산출물은 그것에 대한 소비자의 수요와 가치 평가를 예측하기 어렵다.

15 다음 글의 빈칸에 들어갈 내용으로 가장 적절한 것은?

1979년 경찰관 출신이자 샌프란시스코 시의원이었던 댄 화이트는 시장과 시의원을 살해했다는 이유로 1급 살인죄로 기소되었다. 화이트의 변호인은 피고인이 스낵을 비롯해 컵케이크, 캔디 등을 과다 섭취해서 당분 과다로 뇌의 화학적 균형이 무너져 정신에 장애가 왔다고 주장하면서 책임 경감을 요구하였다. 재판부는 변호인의 주장을 인정하여 계획 살인죄보다 약한 일반 살인죄를 적용하여 7년 8개월의 금고형을 선고했다. 이 항변은 당시 미국에서 인기 있던 스낵의 이름을 따 '트윙키 항변'이라고 불렸고, 사건의 사회성이나 의외의 소송 전개 때문에 큰 화제가 되었다.

이를 계기로 1982년 슈엔달러는 교정시설에 수용된 소년범 276명을 대상으로 섭식과 반사회 행동의 상관관계에 대해 실험하였다. 기존의 식단에서 각설탕을 꿀로 바꾸어 보고, 설탕이 들어간 음료수에서 천연 과일 주스를 배식하는 등으로 변화를 주었다. 이처럼 정제한 당의 섭취를 원천적으로 차단한 결과 시설 내 폭행, 절도, 규율 위반, 패싸움 등이 실험 전에 비해 무려 45%나 감소했다는 것을 알게 되었다. 따라서 이 실험을 통해 ______________________________

① 과다한 영양 섭취가 범죄 발생에 영향을 미친다는 것을 알 수 있다.
② 과다한 정제당 섭취는 반사회적 행동을 유발할 수 있다는 것을 알 수 있다.
③ 가공 식품의 섭취가 일반적으로 폭력 행위를 증가시킨다는 것을 알 수 있다.
④ 정제당 첨가물로 인한 범죄 행위는 그 책임이 경감되어야 한다는 것을 알 수 있다.

16 다음은 공공기관 갑질 근절 가이드라인에 대한 자료이다. 갑질에 해당하는 사례로 가장 적절한 것은?

〈공공기관 갑질 근절 가이드라인〉

- 갑질이란?
  사회・경제적 관계에서 우월적 지위에 있는 사람이 권한을 남용하거나, 우월적 지위에서 비롯되는 사실상의 영향력을 행사하여 상대방에게 행하는 부당한 요구나 처우를 의미한다.
- 목적 : 공공분야에서 발생하는 갑질에 대한 최소한의 판단 기준, 갑질 행위에 대한 처리 절차, 갑질 예방대책 추진에 관한 사항 등을 제시하여 갑질을 근절하고, 상호 존중하는 사회적 풍토 조성을 목적으로 한다.
- 적용 범위 : 중앙행정기관, 지방자치단체, 공공기관의 운영에 대한 법률에 따른 공공기관, 지방공기업법에 따른 지방공기업, 지방자치단체 출자・출연기관의 운영에 관한 법률에 따른 지방자치단체 출자・출연기관과 중앙행정기관, 지방자치단체, 공공기관 등으로부터 공무를 위탁받아 행하는 기관・개인 또는 법인과 공무원으로 의제 적용되는 사람
- 주요 유형별 갑질 판단 기준
  - 법령 등 위반 : 법령, 규칙, 조례 등을 위반하여 자기 또는 티인의 부당한 이익을 추구하거나 불이익을 주었는지 여부
  - 사적 이익 요구 : 우월적 지위를 이용하여 금품 또는 향응 제공 등을 강요・유도하는지, 사적으로 이익을 추구하였는지 여부
  - 부당한 인사 : 특정인의 채용・승진・인사 등을 배려하기 위해 유・불리한 업무를 지시하였는지 여부
  - 비인격적 대우 : 외모와 신체를 비하하는 발언, 욕설・폭언・폭행 등 비인격적인 언행을 하였는지 여부
  - 업무 불이익 : 정당한 사유 없이 불필요한 휴일근무・근무시간 외 업무지시, 부당한 업무 배제 등을 하였는지 여부
  - 기타 : 의사에 반한 모임 참여를 강요하였는지, 부당한 차별행위를 하였는지 여부 등

① 법령 등 위반 : 공단에 막대한 손실을 입히고, 반성하는 태도조차 보이지 않는 김 대리에게 A부장은 절차에 따라 해고를 통보하였다.

② 사적 이익 요구 : 공단에서 협력업체와의 계약을 담당하는 B대리는 협력업체 직원에게 계약을 하기 위한 조건으로 본인이 사용할 목적의 50만 원 상당의 금품을 요구하였다.

③ 부당한 인사 : 11월에는 업무량이 많아 휴가 통제 권고가 있었지만, C부장은 어머니의 병세가 악화된 이 사원의 휴가를 승인해 주었고, 해외여행을 계획하고 있던 한 사원의 휴가는 승인해 주지 않았다.

④ 업무 불이익 : 오후 6시에 퇴근하려던 D차장은 전산시스템에 오류가 발생했다는 보고를 받고, 주 대리에게 업무 협조를 요청하여 오후 11시가 다 되어 오류를 해결하였다.

17 다음은 H은행의 국군희망준비적금 특약 안내의 일부이다. 이에 대한 내용으로 적절하지 않은 것은?

〈H은행 국군희망준비적금 특약〉

제1조 적용범위

"H은행 국군희망준비적금(이하 '이 적금'이라 한다)" 거래는 이 특약을 적용하며, 이 특약에서 정하지 않은 사항은 예금거래 기본약관 및 적립식 예금약관을 적용한다.

제2조 가입대상

이 적금의 가입대상은 실명의 개인인 군 의무복무병(현역병, 상근예비역, 훈련병) 및 대체복무자로 하며, 1인 1계좌만 가능하다.

제3조 예금과목

이 적금의 예금과목은 정기적금으로 한다.

제4조 계약기간

이 적금의 계약기간은 6 ~ 24개월 이내 일 단위 또는 월 단위로 한다.

제5조 저축방법

이 적금은 회차별 1천 원 이상 원 단위로, 매월(월 초일부터 말일까지) 10만 원 이내에서 만기 1개월 전까지 자유롭게 저축할 수 있다.

제6조 이율적용

이 적금의 이율은 신규가입일 당시 영업점에 고시한 이 적금의 계약기간별 이율(이하 '기본이율'이라 합니다)을 적용한다.

제7조 우대이율

① 이 적금은 신규가입일 당시 영업점에 게시된 제2항의 '급여 이체 우대이율'을 기본이율에 더하여 적용한다. 단, 우대이율은 만기 해지 계좌에 대하여 계약기간 동안 적용한다.
② '급여이체 우대이율'은 신규일로부터 3개월 이내에 1회 이상의 급여이체 실적이 있는 고객의 계좌에 연 0.3%p를 적용한다.
③ 급여이체 실적이란, A은행과 급여이체 또는 대량이체 계약에 따른 급여성 선일자, 탑라인, 기업인터넷뱅킹 등에 의한 이체를 말하며, 국군재정관리단을 통한 급여이체 실적을 포함한다.

제8조 중도해지이율 및 만기 후 이율

① 이 적금의 가입자가 만기일 전에 지급 청구한 때에는 월저축금마다 입금일부터 지급일 전날까지의 기간에 대해 신규가입일 당시 영업점에 게시한 중도해지이율로 셈한 이자를 원금에 더하여 지급한다.
② 이 적금의 가입자가 만기일 후 지급청구한 때에는 만기지급액에 만기일부터 지급일 전날까지 기간에 대해 신규가입일 당시 영업점에 게시한 만기 후 이율로 셈한 이자를 더하여 지급한다.

① 훈련병도 이 적금의 가입대상이 될 수 있다.
② 만기 1개월 전까지 매월 10만 원 이내에서 저축 가능하다.
③ 우대이율은 만기 해지 계좌에 대하여 계약기간 동안 적용된다.
④ 급여이체 우대이율은 1개월 이내에 1회 이상의 급여이체 실적이 있어야 한다.

18 다음은 한국생산성본부에서 작성한 혁신클러스터 시범단지 현황에 대한 자료이다. 반월시화공단과 울산공단의 업체당 평균 고용인원의 차이는?(단, 업체당 평균 고용인원은 소수점 둘째 자리에서 반올림한다)

〈혁신클러스터 시범단지 현황〉

구분	특화업종	입주기업(개사)	생산규모(억원)	수출액(백만 불)	고용인원(명)
창원공단	기계	1,893	424,399	17,542	80,015
구미공단	전기전자	1,265	612,710	36,253	65,884
반월시화공단	부품소재	12,548	434,106	6,360	195,635
울산공단	자동차	1,116	1,297,185	57,329	101,677

① 68.6명
② 71.4명
③ 75.5명
④ 83.1명

19 증권회사에 근무 중인 A대리는 자사의 HTS 및 MTS 프로그램 인지도를 파악하기 위하여 설문조사 계획을 수립하려고 한다. 설문조사는 퇴근시간대인 16:00 ~ 20:00에 30 ~ 40대 직장인을 대상으로 유동인구가 100,000명인 명동에서 실시할 예정이다. 설문조사를 원활하게 진행하기 위해서 사전에 설문지를 준비할 예정인데, 유동인구 관련 자료를 찾아본 결과 다음과 같이 일부 정보가 누락된 유동인구 현황을 확인할 수 있었다. A대리는 30 ~ 40대 직장인에게 배포하기 위하여 최소 몇 장의 설문지를 준비하여야 하는가?

〈유동인구 현황〉

(단위 : %)

구분	10대	20대	30대	40대	50대	60대	70대	합계
08:00 ~ 12:00	1	1	3	4	1	0	1	11
12:00 ~ 16:00	0	2	3		3	1	0	13
16:00 ~ 20:00		3			2	1	1	32
20:00 ~ 24:00	5	6		13		2	0	44
합계	10	12	30		10		2	100

① 4,000장
② 11,000장
③ 17,000장
④ 21,000장

20 다음은 2021년부터 2025년까지의 최종학력별 인구분포 비율에 대한 자료이다. 최종학력이 대학교 이상인 인구 구성비의 2021년 대비 2025년 증가율과 중학교 이하인 인구 구성비의 2021년 대비 2024년 감소율을 순서대로 바르게 나열한 것은?(단, 증감률은 소수점 둘째 자리에서 반올림한다)

〈최종학력별 인구분포 비율〉

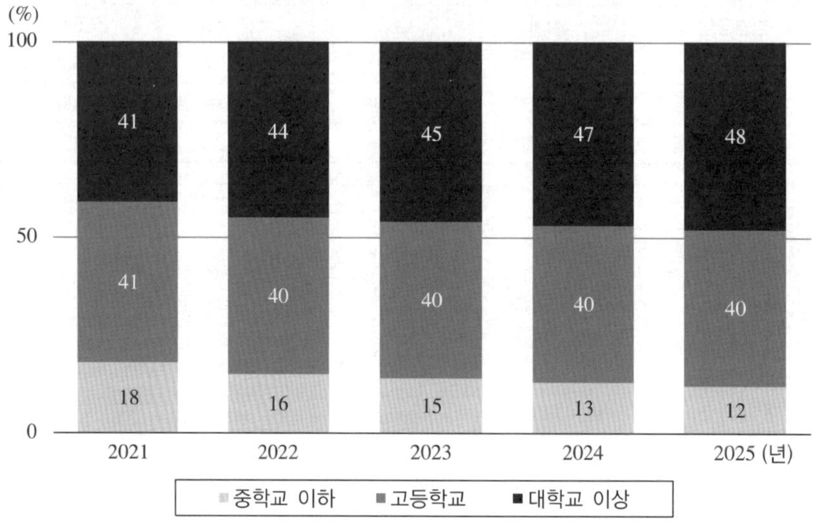

① 15.6%, −22.4%
② 15.6%, −27.8%
③ 17.1%, −22.4%
④ 17.1%, −27.8%

21 다음은 지방자치단체의 여성 공무원 현황에 대한 자료이다. 이에 대한 설명으로 옳지 않은 것은?

〈지방자치단체 여성 공무원 현황〉

(단위 : 명, %)

구분	2020년	2021년	2022년	2023년	2024년	2025년
전체 공무원	266,176	272,584	275,484	275,231	278,303	279,636
여성 공무원	70,568	75,608	78,855	80,666	82,178	83,282
여성 공무원 비율	26.5	27.7	(가)	29.3	29.5	29.8

① (가)에 들어갈 비율은 30% 이상이다.

② 2020년 이후 여성 공무원 수는 꾸준히 증가하고 있다.

③ 2025년에 남성 공무원이 차지하는 비율은 70% 이상이다.

④ 2025년 여성 공무원의 비율은 2020년과 비교했을 때 3.3%p 증가했다.

22 다음은 H신도시 쓰레기 처리 관련 통계에 대한 자료이다. 이에 대한 설명으로 옳지 않은 것은?

〈H신도시 쓰레기 처리 관련 통계〉

구분	2022년	2023년	2024년	2025년
1kg 쓰레기 종량제 봉투 가격	100원	200원	300원	400원
쓰레기 1kg당 처리비용	400원	400원	400원	400원
H신도시 쓰레기 발생량	5,013톤	4,521톤	4,209톤	4,007톤
H신도시 쓰레기 관련 예산 적자	15억 원	9억 원	4억 원	0원

① 쓰레기 종량제 봉투 가격 상승과 H신도시의 쓰레기 발생량은 반비례한다.

② 연간 쓰레기 발생량 감소곡선보다 쓰레기 종량제 봉투 가격의 인상곡선이 더 가파르다.

③ 봉투 가격이 인상됨으로써 주민들은 비용에 부담을 느끼고 쓰레기 배출을 줄였다고 추론할 수 있다.

④ 쓰레기 1kg당 처리비용이 인상될수록 H신도시의 쓰레기 발생량과 쓰레기 관련 예산 적자가 급격히 감소하는 것을 볼 수 있다.

23 다음은 특정 기업 47개를 대상으로 조사한 제품전략, 기술개발 종류 및 기업형태별 기업 수에 대한 자료이다. 이에 대한 설명으로 옳은 것은?

〈제품전략, 기술개발 종류 및 기업형태별 기업 수〉

(단위 : 개)

구분	기술개발 종류	기업형태	
		벤처기업	대기업
시장견인전략	존속성 기술	3	9
	와해성 기술	7	8
기술추동전략	존속성 기술	5	7
	와해성 기술	5	3

※ 각 기업은 한 가지 제품전략을 취하고 한 가지 종류의 기술을 개발함

① 와해성 기술을 개발하는 기업 중에서 벤처기업의 비율이 대기업의 비율보다 낮다.

② 존속성 기술을 개발하는 기업의 비율이 와해성 기술을 개발하는 기업의 비율보다 높다.

③ 벤처기업 중에서 기술추동전략을 취하는 비율은 시장견인전략을 취하는 비율보다 높다.

④ 기술추동전략을 취하는 기업 중에서 존속성 기술을 개발하는 비율이 와해성 기술을 개발하는 비율보다 낮다.

24 다음은 1인당 우편 이용 물량에 대한 자료이다. 이에 대한 설명으로 옳은 것은?

〈1인당 우편 이용 물량〉

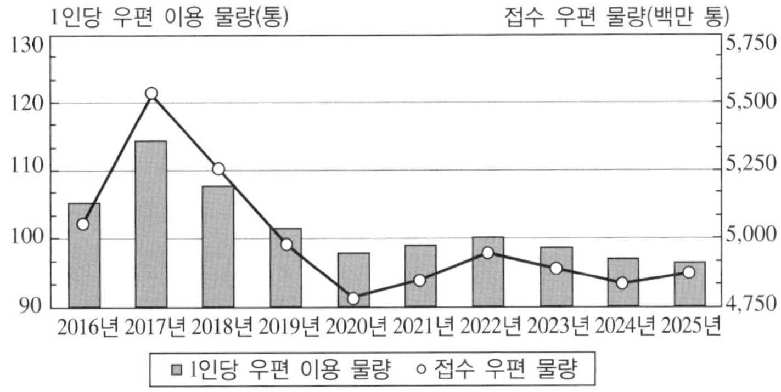

① 1인당 우편 이용 물량은 증가 추세에 있다.

② 매년 평균적으로 1인당 4일에 1통 이상은 우편물을 보냈다.

③ 1인당 우편 이용 물량은 2017년에 가장 높았고, 2020년에 가장 낮았다.

④ 1인당 우편 이용 물량과 접수 우편 물량 모두 2022년부터 2025년까지 지속적으로 감소하고 있다.

25 다음은 연도별 치킨전문점 개 · 폐업점 수에 대한 자료이다. 이를 변환한 그래프로 옳은 것은?(단, 모든 그래프의 단위는 '개'이다)

〈연도별 개 · 폐업점 수〉

(단위 : 개)

구분	개업점 수	폐업점 수	구분	개업점 수	폐업점 수
2013년	3,449	1,965	2019년	3,252	2,873
2014년	3,155	2,121	2020년	3,457	2,745
2015년	4,173	1,988	2021년	3,620	2,159
2016년	4,219	2,465	2022년	3,244	3,021
2017년	3,689	2,658	2023년	3,515	2,863
2018년	3,887	2,785	2024년	3,502	2,758

①
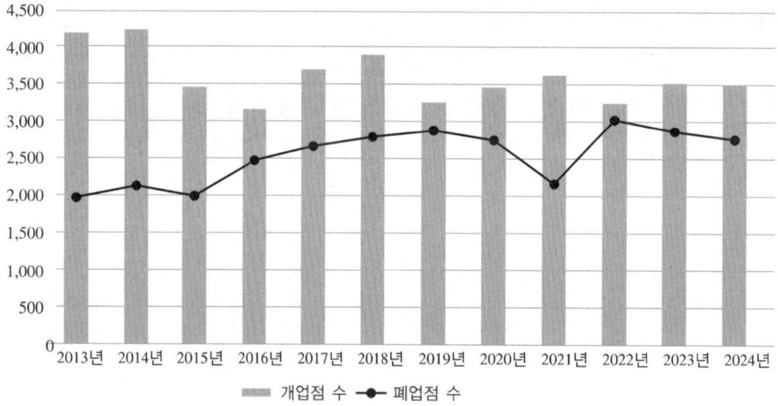

②
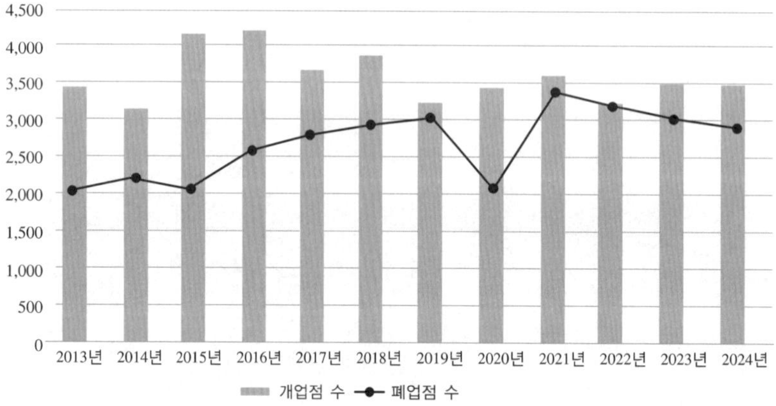

③ 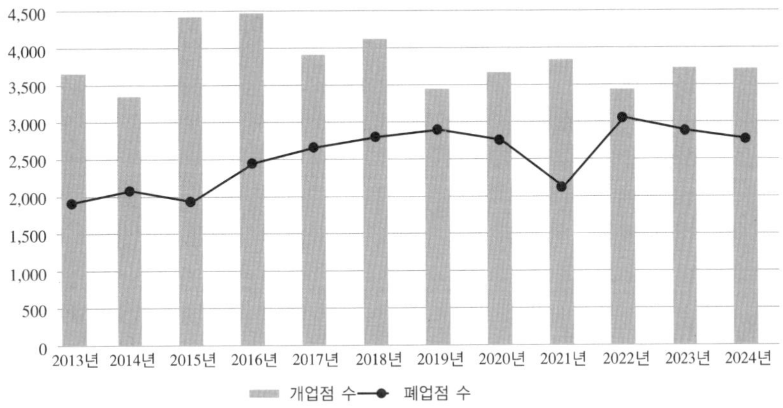
4,500
4,000
3,500
3,000
2,500
2,000
1,500
1,000
500
0
2013년 2014년 2015년 2016년 2017년 2018년 2019년 2020년 2021년 2022년 2023년 2024년
개업점 수 폐업점 수

④ 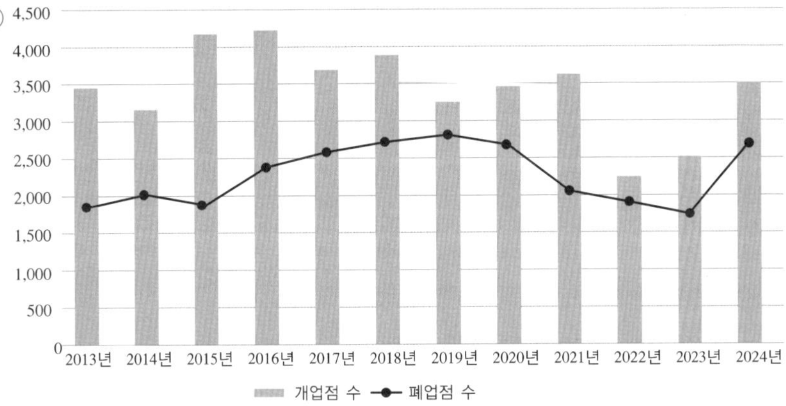
4,500
4,000
3,500
3,000
2,500
2,000
1,500
1,000
500
0
2013년 2014년 2015년 2016년 2017년 2018년 2019년 2020년 2021년 2022년 2023년 2024년
개업점 수 폐업점 수

26 진희는 15% 월 이자율의 현금서비스를 받았다. 이번 달의 청구금액이 97,750원일 때, 이자는?

① 9,000원
② 11,350원
③ 12,100원
④ 12,750원

27 연이율 1.8%를 제공하는 2년 만기 정기예금에 500만 원을 예치하고 180일 후에 해지하였다면 수령할 총금액은?(단, 이자는 단리를 적용하고, 한 달은 30일로 계산하며, 중도해지금리는 적용하지 않는다)

① 504만 원
② 504만 5천 원
③ 505만 원
④ 505만 5천 원

28 H은행 콜센터에 근무 중인 A행원에게 B고객으로부터 금융상품 해지 건이 접수되었다. 상담 결과 B고객은 1년 전에 K예금에 가입하였으나 불가피한 사정으로 해당 예금상품을 해지할 계획이며, 해지할 경우 만기 시 받을 수 있는 금액과 환급금의 차이가 얼마인지 문의하였다. A행원이 B고객에게 안내할 금액은?(단, 두 금액 모두 세전 금액을 기준으로 한다)

〈B고객의 K예금 가입내역〉

- 가입 기간 : 5년
- 가입 금액 : 1백만 원
- 이자 지급 방식 : 만기일시지급, 단리식
- 기본금리 : 연 3.0%
- 우대금리 : 0.2%p(중도인출 및 해지 시에는 적용하지 않음)
- 중도해지이율(연 %, 세전)
  - 12개월 미만 : (기본금리)×10%
  - 18개월 미만 : (기본금리)×30%
  - 24개월 미만 : (기본금리)×40%
- 예금자 보호 여부 : 해당

① 103,000원
② 126,000원
③ 151,000원
④ 184,000원

※ 다음은 각 국가의 환율에 대한 자료이다. 이어지는 질문에 답하시오(단, 환전수수료는 고려하지 않는다). **[29~31]**

〈각 국가의 환율〉

구분	미국	프랑스	일본	호주
환율	1,313.13원/USD	1,444.44원/유로	9.13원/엔	881.53원/AUD

29 대한민국 원화 50만 원을 미국 달러(USD)로 환전하면 얼마인가?

① 약 250.93USD
② 약 380.77USD
③ 약 511.26USD
④ 약 623.84USD

30 호주 달러 1,250AUD를 프랑스 유로로 환전하면 얼마인가?

① 약 508.78유로
② 약 594.14유로
③ 약 682.59유로
④ 약 762.86유로

31 H씨는 일본으로 여행을 가기 전 은행에서 위의 환율에 따라 250만 원을 엔화로 환전하였다. 일본에서 150,000엔을 사용하고 귀국 후 엔화 환율이 10.4원/엔으로 변동되었을 때, 남은 엔화를 원화로 환전하면 얼마인가?(단, 소수점 둘째 자리에서 반올림한다)

① 1,287,755원
② 1,396,187원
③ 1,517,684원
④ 1,737,486원

32 다음은 H은행의 '샐러리맨우대대출'에 대한 상품설명서이다. 고객이 〈조건〉에 따라 대출했을 때, 첫 달에 지불해야 하는 월 상환액은?

〈샐러리맨우대대출〉

○ 상품특징

일반기업체에 재직하고 있는 직장인을 대상으로 한 일반직장인 전용상품

○ 대출대상

다음의 요건을 모두 충족하는 고객

- 일반기업체에 정규직 급여소득자로 1년 이상 재직하고 있는 고객(단, 인터넷 또는 모바일을 통한 영업점 무방문 대출은 1년 이상 재직하고 있고, 소득금액증명원상 최근 귀속연도 소득금액으로 소득확인이 가능한 고객에 한한다. 또한 사업주 및 법인대표자는 제외한다)
- 연간소득 3,000만 원 이상인 고객

○ 대출기간

- 일시상환 : 1년 이내(1년 이내의 단위로 연장 가능)
- 할부상환 : 7년 이내(거치기간 둘 수 없음)
- 종합통장(마이너스통장) : 1년(1년 이내의 단위로 연장 가능)

※ 단, 인터넷 또는 모바일을 통한 영업점 무방문 대출은 종합통장 제외함

○ 대출한도

최대 1억 원(단, 인터넷 또는 모바일을 통한 영업점 무방문 대출은 최대 5천만 원)

○ 대출금리

구분	기준금리	가산금리	기본금리	우대금리	최저금리
당행기준금리(1년)	1.70%	2.45%	4.15%	0.30%	3.85%
당행기준금리(6개월)	1.64%	2.52%	4.16%	0.30%	3.86%

○ 거래실적 우대(최대 0.2%p)

H고객 골드(0.1%p), H신용카드 이용(3개월) 300만 원 이상(0.1%p), 본회급여이체(매월)(0.1%p) 등

○ 기타우대금리(최대 0.1%p)

단기 변동금리(변동주기 6개월 이하) 우대(0.09%p), 당행 여신 거래고객(3년 이내 거래 존재)(0.09%p), 단기대출(1년 이하)(0.09%p) 등

○ 중도상환

(중도상환해약금)=(중도상환금액)×[중도상환적용 요율(0.8%)]×(잔여기간/대출기간)

※ 대출기간은 대출개시일로부터 대출만기일까지의 일수로 계산하되, 대출기간이 3년을 초과하는 경우에는 3년이 되는 날을 대출기간 만료일로 함

※ 잔여기간은 대출기간에서 대출개시일로부터 상환일까지의 경과일수를 차감하여 계산함

〈조건〉

- 대출금 : 10,000,000원
- 상환방법 : 만기일 일시상환
- 대출기간 : 1년
- 거래실적내역 : H신용카드를 1개월 동안 200만 원 사용, 당행 여신 2년 전 거래, H은행 1개월 대출 500만 원

① 32,083원　　② 32,500원

③ 32,916원　　④ 33,750원

33 지름의 길이가 6cm, 높이가 10cm인 음료수 캔 8개를 아래 4개, 위 4개로 쌓은 후 이것을 담을 가장 작은 직육면체 모양의 종이 상자를 만들려고 한다. 이 종이 상자의 겉넓이는?

① $552cm^2$　　② $720cm^2$

③ $1,248cm^2$　　④ $2,880cm^2$

34 H고등학교 운동장은 다음과 같이 양 끝이 반원 모양이다. 한 학생이 운동장 가장자리를 따라 한 바퀴를 달린다고 할 때, 학생이 달린 거리는?[단, 원주율(π)은 3으로 계산한다]

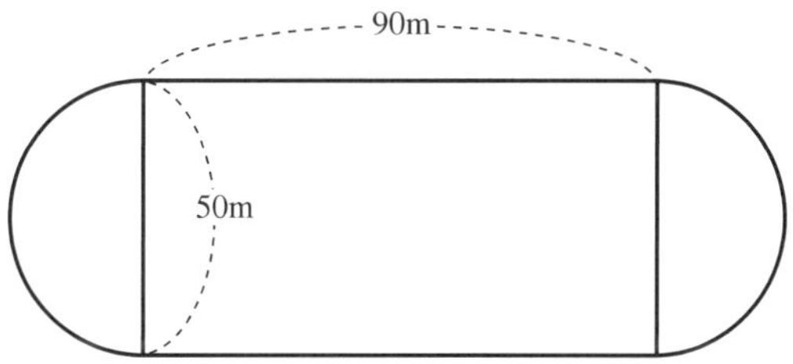

① 310m　　② 320m

③ 330m　　④ 340m

35 H대학교 기숙사 앞에는 의자 6개가 나란히 설치되어 있다. H대학교 여학생 2명과 남학생 3명이 모두 의자에 앉을 때, 여학생이 이웃하지 않는 경우의 수는?(단, 두 학생 사이에 빈 의자가 있는 경우는 이웃하지 않는 것으로 한다)

① 120가지　　② 240가지

③ 360가지　　④ 480가지

36 H야구팀의 작년 승률은 40%였고, 올해는 총 120경기 중 65승을 하였다. 작년과 올해의 경기를 합하여 구한 승률이 45%일 때, 작년과 올해 승리한 횟수의 합은?

① 151회
② 152회
③ 153회
④ 154회

37 흰 공 3개, 검은 공 2개가 들어있는 상자에서 1개의 공을 꺼냈을 때, 흰 공이 나오면 동전 3번, 검은 공이 나오면 동전 4번을 던진다고 한다. 이때 앞면이 3번 나올 확률은?

① $\frac{6}{40}$
② $\frac{7}{40}$
③ $\frac{8}{40}$
④ $\frac{9}{40}$

38 H사에서 주요 고객을 대상으로 설문조사를 실시하려고 한다. 설문조사를 3일 안에 끝내는 데 필요한 아르바이트생은 최소 몇 명인가?(단, 아르바이트생은 쉬는 시간 없이 일을 한다)

- 주요 고객 3,200명에게 설문조사를 할 것이다.
- 고객 1명당 설문조사 시간은 3분이 걸린다.
- 아르바이트생 1명은 하루에 400분 동안 일을 할 수 있다.

① 6명
② 7명
③ 8명
④ 9명

39 일정한 속력으로 달리는 열차가 50m의 터널을 통과하는 데 10초, 200m의 터널을 통과하는 데 25초가 걸릴 때, 열차의 길이는?

① 35m
② 40m
③ 45m
④ 50m

40 민철이와 성훈이가 G스키장에서 각각 A코스, C코스를 이용하고자 한다. 코스를 내려가는 데 걸리는 시간은 민철이가 8분, 성훈이가 6분일 때 오후 12시에 각 코스에서 동시에 내려가기 시작했다면 네 번째로 동시에 내려가기 시작하는 시각은 언제인가?(단, 두 사람 모두 코스 이동 시 리프팅을 이용한다)

〈G스키장 리프팅 상승 시간 및 대기시간 알림표〉코스

구분	A코스	B코스	C코스	D코스	E코스
상승시간	8분	6분	8분 30초	10분	5분
현재 대기시간	4분	9분 30초	10분 30초	12분 30초	3분

① 오후 3시 30분
② 오후 4시 15분
③ 오후 5시
④ 오후 5시 45분

41 어느 고등학교에서 열린 수학경시대회에서 1학년의 평균은 20점, 2학년의 평균은 13점, 3학년의 평균은 20점이었다. 대회에 참가한 1학년 학생 수는 2학년 학생 수의 2배이며, 동시에 3학년 학생 수의 4배이다. 참가 학생 전체의 평균은?

① 16점
② 17점
③ 18점
④ 19점

42 현재 아버지의 나이는 35세, 아들은 10세이다. 아버지 나이가 아들 나이의 2배가 되는 것은 몇 년 후인가?

① 5년 후 ② 10년 후
③ 15년 후 ④ 20년 후

43 물건의 정가에서 20%를 할인한 후 3,000원을 뺀 가격과 정가에서 50%를 할인한 가격이 같았다면, 이 물건의 정가는?

① 10,000원 ② 15,000원
③ 20,000원 ④ 25,000원

44 농도 20%의 소금물 100g이 있다. 소금물 xg을 덜어내고, 덜어낸 양만큼의 소금을 첨가하였다. 거기에 농도 11%의 소금물 yg을 섞었더니 농도 26%의 소금물 300g이 되었다. 이때 $x+y$의 값은?

① 195 ② 213
③ 235 ④ 245

45 둘레가 1km인 공원이 있다. 철수와 영희는 공원 입구에서 동시에 출발하여 서로 반대 방향으로 걸어서 중간에서 만나기로 했다. 철수는 1분에 70m, 영희는 1분에 30m를 걸을 때, 두 사람이 처음 만날 때까지 걸린 시간은?

① 5분 ② 10분
③ 20분 ④ 30분

46 물 200g에 소금 100g과 농도 20% 소금물 200g을 넣은 소금물의 농도는?

① 24%
② 26%
③ 28%
④ 30%

47 어떤 콘텐츠에 대한 네티즌 평가를 진행하였다. 1,000명이 참여한 A사이트에서는 평균 평점이 5.0점이었으며, 500명이 참여한 B사이트에서는 평균 평점이 8.0점이었다. 이 콘텐츠에 대한 두 사이트 전체 참여자의 평균 평점은?

① 4.0점
② 5.5점
③ 6.0점
④ 7.5점

48 원가가 5,000원인 물건을 25% 인상한 가격으로 판매하였으나, 잘 판매되지 않아 다시 10%를 인하하여 팔았다. 물건 4개를 판매하였을 때의 이익은?

① 2,000원
② 2,500원
③ 3,000원
④ 3,500원

49 A, B, C 3개의 문제가 있다. 한 학생이 A, B, C문제를 맞힐 확률이 각각 $\frac{5}{6}$, $\frac{1}{2}$, $\frac{1}{4}$이라면, 이 학생이 세 문제를 모두 풀 때 한 문제 이상 맞힐 확률은?

① $\frac{1}{24}$
② $\frac{5}{24}$
③ $\frac{13}{16}$
④ $\frac{15}{16}$

50 어떤 자동차 경주장의 원형도로 둘레는 6km이다. 경주용 차 A가 200km/h의 일정한 속력을 유지하며 경주장을 돌고 있고, 경주용 차 B는 더 빠른 속력으로 달리고 있다. 경주용 차 A와 경주용 차 B가 동시에 출발한 후 2시간 만에 처음으로 같은 위치에 있게 된다면, 경주용 차 B의 속력은?

① 201km/h　　② 202km/h

③ 203km/h　　④ 206km/h

51 갑과 을의 현재 나이의 비는 3 : 1이고, 11년 후 나이의 비는 10 : 7이 된다고 한다. 갑과 을의 현재 나이는?

	갑	을		갑	을
①	9세	3세	②	6세	2세
③	3세	9세	④	2세	6세

52 K행원은 H은행 부산지점에서 여신부 소속 행원으로 근무하고 있다. 본 지점은 수신 행원 4명과 여신 행원 3명이 번갈아 근무하고 있으며, 점심시간에는 고객응대에 필요한 최소 인원을 두고 교대하며 식사를 한다. 1차 점심시간은 11시 30분부터 12시 30분까지, 2차 점심시간은 12시 30분부터 13시 30분까지이며, 각 점심시간에 수신부는 최소 2명, 여신부는 최소 1명이 상주하고 있어야 한다. 이때, K행원이 1차 점심시간에 근무를 하게 될 경우의 수와 그 확률은?

① 12가지, $\frac{1}{2}$　　② 18가지, $\frac{1}{2}$

③ 18가지, $\frac{1}{3}$　　④ 36가지, $\frac{1}{2}$

53 다음 명제가 모두 참일 때, 반드시 참인 것은?

> • 인디음악을 좋아하는 사람은 독립영화를 좋아한다.
> • 클래식을 좋아하는 사람은 재즈 밴드를 좋아한다.
> • 독립영화를 좋아하지 않는 사람은 재즈 밴드를 좋아하지 않는다.

① 클래식을 좋아하는 사람은 독립영화를 좋아한다.
② 인디음악을 좋아하지 않는 사람은 재즈 밴드를 좋아한다.
③ 독립영화를 좋아하는 사람은 재즈 밴드를 좋아하지 않는다.
④ 재즈 밴드를 좋아하는 사람은 인디음악을 좋아하지 않는다.

54 다음 명제가 모두 참일 때, 항상 참이 아닌 것은?

> • 딸기를 좋아하는 사람은 가지를 싫어한다.
> • 바나나를 좋아하는 사람은 가지를 좋아한다.
> • 가지를 싫어하는 사람은 감자를 좋아한다.

① 가지를 좋아하는 사람은 딸기를 싫어한다.
② 딸기를 좋아하는 사람은 감자를 좋아한다.
③ 바나나를 좋아하는 사람은 딸기를 싫어한다.
④ 감자를 좋아하는 사람은 바나나를 싫어한다.

55 다음 명제가 모두 참일 때, 빈칸에 들어갈 명제로 옳은 것은?

> • 보상을 받는다면 노력했다는 것이다.
> • ________________
> • 호야는 보상을 받지 못했다.

① 호야는 보상을 받았다.
② 호야는 노력하지 않았다.
③ 보상을 받았다는 것은 곧 노력했다는 의미다.
④ 보상을 받았다는 것이 곧 노력했다는 의미는 아니다.

56 4일간 태국으로 여행을 간 현수는 매일 한 번씩 발 마사지를 받았는데, 현수가 간 마사지 숍에는 30분, 1시간, 1시간 30분, 2시간의 발 마사지 코스가 있었다. 다음 내용이 모두 참일 때, 항상 참인 것은?

- 첫째 날에는 2시간이 소요되는 코스를 선택하였다.
- 둘째 날에는 셋째 날 1시간이 더 소요되는 코스를 선택하였다.
- 넷째 날에 받은 코스의 소요 시간은 첫째 날의 코스보다 짧고, 셋째 날의 코스보다 길었다.

① 첫째 날에 받은 마사지 코스가 둘째 날에 받은 마사지 코스보다 길다.
② 넷째 날에 받은 마사지 코스는 둘째 날에 받은 마사지 코스보다 짧다.
③ 셋째 날에 가장 짧은 마사지 코스를 선택하였다.
④ 현수는 4일간 총 5시간의 발 마사지를 받았다.

57 다음 〈조건〉에 따라 A ~ C 3명이 다음 주에 출장을 가려고 할 때, 함께 출장을 갈 수 있는 요일은?(단, 출장 일정은 하루이다)

〈조건〉

- 출장 일정은 소속 부서의 정기적인 일정을 피해서 잡는다.
- A와 B는 영업팀, C는 재무팀 소속이다.
- 다음 주 화요일은 회계감사 예정으로 재무팀 소속 전 직원은 당일 본사에 머물러야 한다.
- B는 개인사정으로 목요일에 연차를 사용하기로 하였다.
- 영업팀은 매주 수요일마다 팀 회의를 한다.
- 금요일 및 주말에는 출장을 갈 수 없다.

① 월요일　　② 화요일
③ 수요일　　④ 목요일

58 **H은행에서는 직원들의 친목 도모를 위해 사내 산악회를 운영하고 있다. 다음 내용에 따라 A～D 4명 중 최소 1명 이상이 산악회 회원이라고 할 때, 항상 참인 것은?**

- C가 산악회 회원이면 D도 산악회 회원이다.
- A가 산악회 회원이면 D는 산악회 회원이 아니다.
- D가 산악회 회원이 아니면 B가 산악회 회원이 아니거나 C가 산악회 회원이다.
- D가 산악회 회원이면 B는 산악회 회원이고 C도 산악회 회원이다.

① A는 산악회 회원이다.

② B는 산악회 회원이 아니다.

③ C는 산악회 회원이 아니다.

④ B와 D의 산악회 회원 여부는 같다.

59 **경찰은 용의자 5명 A～E를 대상으로 수사를 벌이고 있고, 다음은 이들의 진술이다. 이 중 2명의 진술은 참이고, 3명의 진술은 거짓일 때, 범인은 누구인가?(단, 범행 현장에는 범죄자와 목격자가 있고, 범죄자는 목격자가 아니며, 모든 사람은 참이나 거짓만 말한다)**

- A : 나는 범인이 아니고, 나와 E만 범행 현장에 있었다.
- B : C와 D는 범인이 아니고, 목격자는 2명이다.
- C : 나는 B와 함께 있었고, 범행 현장에 있지 않았다.
- D : C의 말은 모두 참이고, B가 범인이다.
- E : 나는 범행 현장에 있었고, A가 범인이다.

① A　　② B

③ C　　④ D

60 다음은 뇌물수수 혐의자 A～D 4명의 진술이다. 이 중 하나만 참일 때, 뇌물을 받은 사람의 수는?

- A가 뇌물을 받았다면, B는 뇌물을 받지 않았다.
- A와 C와 D 중 적어도 1명은 뇌물을 받았다.
- B와 C 중 적어도 1명은 뇌물을 받지 않았다.
- B와 C 중 1명이라도 뇌물을 받았다면, D도 뇌물을 받았다.

① 1명
② 2명
③ 3명
④ 4명

61 다음 내용에 따라 수영, 슬기, 경애, 정서, 민경의 머리 길이가 서로 다르다고 할 때, 반드시 참인 것은?

- 수영이는 단발머리로 슬기와 경애의 머리보다 짧다.
- 정서의 머리는 수영보다 길지만, 슬기보다는 짧다.
- 경애의 머리는 정서보다 길지만, 슬기보다는 짧다.
- 민경의 머리는 경애보다 길지만, 5명 중에 가장 길지는 않다.

① 경애는 단발머리이다.
② 슬기의 머리가 가장 길다.
③ 민경의 머리는 슬기보다 길다.
④ 수영의 머리가 5명 중 가장 짧지는 않다.

62 A～E 5명이 100m 달리기를 했다. 기록 측정 결과가 나오기 전에 그들끼리의 대화를 통해 순위를 예측해 보려고 한다. 다음은 그들의 대화이고, 이 중 1명이 거짓말을 하고 있다. 5명의 달리기 순위로 옳은 것은?

- A : 나는 1등이 아니고, 3등도 아니야.
- B : 나는 1등이 아니고, 2등도 아니야.
- C : 나는 3등이 아니고, 4등도 아니야.
- D : 나는 A와 B보다 늦게 들어왔어.
- E : 나는 C보다는 빠르게 들어왔지만, A보다는 늦게 들어왔어.

① C－A－D－B－E
② C－E－B－A－D
③ E－A－B－C－D
④ E－C－B－A－D

63 다음 김 대리, 박 대리, 이 과장, 최 과장, 정 부장에 대한 내용이 모두 참일 때, 반드시 참인 것은?

- 김 대리, 박 대리, 이 과장, 최 과장, 정 부장은 A회사의 직원들이다.
- A회사의 모든 직원은 내근과 외근 중 한 가지만 한다.
- A회사의 직원 중 내근을 하면서 미혼인 사람에는 직책이 과장 이상인 사람은 없다.
- A회사의 직원 중 외근을 하면서 미혼이 아닌 사람은 모두 그 직책이 과장 이상이다.
- A회사의 직원 중 외근을 하면서 미혼인 사람은 모두 연금 저축에 가입되어 있다.
- A회사의 직원 중 미혼이 아닌 사람은 모두 남성이다.

① 김 대리가 내근을 한다면, 그는 미혼이다.
② 이 과장이 미혼이 아니라면, 그는 내근을 한다.
③ 최 과장이 여성이라면, 그는 연금 저축에 가입되어 있다.
④ 박 대리가 미혼이면서 연금 저축에 가입되어 있지 않다면, 그는 외근을 한다.

64 H은행에서는 5개의 A ~ E팀이 사용하는 사무실을 회사 건물의 1층부터 5층에 배치하고 있고, 올해 각 부서를 새롭게 배치할 예정이다. 다음 〈조건〉에 따라 부서 사무실을 배치할 때, 반드시 참인 것은?

〈조건〉

- 한 번 배치된 층에는 배치되지 않는다.
- A팀과 C팀은 1층과 3층을 사용한 적이 있다.
- B팀과 D팀은 2층과 4층을 사용한 적이 있다.
- E팀은 2층을 사용한 적이 있고, 5층에 배정되었다.
- B팀은 1층에 배정되었다.

① A팀은 2층을 사용한 적이 있을 것이다.
② D팀은 이번에 확실히 3층에 배정될 것이다.
③ E팀은 이전에 5층을 사용한 적이 있을 것이다.
④ 2층을 쓸 가능성이 있는 것은 총 세 팀이다.

65 H사에 근무하는 K사원은 부서 워크숍을 진행하기 위해 다음과 같이 워크샵 장소 후보를 정리하였다. 〈조건〉에 따라 워크숍 장소를 선정할 때, 워크숍 장소로 가장 적절한 곳은?

〈워크숍 장소 후보〉

구분	거리(H사 기준)	수용가능인원	대관료	이동시간(편도)
A호텔	40km	100명	40만 원/일	1시간 30분
B연수원	40km	80명	50만 원/일	2시간
C세미나	20km	40명	30만 원/일	1시간
D리조트	60km	80명	80만 원/일	2시간 30분

〈조건〉

- 워크숍은 1박 2일로 진행한다.
- K사원이 속한 부서의 직원은 모두 80명이며 전원 참석한다.
- 대관료는 100만 원 이하인 곳으로 선정한다.
- 이동시간은 왕복 3시간 이하인 곳으로 선정한다.

① A호텔
② B연수원
③ C세미나
④ D리조트

66 다음은 H은행 회의실 이용에 대한 안내사항이다. 이에 대한 내용으로 옳지 않은 것을 〈보기〉에서 모두 고르면?

〈회의실 이용 관련 안내사항〉
• 회의실 위치 : 본관 5층 • 회의실 이용 제한 시간 : 90분 • 회의실 인원 제한 : 15명 • 기타 주의 사항 – 음료수 외 취식 금지 – 노트북 1대 연결용 외에 별도의 콘센트는 없음

〈보기〉

ㄱ. 회의실에서 커피 등의 식수는 반입이 허용된다.
ㄴ. 회의실을 이용하고자 할 때 예약하는 방법을 알 수 있다.
ㄷ. 회의실 내 노트북 지참 시 충전 용량이 충분한지 확인해야 한다.
ㄹ. 근무시간 외에도 회의실 이용이 가능한지 알 수 있다.

① ㄱ, ㄷ
② ㄴ, ㄷ
③ ㄴ, ㄹ
④ ㄷ, ㄹ

67 A캠핑은 캠핑용 텐트시장에서 점유율 1위를, 그 후발주자로 B마운틴은 점유율 2위를 차지하고 있다. B마운틴은 A캠핑을 견제하며 자사의 시장점유율을 높이기 위해 가격할인 정책을 실시하고자 한다. 다음은 가격할인을 실행했을 때 제품판매량에 미치는 영향에 대한 자료이다. 또한, B마운틴은 시장조사 및 경쟁사 분석을 통해 A캠핑이 제품가격을 10% 할인한다는 정보를 얻었다. 가장 많은 매출을 달성할 수 있는 구간이 30% 할인인 것은 자료를 통해 알고 있지만, 실질적인 이익(순이익)이 가장 높은 구간인지에 대한 수익분석이 필요하다. 제품을 생산하는 데 있어 〈보기〉와 같은 비용이 발생한다고 할 때, B마운틴이 가장 많은 순수익(월)을 달성할 수 있는 할인율은?

〈가격할인 단위별 판매체계 자료〉

구분	A캠핑				
B마운틴	할인율	0%	10%	20%	30%
	0%	(4, 5)	(3, 8)	(3, 12)	(2, 18)
	10%	(8, 4)	(5, 7)	(5, 8)	(4, 14)
	20%	(10, 3)	(8, 6)	(7, 9)	(6, 12)
	30%	(12, 2)	(10, 5)	(9, 7)	(8, 10)

※ 괄호 안의 숫자는 각 업체의 할인정책에 따른 월 제품판매량(단위 : 백 개)을 의미함(B마운틴 제품판매량, A캠핑 제품판매량)

※ 두 기업에서 판매하는 텐트는 동급으로 개당 판매가는 500,000원임

〈보기〉

제품 생산 시 소요되는 비용

- 고정비 : 50,000,000원
- 변동비 : 200,000원(개당)

① 0%　　② 10%

③ 20%　　④ 30%

68 H사 자재관리팀에 근무 중인 A사원은 행사에 사용할 배너를 제작하는 업무를 맡았다. 다음 B대리의 지시에 따라 계산한 현수막 제작 비용은?

■ 다음은 행사 장소를 나타낸 도면이다.

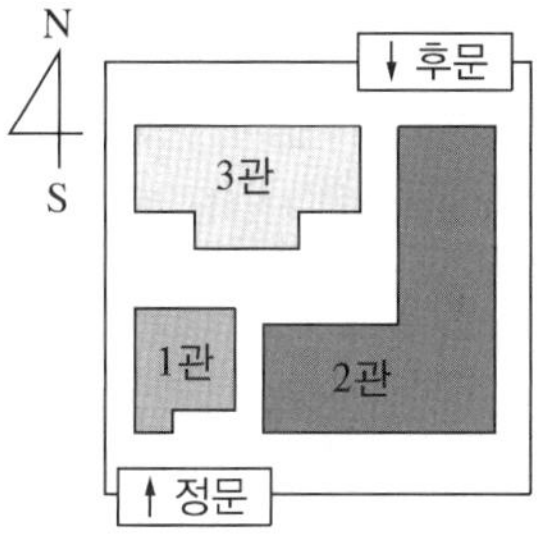

■ 행사 장소 : 본 건물 3관

■ 배너 제작 비용(배너 거치대 포함)
- 일반 배너 1장당 15,000원
- 양면 배너 1장당 20,000원

■ 현수막 제작 비용
- 기본 크기(세로×가로) : 1m×3m → 5,000원
- 기본 크기에서 추가 시 → $1m^3$당 3,000원씩 추가

B대리 : 행사장 위치를 명확하게 알리려면 현수막도 설치하는 것이 좋을 것 같네요. 정문과 후문에 하나씩 걸고 2관 건물 입구에도 하나를 답시다. 정문과 후문에는 3m×8m 크기로 하고, 2관 건물 입구에는 1m×4m의 크기가 적당할 것 같아요. 견적 좀 부탁할게요.

① 84,000원
② 98,000원
③ 108,000원
④ 144,000원

69 다음은 상가 및 오피스텔 보증상품에 대한 설명이다. 보증료를 가장 많이 내는 회사와 가장 적게 내는 회사를 바르게 연결한 것은?

〈상가 및 오피스텔 보증상품〉

• 개요

건축주가 부도·파산 등의 사유로 분양계약을 이행할 수 없게 되는 경우 해당 오피스텔(동일 건축물로 건축하는 오피스텔 외의 시설 포함)의 분양이행(사용승인 및 소유권보존등기 포함) 또는 납부한 계약금 및 중도금의 환급을 책임지는 보증상품

• 보증료 계산식

(보증료)=(보증금액)×(보증료율)×[(보증 계약기간 일수)÷365]

신용평가등급별 보증료율 : 최저 연 0.357%~최고 연 0.469%

구분	1등급	2등급	3등급	4등급	5등급
보증료율(%)	0.357	0.377	0.408	0.437	0.469

〈회사별 신청 현황〉

구분	보증금액	신용등급	보증기간
가 회사	2억 4천만 원	3	3년
나 회사	3억 6천만 원	4	2년
다 회사	2억 4천만 원	4	2년
라 회사	1억 2천만 원	5	4년
마 회사	6억 원	1	1년

	가장 많이 내는 회사	가장 적게 내는 회사
①	가 회사	다 회사
②	가 회사	라 회사
③	나 회사	다 회사
④	나 회사	마 회사

70 다음은 H여행사에 대한 SWOT 분석 결과이다. 이를 바탕으로 할 때, H여행사가 취할 수 있는 전략으로 옳은 것을 〈보기〉에서 모두 고르면?

〈H사 SWOT 분석 결과〉

구분	분석 결과
강점(Strength)	• 여행업과 렌터카업을 아우르는 안정적인 사업 포트폴리오를 토대로 여행 부문 손실을 최소화하고 기업 전체적으로는 흑자 경영 지속(2022년 5월 이후 여행 사업에서 흑자 유지) • 여행업과 렌터카업 부문에서 투트랙 전략으로 수익성 개선과 위기 극복에 성공한 경험 • L그룹 계열사의 고정적인 거래처 외에도 고객군을 정부 · 공공기관으로까지(B2B → B2G) 넓히는 등 사업 기반 확대 성과 • 세계 1위 상용 여행 전문업체 A사와의 전략적 제휴로 다량의 외국계 기업 거래선 유지 • 자체 개발한 OBT(실시간 항공 · 호텔 예약 시스템), BTMS(출장업무 관리 시스템) 등의 차별화 시스템과 전문화된 업무 역량 보유 • 전 세계 140개국에 걸친 해외 네트워크 운영
약점(Weakness)	• N사, M사 등 여행업계 수위의 기업보다 상대적으로 낮은 수준의 시장 점유율과 브랜드 선호도 • 매년 차량 구입 비용을 위해 상당한 자본적 지출(CapEx) 필요(매년 차입금 증가 예상)
기회(Opportunity)	• 중국 · 일본 등 국제선 운항 횟수의 증가 • 리오프닝 등으로 인해 여행 수요의 확연한 증가 추세 • 국내 여행 시장 규모의 증가 추세(2027년 180조 원 예상) • 외국인을 타깃으로 한 정부와 지자체의 국내 여행 상품 홍보 강화 • 해외에서 고용되어 근무 중인 외국인의 한국 체류를 유도하는 '디지털 노마드 비자' 신설
위협(Threat)	• 국내 여행 시장의 과열 경쟁으로 인한 영업 이익의 감소 우려 • 여행업 진출을 본격화하고 있는 네이버 등 온라인 플랫폼 기업들이 여행업계의 게임 체인저로 평가받음

〈보기〉

ㄱ. 여행업 진출을 본격화하고 있는 N사이트 등의 온라인 플랫폼 기업들과의 제휴를 통해 판매 채널의 확장을 도모한다.

ㄴ. 꾸준한 실적을 내고 있는 렌터카 부문 영업을 강화하는 한편 여행 부문 영업 인력을 충원해 리오프닝으로 증가하는 여행 수요에 대응한다.

ㄷ. 국내 여행 시장의 과열 경쟁으로 인한 영업 이익의 감소 우려를 해소할 수 있도록 140개국에 걸친 해외 네트워크를 활용해 돌파구를 모색한다.

ㄹ. 기존 상용 여행사로써의 강점을 살려 리오프닝 수혜를 누릴 수 있도록 자체 개발한 OBT(실시간 예약 시스템)의 보급을 지속적으로 확대한다.

ㅁ. 온라인 플랫폼 기업인 N사이트 · K메신저 등의 신흥 강자들의 여행업 진출 움직임에 맞서 H사 · M사 등 전통적인 여행 기업들과의 전략적 제휴로 진입장벽을 인위적으로 높이는 전략을 마련한다.

① ㄴ, ㄹ
② ㄱ, ㄹ, ㅁ
③ ㄴ, ㄷ, ㅁ
④ ㄱ, ㄴ, ㄷ, ㄹ

71 다음 중 한국은행이 통화정책수단으로 활용하고 있지 않은 것은?

① 지급준비정책　　② 재할인정책
③ 공개시장 조작정책　　④ 유가증권투자규제

72 다음 중 통화량의 증가를 초래하는 경우는?

① 중앙은행이 공개시장에서 국채를 매각하였다.
② 재할인율이 인상되었다.
③ 법정지급준비율이 인상되었다.
④ 중앙은행의 매각외환이 매입외환보다 적게 되었다.

73 다음 중 금융시장의 설명으로 옳지 않은 것은?

① 자금의 거래가 상시적으로 이루어지는 특정 건물이나 장소를 말한다.
② 자금의 수요자와 공급자 간의 거래가 행하여지는 시장이다.
③ 자금조달방법에 따라 간접금융과 직접금융으로 나누어진다.
④ 금융자금의 공급기간에 따라 단기시장과 장기시장으로 구분된다.

74 다음 〈보기〉에서 단기금융시장에 해당하는 상품을 모두 고르면?

〈보기〉

ㄱ. 콜

ㄴ. 환매조건부채권

ㄷ. 양도성 예금증서

ㄹ. 회사채

① ㄱ, ㄴ, ㄷ

② ㄱ, ㄴ, ㄹ

③ ㄱ, ㄷ, ㄹ

④ ㄴ, ㄷ, ㄹ

75 다음 중 금융상품의 금리와 관련된 설명으로 옳지 않은 것은?

① 실적배당률이나 만기 때의 시장금리를 적용하는 경우의 금리를 연동금리라고 한다.

② 만기까지 받은 총수익의 투자원금에 대한 비율은 총수익률이라고 한다.

③ 예금의 만기에 이자를 1회 계산・지급하는 방식을 단리라고 한다.

④ 예금증서, 채권 등의 표면에 기재된 이자율을 표면금리라고 한다.

76 다음 중 각 프로그램에 대한 설명으로 옳지 않은 것은?

① 제미나이 : 구글의 AI 프로그램

② 갤럭시 : 삼성 갤럭시 핸드폰에 장착된 AI 프로그램

③ 블루투스 : 삼성이 개발한 무선 근거리 데이터 송신 프로그램

④ Air Drop : 와이파이와 블루투스를 통해 다른 장치로 파일을 공유하는 애플의 프로그램

77 **다음 중 데이터 베이스에 대한 설명으로 옳지 않은 것은?**

① 데이터 베이스 관리시스템은 하드웨어에 속한다.
② 여러 개의 서로 연관된 파일을 데이터 베이스라고 한다.
③ 데이터의 무결성을 높이기 위해 데이터 베이스가 필요하다.
④ 데이터 베이스 관리시스템은 데이터와 파일 간의 관계 등을 생성한다.

78 **다음 중 프로그래밍 언어에 대한 설명으로 옳지 않은 것은?**

① 기계어는 2진수로 표현된 컴퓨터가 이해할 수 있는 저급 언어이다.
② 어셈블리어는 기계어와 대응되는 기호나 문자로 작성하는 언어이다.
③ 고급 언어는 인간이 이해하기 쉬운 문자로 구성된 인간 중심의 언어이다.
④ C++언어는 C언어를 기반으로 하는 구조적인 개념을 도입한 절차 지향 언어이다.

79 **다음 중 개인용 컴퓨터 약 2만 대에 해당하는 성능을 보유한 슈퍼컴퓨터로, 2018년 12월부터 정식 서비스가 시작된 국가 초고성능컴퓨터 5호기의 이름은?**

① 해온　　② 누리온
③ 해담　　④ 타키온

80 낸드 플래시 메모리는 다음과 같이 저장방식에 따라 SLC, MLC, TLC로 각각 구분할 수 있다. 이에 대한 설명으로 옳지 않은 것은?

〈낸드 플래시 메모리〉

구분	SLC	MLC	TLC
셀당 기록 비트	1비트	2비트	3비트
속도	50 ~ 100K	5 ~ 10K	1 ~ 3K
기록 가능 횟수	10만 회	1만 회	1,000회
읽기 속도	빠름	보통	느림
쓰기 속도	빠름	보통	느림
안정성	높음	보통	낮음

① SLC 메모리는 같은 용량의 MLC, TLC 메모리에 비해 고가이다.
② TLC 메모리는 다른 메모리에 비해 고용량 설계가 쉽다는 장점이 있다.
③ MLC 메모리는 SLC 메모리에 비해 같은 셀당 2배의 용량을 저장할 수 있다.
④ 다른 메모리에 비해 SLC 메모리는 셀당 1비트만 저장할 수 있어 오류가 발생할 확률이 높다.

제4회
하나은행
온라인 필기전형

〈문항 수 및 시험시간〉

구분	출제범위	문항 수	시험시간
NCS 직업기초능력	의사소통능력, 수리능력, 문제해결능력	70문항	90분
금융·디지털상식	금융·디지털상식	10문항	

※ 문항 수 및 시험시간은 2025년 하반기 공고문을 참고하여 구성하였습니다.

하나은행 온라인 필기전형

제4회 모의고사

문항 수	: 80문항
시험시간	: 90분

제1영역 NCS 직업기초능력

01 다음 글의 밑줄 친 단어를 어법에 맞게 수정할 때, 옳지 않은 것은?

> 나는 내가 <u>시작된</u> 일은 반드시 내가 마무리 지어야 한다는 사명감을 가지고 있었다. 그래서 이번 문제 역시 다른 사람의 도움 없이 스스로 해결해야겠다고 다짐했었다. 그러나 일은 생각만큼 쉽게 풀리지 <u>못했다</u>. 이번에 새로 올린 기획안이 사장님의 <u>제가</u>를 받기 어려울 것이라는 이야기가 들렸다. 같은 팀의 박 대리는 내게 사사로운 감정을 기획안에 <u>투영하지</u> 말라는 충고를 전하면서 커피를 건넸고, 화가 난 나는 뜨거운 커피를 그대로 마시다가 하얀 셔츠에 모두 쏟고 말았다. 오늘 회사 내에서 만나는 사람마다 모두 커피를 쏟은 내 셔츠의 사정에 관해 물었고, 그들에 의해 나는 오늘 온종일 칠칠하지 못한 사람이 되어야만 했다.

① 시작된 → 시작한
② 못했다 → 않았다
③ 제가 → 재가
④ 투영하지 → 투영시키지

02 다음 글의 내용과 관련 있는 한자성어는?

> 설 연휴마다 기차표를 예매하기 위해 아침 일찍 서울역에 갔던 아버지는 집에서도 인터넷을 통해 표를 예매할 수 있다는 아들의 말을 듣고 깜짝 놀랐다.

① 건목수생(乾木水生)
② 견강부회(牽强附會)
③ 격세지감(隔世之感)
④ 독불장군(獨不將軍)

03 다음 상황과 관련있는 속담으로 가장 적절한 것은?

> 얼마 전 반장 민수는 실수로 칠판을 늦게 지운 주번 상우에게 벌점을 부과하였고, 이로 인해 벌점이 초과된 상우는 방과 후 학교에 남아 반성문을 쓰게 되었다. 이처럼 민수는 사소한 잘못을 저지른 학급 친구에게도 가차 없이 벌점을 부여하여 학급 친구들의 원망을 샀고, 결국에는 민수를 반장으로 추천했던 친구들 모두 민수에게 등을 돌렸다.

① 원님 덕에 나팔 분다.
② 듣기 좋은 꽃노래도 한두 번이지.
③ 집 태우고 바늘 줍는다.
④ 맑은 물에 고기 안 논다.

04 다음 글의 제목으로 가장 적절한 것은?

> 대부분 사람이 주식 투자를 하는 목적은 자산을 증식하는 것이지만, 항상 이익을 낼 수는 없으며 이익에 대한 기대에는 언제나 손해에 따른 위험이 동반된다. 이러한 위험을 줄이기 위해서 일반적으로 투자자는 포트폴리오를 구성하는데, 이때 전반적인 시장상황에 상관없이 나타나는 위험인 '비체계적 위험'과 시장 상황에 연관되어 나타나는 위험인 '체계적 위험' 두 가지를 동시에 고려해야 한다.
> 비체계적 위험이란 종업원의 파업, 경영 실패, 판매의 부진 등 개별 기업의 특수한 상황과 관련이 있는 것으로 '기업 고유 위험'이라고도 한다. 기업의 특수 사정으로 인한 위험은 예측하기 어려운 상황에서 돌발적으로 일어날 수 있는 것들로, 여러 주식에 분산 투자함으로써 제거할 수 있다. 반면에 체계적 위험은 시장의 전반적인 상황과 관련한 것으로, 예를 들면 경기 변동, 인플레이션, 이자율의 변화, 정치 사회적 환경 등 여러 기업에 공통으로 영향을 주는 요인들에 기인한다. 체계적 위험은 주식 시장 전반에 관한 위험이기 때문에 비체계적 위험에 대응하는 분산투자의 방법으로도 감소시킬 수 없으므로 '분산 불능 위험'이라고도 한다.
> 그렇다면 체계적 위험에 대응할 방법은 없을까? '베타 계수'를 활용한 포트폴리오 구성으로 투자자는 체계적 위험에 대응할 수 있다. 베타 계수란 주식 시장 전체의 수익률 변동이 발생했을 때 이에 대해 개별 기업의 주가 수익률이 얼마나 민감하게 반응하는가를 측정하는 계수로, 종합주가지수의 수익률이 1% 변할 때 개별 주식의 수익률이 얼마나 변하는가를 나타내며, 수익률의 민감도로 설명할 수 있다. 따라서 투자자는 주식시장이 호황에 진입할 경우 베타 계수가 큰 종목의 투자 비율을 높이지만 불황이 예상될 때 베타 계수가 작은 종목의 투자 비율을 높여 위험을 최소화할 수 있다.

① 비체계적 위험과 체계적 위험의 사례 분석
② 비체계적 위험을 활용한 경기 변동의 예측 방법
③ 비체계적 위험과 체계적 위험을 고려한 투자 전략
④ 종합주가지수 변동에 민감한 비체계적 위험의 중요성

05 다음 글의 내용으로 적절하지 않은 것은?

> 예술가는 작품에 하나의 의미만을 부여한다. 그러므로 예술 작품을 감상하는 사람이 한 작품을 두고 둘 이상의 의미로 해석하는 것은 모순이다. 어떤 특정한 시공간과 상황에서 예술 작품이 창작된다는 점을 전제한다면, 그 예술 작품의 해석은 창작의 과정과 맥락을 모두 종합할 때 가능해진다. 이럴 때 비로소 해석은 유의미해지는 것이다.
>
> 달리 말하면, 작품에 대한 해석은 작품의 내재적 요소만으로는 파악하기 어렵고, 그 작품을 창작한 작가의 경험과 사상, 시대 상황 등 외재적 요소까지 종합하여 살펴보아야 완전해진다. 차이코프스키의 '백조의 호수'와 피카소의 '게르니카'를 예로 들면, 이 작품들을 둘러싸고 있는 창작 맥락을 종합적으로 살펴야 유일한 의미를 찾아낼 수 있는 것이다.
>
> 위에서 말한 것처럼, 예술 작품의 해석은 작품의 단일한 의미를 찾아내는 데 목적이 있지만 실제로 그 목적이 꼭 실현되는 것은 아니다. 그것은 이론적으로 가능할 뿐 실제로 그것이 실현되기는 불가능해 보인다. 그렇더라도 우리는 모든 예술 작품의 단일한 의미를 찾으려고 노력해야 한다. 예술 작품의 해석이란 그러한 이상을 추구하는 부단한 여정이기 때문이다.

① 단지 작품만을 가지고는 예술가가 부여한 의미를 찾기 어렵다.
② 예술 작품의 해석 목적은 작품의 단일한 의미를 찾는 데 있다.
③ 작품의 내·외재적 요소를 통해 해석하면 반드시 작품의 단일한 의미를 찾을 수 있다.
④ 예술 작품에는 작가가 처한 상황이 반영된다.

06 다음 글의 빈칸에 들어갈 내용으로 가장 적절한 것은?

MZ세대 직장인을 중심으로 ‘조용한 사직’이 유행하고 있다. ‘조용한 사직’이라는 신조어는 한 미국인이 SNS에 소개하면서 큰 호응을 얻은 것으로 실제로 퇴사하진 않지만 최소한의 일만 하는 업무 태도를 말한다. 실제로 MZ세대 직장인은 적당히 하자라는 생각으로 주어진 업무는 하되 더 찾아서 하거나 스트레스 받을 수준으로 많은 일을 맡지 않고, 사내 행사도 꼭 필요할 때만 참여해 일과 삶을 철저히 분리하고 있다.
한 채용플랫폼의 설문조사 결과에 따르면 직장인 10명 중 7명이 ‘월급받는 만큼만 일하면 끝’이라고 답했고, 20대 응답자 중 78.5%, 30대 응답자 중 77.1%가 ‘받은 만큼만 일한다.’라고 답했다.
설문조사 결과 연령대가 높아질수록 그 비율은 감소해 젊은 층을 중심으로 이 같은 인식이 확산하고 있음을 짐작할 수 있다.
이러한 인식이 확산하는 데는 인플레이션으로 인한 임금 감소, ‘돈을 많이 모아도 집 한 채를 살 수 있을까?’ 등 전반적인 경제적 불만이 기저에 있다고 전문가들은 말했다. 또 MZ세대가 ‘노력에 상응하는 보상을 받고 있는지’에 민감하게 반응하는 특성을 가지고 있는 것도 한몫하고 있다.
문제점은 이러한 ‘조용한 사직’ 분위기가 기업의 전반적인 생산성 저하로 이어지고 있는 것이다. 이에 맞서 기업도 ‘조용한 사직’으로 대응해 게으른 직원에게 업무를 주지 않는 ‘조용한 해고’를 하는 상황이 발생하고 있다. 이에 전문가들은 MZ세대 직장인을 나태하다고 구분 짓는 사고방식은 잘못되었다고 지적하며, 기업 차원에서는 “＿＿＿＿＿＿＿＿＿＿＿＿＿＿＿＿＿＿＿＿”이, 개인 차원에서는 “스스로 일과 삶을 잘 조율하는 현명함을 만드는 것”이 필요하다고 언급했다.

① 직원이 일한 만큼 급여를 올려주는 것
② 직원이 스트레스를 받지 않게 적당량의 업무를 배당하는 것
③ 젊은 세대의 채용을 신중히 하는 것
④ 젊은 세대가 함께할 수 있도록 분위기를 만드는 것

07 다음 문단을 논리적 순서대로 바르게 나열한 것은?

(가) 문화재(문화유산)는 옛 사람들이 남긴 삶의 흔적이다. 그 흔적에는 유형의 것과 무형의 것이 모두 포함된다. 문화재 가운데 가장 가치 있는 것으로 평가받는 것은 다름 아닌 국보이며, 현행 문화재보호법 체계상 국보에 무형문화재는 포함되지 않는다. 즉 국보는 유형문화재만을 대상으로 한다.

(나) 국보 선정 기준에 따라 우리의 전통 문화재 가운데 최고의 명품으로 꼽힌 문화재로는 국보 1호 숭례문이 있다. 다음으로 온화하고 해맑은 백제의 미소로 유명한 충남 서산 마애여래삼존상은 국보 84호이다. 또한 긴 여운의 신비하고 그윽한 종소리로 유명한 선덕대왕신종은 국보 29호, 유네스코 세계유산으로도 지정된 석굴암은 국보 24호이다. 이렇듯 우리나라 전통문화의 상징인 국보는 다양한 국보 선정의 기준으로 선발된 것이다.

(다) 문화재보호법에 따르면 국보는 특히 "역사적 · 학술적 · 예술적 가치가 큰 것, 제작 연대가 오래되고 그 시대를 대표하는 것, 제작 의장이나 제작 기법이 우수해 그 유례가 적은 것, 형태 품질 용도가 현저히 특이한 것, 저명한 인물과 관련이 깊거나 그가 제작한 것" 등을 대상으로 한다. 이것이 국보 선정의 기준인 셈이다.

(라) 이처럼 국보 선정의 기준으로 선발된 문화재는 지금 우리 주변에서 여전히 숨쉬고 있다. 우리와 늘 만나고 우리와 늘 교류한다. 우리에게 감동과 정보를 주기도 하고, 때로는 이 시대의 사람들과 갈등을 겪기도 한다. 그렇기에 국보를 둘러싼 현장은 늘 역동적이다. 살아있는 역사라 할 수 있다. 문화재는 그 스스로 숨쉬면서 이 시대와 교류하기에, 우리는 그에 어울리는 시선으로 국보를 바라볼 필요가 있다.

① (가) – (나) – (라) – (다)
② (가) – (다) – (나) – (라)
③ (다) – (가) – (나) – (라)
④ (다) – (나) – (가) – (라)

08 다음 글의 주된 내용 전개 방식으로 가장 적절한 것은?

> 1972년 프루시너는 병에 걸린 동물을 연구하다가, 우연히 정상 단백질이 어떤 원인에 의해 비정상적인 구조로 변하면 바이러스처럼 전염되며 신경 세포를 파괴한다는 사실을 밝혀냈다. 프루시너는 이 단백질을 '단백질(Protein)'과 '바이러스 입자(Viroid)'의 합성어인 '프리온(Prion)'이라 명명하고 이를 학계에 보고했다.
> 프루시너가 프리온의 존재를 발표하던 당시, 분자 생물학계의 중심 이론은 1957년 크릭에 의해 주창된 '유전 정보 중심설'이었다. 이 이론의 핵심은 유전되는 모든 정보는 DNA 속에 담겨 있다는 것과, 유전 정보는 핵산(DNA, RNA)에서 단백질로만 이동이 가능하다는 것이다. 크릭에 따르면 모든 동식물의 세포에서 DNA의 유전 정보는 DNA로부터 세포핵 안의 또 다른 핵산인 RNA가 전사되는 과정에서 전달되고, 이 RNA가 세포질로 나와 단백질을 합성하는 번역의 과정을 통해 단백질로의 전달이 이루어진다. 따라서 단백질은 핵산이 없으므로 스스로 정보를 저장할 수 없고 자기 복제를 할 수 없다는 것이다.
> 그런데 프루시너는, 프리온이라는 단백질은 핵산이 아예 존재하지 않음에도 자기 복제를 한다고 주장하였다. 이 주장은 크릭의 유전 정보 중심설에 기반한 분자 생물학계의 중심 이론을 흔들게 된다. 아직 논란이 끝난 것은 아니지만 '자기 복제하는 단백질'이라는 개념이 분자 생물학자들에게 받아들여지기까지는 매우 험난한 과정이 필요했다. 과학자들은 충분하지 못한 증거를 가진 주장에 대해서는 매우 보수적일 뿐만 아니라, 기존의 이론으로 설명할 수 없는 현상을 대했을 때는 어떻게든 기존의 이론으로 설명해내려 노력하기 때문이다.
> 프루시너가 프리온을 발견한 공로로 노벨 생리학・의학상을 받은 것은 1997년에 이르러서였다.

① 특정 이론과 그에 대립하는 이론을 함께 설명하고 있다.
② 어떤 현상을 비판하고 그에 대한 반박 가능성을 예측하고 있다.
③ 특정 이론을 실제 사례에 적용하여 실현 가능성을 검토하고 있다.
④ 현상에 대한 여러 관점을 소개한 뒤, 각 관점의 장단점을 평가하고 있다.

09 다음 글에 대한 비판으로 가장 적절한 것은?

> "향후 은행 서비스(Banking)는 필요하지만 은행(Bank)은 필요 없을 것이다." 최근 4차 산업혁명으로 대변되는 빅데이터, 사물인터넷, AI, 블록체인 등 신기술이 금융업을 강타하면서 빌 게이츠의 20년 전 예언이 화두로 부상했다. 모든 분야에서 초연결화, 초지능화가 진행되고 있는 4차 산업혁명이 데이터 주도 경제를 열어가면서 데이터에 기반을 둔 금융업에도 변화의 물결이 밀려들고 있다. 이미 전통적인 은행, 증권, 보험, 카드업 등 전 분야에서 금융기술기업인 소위 '핀테크(Fin-tech)'가 출현하면서 금융서비스의 가치 사슬이 해체되기 시작한 것이다. 이전에는 상상조차 하지 못했던 IT 등 이종 업종의 금융업 진출도 활발하게 이루어지면서 전통 금융회사들을 위협하고 있다.
>
> 빅데이터, 사물인터넷, 인공지능, 블록체인 등 새로운 기술로 무장한 4차 산업혁명으로 인해 온라인 플랫폼을 통한 크라우드 펀딩 등 P2P 금융의 출현, 로보어드바이저에 의한 저렴한 자산관리서비스의 등장, 블록체인 기술기반의 송금 등 다양한 가치 거래의 탈중계화가 진행되면서 금융 중계, 재산 관리, 위험 관리, 지급결제 등 금융의 본질적인 요소들이 변화하고 있는 것은 아닌지 의구심이 일어나고 있는 것이다. 혹자는 이들 변화의 종점에 금융의 정체성 상실이 기다리고 있다며 금융업 종사자의 입장에서 보면 우울한 전망마저 내놓고 있다. 금융도 디지털카메라의 등장으로 사라진 필름회사 코닥과 같은 비운을 피하기 어렵다며 금융의 종말(The Demise of Banking), 은행의 해체(Unbundling the Banks), 탈중계화, 플랫폼 혁명(Platform Revolution) 등 다양한 화두가 미디어의 전면에 등장하고 있다.

① 로보어드바이저에 의한 자산관리서비스는 범죄에 악용될 위험이 크다.
② 금융 발전의 미래를 위해 금융업에 있어 인공지능의 도입을 막아야 한다.
③ 금융의 종말을 방지하기 위해서라도 핀테크 도입의 법적인 제도 마련이 필요하다.
④ 기술 발전은 금융업에 있어 효율성 향상이라는 제한적인 틀에서 크게 벗어나지 못했다.

10 다음 글의 내용으로 가장 적절한 것은?

> 사람의 키는 주로 다리뼈의 길이에 의해서 결정된다. 다리뼈는 뼈대와 뼈끝판 그리고 뼈끝으로 구성되어 있다. 막대기 모양의 뼈대는 뼈 형성세포인 조골세포를 가지고 있다. 그리고 뼈끝은 다리뼈의 양쪽 끝 부분이며 뼈끝과 뼈대의 사이에는 여러 개의 연골세포층으로 구성된 뼈끝판이 있다. 뼈끝판의 세포층 중 뼈끝과 경계면에 있는 세포층에서만 세포분열이 일어난다.
> 연골세포의 세포분열이 일어날 때 뼈대 쪽에 가장 가깝게 있는 연골세포의 크기가 커지면서 뼈끝판이 두꺼워진다. 크기가 커진 연골세포는 결국 죽으면서 빈 공간을 남기고 이렇게 생긴 공간이 뼈대에 있는 조골세포로 채워지면서 뼈가 형성된다. 이 과정을 되풀이하면서 뼈끝판이 두꺼워지는 만큼 뼈대의 길이 성장이 일어나는데, 이는 연골세포의 분열이 계속되는 한 지속된다.
> 사춘기 동안 뼈의 길이 성장에는 여러 호르몬이 관여하는데, 이 중 뇌에서 분비하는 성장호르몬은 직접 뼈에 작용하여 뼈를 성장시킨다. 또한 성장호르몬은 간세포에 작용하여 뼈의 길이 성장 과정 전체를 촉진하는 성장인자를 분비하도록 한다. 이외에도 갑상샘 호르몬과 남성호르몬인 안드로겐도 뼈의 길이 성장에 영향을 미친다. 성장호르몬이 뼈에 작용하기 위해서는 갑상샘 호르몬의 작용이 있어야 하기 때문에 갑상샘 호르몬은 뼈의 성장에 중요한 요인이다. 안드로겐은 뼈의 성장을 촉진함으로써 사춘기 아이의 급격한 성장에 일조한다. 부신에서 분비되는 안드로겐은 이 시기에 나타나는 뼈의 길이 성장에 관여한다. 하지만 사춘기가 끝날 때 안드로겐은 뼈끝판 전체에서 뼈가 형성되도록 하여 뼈의 길이 성장을 정지시킨다. 결국 사춘기 이후에는 호르몬에 의한 뼈의 길이 성장이 일어나지 않는다.

① 사춘기 이후에 뼈의 길이가 성장하였다면, 호르몬이 그 원인이다.
② 사람의 키를 결정짓는 다리뼈는 연골세포의 분열로 인해 성장하게 된다.
③ 뼈끝판의 세포층 중 뼈대와 경계면에 있는 세포층에서만 세포분열이 일어난다.
④ 뼈의 성장을 촉진시키는 호르몬인 안드로겐은 남성호르몬으로, 여자에게서는 생성되지 않는다.

11 다음 글에서 〈보기〉가 들어갈 위치로 가장 적절한 곳은?

밥상에 오르는 곡물이나 채소가 국내산이라고 하면 보통 그 종자도 우리나라의 것으로 생각하기 쉽다. (가) 하지만 실상은 벼, 보리, 배추 등을 제외한 많은 작물의 종자를 수입하고 있어 그 자급률이 매우 낮다고 한다. (나) 또한 청양고추 종자는 우리나라에서 개발했음에도 현재는 외국 기업이 그 소유권을 가지고 있다. 국내 채소 종자 시장의 경우 종자 매출액의 50%가량을 외국 기업이 차지하고 있다는 조사 결과도 있다. (다) 이런 상황이 지속될 경우, 우리 종자를 심고 키우기 어려워질 것이고 종자를 수입하거나 로열티를 지급하는 데 지금보다 훨씬 많은 비용이 들어가는 상황도 발생할 수 있다. (라) 또한 전문가들은 세계 인구의 지속적인 증가와 기상 이변 등으로 곡물 수급이 불안정하고 국제 곡물 가격이 상승하는 상황을 고려할 때, 결국에는 종자 문제가 식량 안보에 위협 요인으로 작용할 수 있다고 지적한다.

〈보기〉

양파, 토마토, 배 등의 종자 자급률은 약 16%, 포도는 약 1%에 불과하다.

① (가) ② (나)
③ (다) ④ (라)

12 다음 글 뒤에 이어질 내용으로 가장 적절한 것은?

언론 보도에 노출된 범죄 피의자는 경제적 · 직업적 · 가정적 불이익을 당할 뿐만 아니라, 인격이 심하게 훼손되거나 심지어는 생명을 버리기까지도 한다. 따라서 사회적 공기(公器)인 언론은 개인의 초상권을 존중하고 언론 윤리에 부합하는 범죄 보도가 될 수 있도록 신중을 기해야 한다. 범죄 보도가 초래하는 법적 · 윤리적 논란은 언론계 전체의 신뢰도에 치명적인 손상을 가져올 수도 있다.

① 다시 말해, 기자정신을 갖지 않는 기자가 많아졌다는 말이다.
② 범죄 보도를 통하여 국민들에게 범죄에 대한 경각심을 키워줄 수 있다.
③ 이는 범죄가 언론에는 매혹적인 보도 소재이지만, 자칫 부메랑이 되어 언론에 큰 문제를 일으킬 수 있다는 말이다.
④ 언론에 의한 초상권 침해의 유형으로는 본인의 동의를 구하지 않은 무단 촬영 · 보도, 승낙의 범위를 벗어난 촬영 · 보도, 몰래 카메라를 동원한 촬영 · 보도 등을 들 수 있다.

13 다음 글을 읽고 추론한 내용으로 가장 적절한 것은?

> EU는 1995년부터 철제 다리 덫으로 잡은 동물 모피의 수입을 금지하기로 했다. 모피가 이런 덫으로 잡은 동물의 것인지, 아니면 상대적으로 덜 잔혹한 방법으로 잡은 동물의 것인지 구별하는 것은 불가능하다. 그렇기 때문에 EU는 철제 다리 덫 사용을 금지하는 나라의 모피만 수입하기로 결정했다. 이런 수입 금지 조치에 대해 미국, 캐나다, 러시아는 WTO에 제소하겠다고 위협했다. 결국 EU는 WTO가 내릴 결정을 예상하여 철제 다리 덫으로 잡은 동물의 모피를 계속 수입하도록 허용했다.
>
> 또한 1998년부터 EU는 화장품 실험에 동물을 이용하는 것을 금지했을 뿐만 아니라, 동물실험을 거친 화장품의 판매조차 금지하는 법령을 채택했다. 그러나 동물실험을 거친 화장품의 판매 금지는 WTO 규정 위반이 될 것이라는 유엔의 권고를 받았다. 결국 EU의 판매 금지는 실행되지 못했다.
>
> 한편 그 외에도 EU는 성장 촉진 호르몬이 투여된 쇠고기의 판매 금지 조치를 시행하기도 했다. 동물복지를 옹호하는 단체들이 소의 건강에 미치는 영향을 우려해 호르몬 투여 금지를 요구했지만, EU가 쇠고기 판매를 금지한 것은 주로 사람의 건강에 대한 염려 때문이었다. 미국은 이러한 판매 금지 조치에 반대하며 EU를 WTO에 제소했다. 결국 WTO 분쟁패널로부터 호르몬 사용이 사람의 건강을 위협한다고 믿을 만한 충분한 과학적 근거가 없다는 판정을 이끌어 내는 데 성공했고, EU는 항소했다. 그러나 WTO의 상소 기구는 미국의 손을 들어주었다. 그럼에도 불구하고 EU는 금지 조치를 철회하지 않았다. 이에 미국은 1억 1,600만 달러에 해당하는 EU의 농업 생산물에 100% 관세를 물리는 보복 조치를 발동했고 WTO는 이를 승인했다.

① EU는 환경의 문제를 통상 조건에서 최우선적으로 고려한다.

② WTO는 WTO 상소기구의 결정에 불복하는 경우 적극적인 제재 조치를 취한다.

③ WTO는 사람의 건강에 대한 위협을 방지하는 것보다 국가 간 통상의 자유를 더 존중한다.

④ WTO는 제품의 생산과정에서 동물의 권리를 침해한다는 이유로 해당 제품 수입을 금지하는 것을 허용하지 않는다.

14 다음은 일학습병행제 운영 및 평가 규정의 일부이다. 사업주가 변경예정일을 일주일 앞두고 훈련과 관련된 사항을 변경하고자 할 때, 변경 승인 요청이나 신고가 불가능한 것은?

〈일학습병행제 운영 및 평가 규정〉

훈련 실시(제8조)

⑤ 사업주 또는 공동훈련센터는 훈련계획 등의 변경을 원하거나 기업 등의 정보에 변경이 있을 경우 사전에 관할 공단 지부・지사에 변경사항에 대한 승인을 요청하거나 신고하여야 한다. 승인요청 또는 신고사항은 별표 1과 같다.

※ 별표 1 훈련 실시 변경 세부 내용

훈련 실시 신고 변경 승인사항	훈련 실시 신고 변경 신고사항	훈련 실시 신고 변경 불가사항
〈변경예정일 4일 전까지〉 • 기업이나 현장외교육훈련기관(공동훈련센터 포함)의 명칭・소재지(관할 공단 지부・지사가 변경되는 경우) • 훈련과정을 인정받은 사업주의 성명(법인인 경우에는 법인명) • 훈련장소(소재지 관할 공단 지부・지사가 변경되는 경우) • 기업현장교사 〈변경예정일 전일까지〉 • 훈련시간표	〈변경예정일 전일까지〉 • HRD담당자	① 훈련내용 ② 훈련방법 ③ 훈련과정 명칭 ④ 훈련기간 ⑤ 훈련시간

① 훈련기관의 명칭
② 훈련시간
③ HRD담당자
④ 훈련시간표

15 다음은 은행연합회에서 국군병사들을 대상으로 한 적금상품 관련 질문과 답변을 정리한 자료이다. 이에 대한 내용으로 적절하지 않은 것은?

> Q. 종전 국군병사 적금상품 가입자도 새로운 적금상품에 가입할 수 있나?
> - 종전 적금상품 가입자도 잔여 복무기간 중에는 새로운 적금상품에 추가로 가입할 수 있습니다. 다만, 종전 적금을 해지하고 신규 적금상품에 가입하려는 경우에는 종전 적금의 중도해지에 따른 불이익, 잔여 복무기간 등을 종합적으로 고려하여 판단할 필요가 있습니다(예 종전 적금의 적립기간이 긴 경우, 새로운 적금에 단기간 가입하기보다는 금리수준이 높은 종전 적금을 계속 유지하는 것이 유리할 수 있음).
>
> Q. 종전 국군병사 적금상품에 대해서는 재정·세제지원 등 추가 인센티브 제공이 불가한지?
> - 현행 국군병사 적금의 경우 국방부와 협약을 체결한 2개 은행이 자율적으로 운영하고 있는 상품으로서, 적립기간 산정방식 등 상품조건이 신규 상품과는 상이하며, 재정·세제지원을 위한 체계적인 관리도 현실적으로 어려운 상황입니다. 따라서 관리시스템이 구축될 신규 적금상품부터 법령개정을 거쳐 추가 인센티브 부여를 추진할 예정이며, 가입자의 혼란 방지 등을 위해 신규상품 출시 후 종전 병사 적금상품 신규 가입은 중단할 계획입니다(계속 적립은 허용).
>
> Q. 병사 개인당 최대 월적립한도가 40만 원인데, 은행 적금상품 월적립한도를 20만 원으로 다르게 한 이유는?
> - 국군병사 적금상품은 은행권이 금융의 사회적 책임 이행 등의 차원에서 참여하는 사업으로, 단기간 내 월적립한도 등을 급격히 조정하기에는 어려운 측면이 있습니다. 우선, 금번 신규 상품 출시 단계에서는 은행별 월적립한도를 현행 10만 원에서 20만 원으로 2배 수준으로 늘리되, 향후 적금상품 운용 경과, 병사급여 인상 추이 등을 감안하여 월적립한도 상향 등을 단계적으로 협의해 나갈 계획입니다.
>
> Q. 적금가입 시 '가입자격 확인서'는 어떻게 발급받는 것인지?
> - 역종별로 국방부(현역병), 병무청(사회복무요원) 등 신원확인·관리 기관에서 가입자격 확인서를 발급할 예정입니다. 병사들의 가입 편의, 신원확인의 신뢰성 제고 등을 위해 가입확인서는 통일된 양식을 활용하고, 비대면 발급방식 등도 활성화 할 계획입니다.
>
> Q. 적금상품 통합공시 사이트는 어떻게 조회하나?
> - 통합공시 사이트는 현행 은행연합회 홈페이지의 '은행상품 비교공시' 메뉴 내에 구축될 예정입니다. 향후 상품 출시시기에 맞춰 은행연합회 팝업창, 참여은행 홈페이지 연계 등을 통해 적극 홍보할 계획입니다.

① 국군병사 적금상품의 월적립한도는 더 상향될 수 있다.

② 적금상품 통합공시 사이트는 상품 출시시기에 맞춰 적극 홍보될 예정이다.

③ 종전 적금상품을 해지하고 신규 적금상품에 가입하는 것은 효율적이지 않다.

④ 관리시스템이 구축될 신규 적금상품부터 추가 인센티브 부여를 추진할 예정이다.

16 다음은 H은행 홈페이지에 게시된 금융소비자 보호의 의미를 설명하는 자료이다. (가) ~ (다)에 소제목을 적고자 할 때, 적절하지 않은 것은?

금융소비자 보호란?

소비자의 권익을 보호하고 금융거래에서 불이익을 받지 않도록 하기 위한 전반적인 활동을 말합니다.

(가)	(나)
– 정보보호 표준관리체계 마련 – 전산시스템 및 데이터 보호를 위한 보안 조치 및 위험관리	– 상품판매 절차와 운영기준 마련 – 판매직원에 대한 모니터링, 교육 등 예방 활동 – 상품개발 및 마케팅 등 금융소비자 권익 침해 요소 점검
(다)	**적극적인 피해 구제**
– 전자금융사기 방어장치 마련 – 각종 사기유형 대고객 안내 – 대포통장 발생 방지 – 전화사기 피해금 환급	– 신속한 민원처리 및 개선 – 원활한 금융소비자 피해구제를 위한 분쟁조정심의회 운영 – 금융소비자 중심의 적극적 제도개선을 위한 금융소비자보호협의회 운영

① 불완전판매 예방
② 재무현황 안내
③ 개인정보 보호
④ 금융사기로부터 보호

17 다음은 H공단 규정의 일부이다. H공단 감사의 역할로 적절하지 않은 것은?

> **제4조 감사의 직무**
> 감사는 다음 각 호의 사항을 감사한다.
> 1. 공단의 회계 및 업무
> 2. 관계 법령·정관 또는 다른 규정이 정하는 사항
> 3. 이사장 또는 비상임이사 2인 이상의 연서로 요구하는 사항
> 4. 근무기강, 진정 및 민원 등의 사항
> 5. 그 밖에 관계기관이 요구하는 사항
>
> **제4조의2 감사활동의 독립성 등**
> ① 감사부서는 감사를 효과적으로 수행할 수 있는 적정규모의 조직, 인원, 예산을 확보하여야 하며, 감사는 이사장에게 필요한 지원을 요구할 수 있다.
> ② 감사인은 다른 법령에 특별한 규정이 있는 경우를 제외하고는 감사업무의 수행을 위하여 수감부서 등의 업무와 관련된 장소, 기록 및 정보에 대하여 완전하고 자유롭게 접근할 수 있다.
> ③ 감사활동 예산은 임의로 삭감할 수 없으며 예산요구내역을 최대한 반영하여야 한다.
> ④ 감사부서는 배정된 연간 총예산의 범위에서 자율적으로 집행할 수 있다.
>
> **제6조의3 독립성 등**
> ① 감사인은 감사업무를 수행함에 있어 독립성을 유지하여야 한다.
> ② 감사인은 다음 각 호의 어느 하나에 해당하는 경우 해당 감사에 관여할 수 없다.
> 1. 감사인이 감사업무 수행과 관련하여 혈연 등 개인적인 연고나 경제적 이해관계로 인해 감사계획, 감사실시 및 감사결과의 처리 과정에 영향을 미칠 우려가 있는 경우
> 2. 감사인이 감사대상업무의 의사결정과정에 직·간접적으로 관여한 경우
>
> ③ 감사인은 실지감사 시행 전에 감사인 행동강령 등에 따라 자가점검을 시행하고 그 결과를 감사실장에게 보고하여야 한다.
>
> **제6조의4 감사인의 보직 등**
> ① 감사인의 보직 및 전보는 감사의 요구에 따라 이사장이 행한다. 다만, 감사의 요구에 따를 수 없는 특별한 사유가 있으면 그 사유를 서면으로 설명하여야 한다.
> ② 감사인이 법령위반, 그 직무를 성실히 수행하지 아니한 경우 또는 제1항의 규정에 따른 감사의 요구가 있는 경우를 제외하고는 신분상 불리한 처분을 받지 아니한다.
> ③ 감사인은 전문성 제고 등을 위해 3년 이상 근무하는 것을 원칙으로 한다. 다만, 감사가 요구하거나 징계처분을 받은 경우에는 그렇지 않다.

① 공단의 이사장이 요구하는 사항에 대해 감사한다.
② 공단의 이사장에게 감사 수행에 필요한 지원을 요구한다.
③ 의사결정과정에 간접적으로 관여했던 업무를 감사한다.
④ 실지감사 시행 전 자가점검 시행 결과를 감사실장에게 보고한다.

18 다음은 주요 선진국과 BRICs의 고령화율에 대한 자료이다. 2040년의 고령화율이 2010년 대비 2배 이상이 되는 나라를 모두 고르면?

〈주요 선진국과 BRICs 고령화율〉

(단위 : %)

구분	한국	미국	프랑스	영국	독일	일본	브라질	러시아	인도	중국
1990년	5.1	12.5	14.1	15.7	15.0	11.9	4.5	10.2	3.9	5.8
2000년	7.2	12.4	16.0	15.8	16.3	17.2	5.5	12.4	4.4	6.9
2010년	11.0	13.1	16.8	16.6	20.8	23.0	7.0	13.1	5.1	11.2
2020년	15.7	16.6	20.3	18.9	23.1	28.6	9.5	14.8	6.3	11.7
2030년	24.3	20.1	23.2	21.7	28.2	30.7	13.6	18.1	8.2	16.2
2040년	33.0	21.2	25.4	24.0	31.8	34.5	17.6	18.3	10.2	22.1

① 한국, 미국, 일본
② 한국, 브라질, 인도
③ 미국, 일본, 브라질
④ 미국, 브라질, 인도

19 다음은 H은행의 보험상품 '노란우산'에 대한 자료이다. 빈칸 A, B, C에 들어갈 내용을 바르게 연결한 것은?

〈노란우산〉

- 상품설명
  소기업·소상공인이 폐업이나 노령 등의 생계위협으로부터 생활의 안정을 기하고, 사업재기의 기회를 얻을 수 있도록 중소기업협동조합법 제115조에 따라 중소기업중앙회가 관리 운용하는 사업주의 퇴직금(목돈)마련을 위한 공제제도
- 상품혜택
  - 연간 최대 500만 원 소득공제
  - 납입부금에 대해 연간 최대 500만 원 소득공제 혜택 부여

구분	사업(또는 근로) 소득금액	최대소득공제한도	예상세율	최대절세효과
개인·법인	4천만 원 이하	(A)	6.6 ~ 16.5%	330,000 ~ 825,000원
개인	4천만 원 초과 1억 원 이하	300만 원	16.5 ~ 38.5%	(B)
법인	4천만 원 초과 5,675만 원 이하			
개인	1억 원 초과	200만 원	(C)	770,000 ~ 924,000원

※ 위 예시는 노란우산 소득공제만 받았을 경우의 예상 절세효과 금액임
※ 20××년 종합소득세율(지방소득세 포함) 적용 시 절세효과이며, 세법 제·개정에 따라 변경될 수 있음
※ 법인대표자는 총급여 약 7천만 원(근로소득금액 5,675만 원) 초과 시 근로소득금액에서 소득공제를 받을 수 없음
※ 부동산임대업소득은 소득공제를 받을 수 없음

① (A) : 450만 원
② (B) : 495,000 ~ 1,135,000원
③ (B) : 475,000 ~ 1,155,000원
④ (C) : 38.5 ~ 46.2%

20 다음은 H은행의 어린이보험상품 '지킴이'에 대한 자료의 일부이다. 빈칸 A, B, C에 들어갈 수치를 바르게 짝지은 것은?

〈지킴이〉

보험료 변동 없이 최대 100세까지 보장하는 상품으로, 다자녀·다문화 가정의 경우 최대 3%까지 할인 혜택이 적용됩니다. 이외에도 부모가 3대 질병 진단 시 보험료 납입이 면제되는 어린이보험상품입니다.

• 해지환급금 예시
  – 보험가입금액 2,500만 원, 남자 5세, 30세 만기, 10년 납입 기준

(단위 : 만 원, %)

경과기간	순수보장형			환급형		
	납입보험료 누계액	해지 환급금	환급률	납입보험료 누계액	해지 환급금	환급률
1년	22	0	0	120	0	0
3년	(A)	9.2	14	360	162	45
5년	110	22	20	600	396	66
10년	220	143	65	1,200	1,056	88
20년	220	(B)	15	1,200	1,140	(C)
만기	220	0	0	1,200	1,200	100

※ 보험계약을 중도에 해지할 경우 해지환급금은 납입한 보험료에서 경과된 기간의 위험보험료 및 미상각계약체결비용 등이 차감되므로 납입보험료보다 적거나 없을 수도 있음

	(A)	(B)	(C)
①	66	33	90
②	66	33	95
③	110	22	90
④	220	22	95

21 다음은 금융소비자 보호 실태평가에 따른 민원 발생 현황에 대한 자료이다. 이에 대한 설명으로 옳지 않은 것은?

〈금융민원 발생 건수〉

구분	민원 건수(고객 십만 명당 건)		민원 건수(건)	
	2023년	2024년	2023년	2024년
A은행	5.62	4.64	1,170	1,009
B은행	5.83	4.46	1,695	1,332
C은행	4.19	3.92	980	950
D은행	5.53	3.75	1,530	1,078

① 금융민원 발생 건수는 전반적으로 전년 대비 감축했다고 평가할 수 있다.
② 2024년에 가장 많은 고객을 보유하고 있는 은행은 금융민원 건수가 가장 많다.
③ C은행은 2024년 금융 민원 건수가 가장 적지만, 전년 대비 민원감축률은 약 3.1%로 가장 미미한 수준이다.
④ 금융민원 건수 감축률을 기준으로 금융소비자 보호 수준을 평가했을 때 D－A－B－C 순서로 우수하다.

22 다음은 2020년부터 2025년까지의 우리나라 인구성장률과 합계출생률에 대한 자료이다. 이에 대한 설명으로 옳지 않은 것은?

〈인구성장률〉

(단위 : %)

구분	2020년	2021년	2022년	2023년	2024년	2025년
인구성장률	0.53	0.46	0.63	0.53	0.45	0.39

〈합계출생률〉

(단위 : 명)

구분	2020년	2021년	2022년	2023년	2024년	2025년
합계출생률	1.297	1.187	1.205	1.239	1.172	1.052

※ 합계출생률 : 가임 기간의 여성 1명이 평생 낳을 것으로 예상하는 평균 출생아 수

① 2025년 인구성장률은 2022년 대비 40% 이상 감소하였다.
② 우리나라 인구성장률은 2022년 이후로 계속해서 감소하고 있다.
③ 2020년부터 2025년까지 인구성장률이 가장 낮았던 해는 합계출생률도 가장 낮았다.
④ 2020년부터 2025년까지 인구성장률과 합계출생률이 두 번째로 높은 해는 2023년이다.

23 다음은 보건복지부에서 집계한 연도별 주요 암 조발생률 추이에 대한 자료이다. 이에 대한 설명으로 옳지 않은 것은?

〈연도별 주요 암 조발생률 추이〉

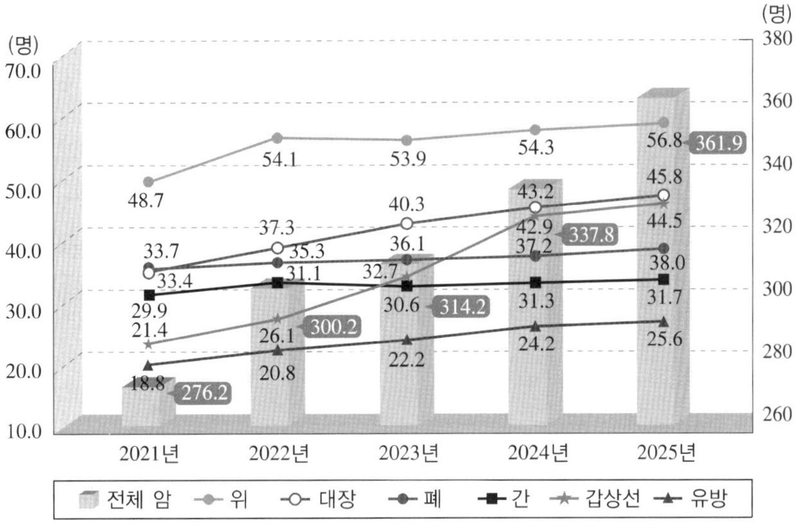

※ 2021 ~ 2025년의 매년 인구증가율 : 평균 1.54%

※ 조발생률 추이 : 관할기간 동안 새롭게 발생한 암 환자수 추이

① 매년 가장 많이 증가하고 있는 암은 갑상선암이다.

② 전체 암의 증가율은 매년 인구증가율 평균보다 높다.

③ 어떤 종류의 암은 전년 대비 증가율이 낮아진 것도 있다.

④ 2021년 대비 2025년의 증가율이 가장 낮은 암은 간암이다.

24 다음은 엔화 대비 원화 환율과 달러화 대비 환율 추이에 대한 자료이다. 이에 대한 설명으로 옳은 것을 〈보기〉에서 모두 고르면?

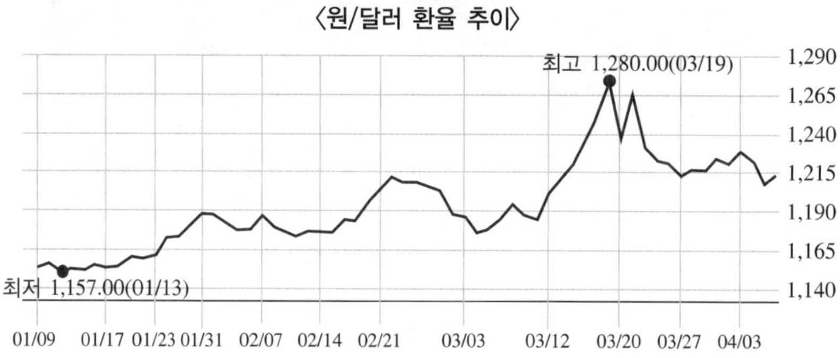

〈보기〉

ㄱ. 원/엔 환율은 3월 한 달 동안 1,200원을 웃도는 수준에서 등락을 반복했다.
ㄴ. 2월 21일의 원/달러 환율은 지난주보다 상승하였다.
ㄷ. 3월 12일부터 3월 19일까지 달러화의 강세가 심화하는 추세를 보였다.
ㄹ. 3월 27일의 달러/엔 환율은 3월 12일보다 상승하였다.

① ㄱ, ㄴ
② ㄱ, ㄷ
③ ㄴ, ㄷ
④ ㄴ, ㄹ

25 H은행의 경제연구소에 근무하는 귀하는 비금융기관 수익성 분석 파트에 수록할 보고서를 작성하고 있다. 보고서 초안을 검토한 귀하의 상사는 데이터를 가시적으로 파악할 수 있도록 수정하라는 지시를 하였다. 다음 자료를 바탕으로 귀하가 새롭게 작성한 그래프로 옳지 않은 것은?

〈비금융기관 총자산순이익률(ROA)〉

(단위 : %)

구분		보험	상호금융	증권	여신전문	저축은행
2023년	1/4분기	0.8	0.4	0.4	1.1	−4.3
	2/4분기	0.7	0.3	0.4	1	−2.3
	3/4분기	0.7	0.3	0.2	1.1	−1.6
	4/4분기	0.6	0.4	0.1	1.7	−2.1
2024년	1/4분기	0.7	0.4	0	1.6	−1.7
	2/4분기	0.7	0.4	0.1	1.6	−1.2
	3/4분기	0.7	0.4	0.4	1.6	−0.9
	4/4분기	0.7	0.4	0.6	1.8	0.3
2025년	1/4분기	0.7	0.4	0.8	1.8	0.8
	2/4분기	0.8	0.4	1.1	1.7	1.3
	3/4분기	0.7	0.4	1	1.6	1.7

① 보험회사 총자산순이익률

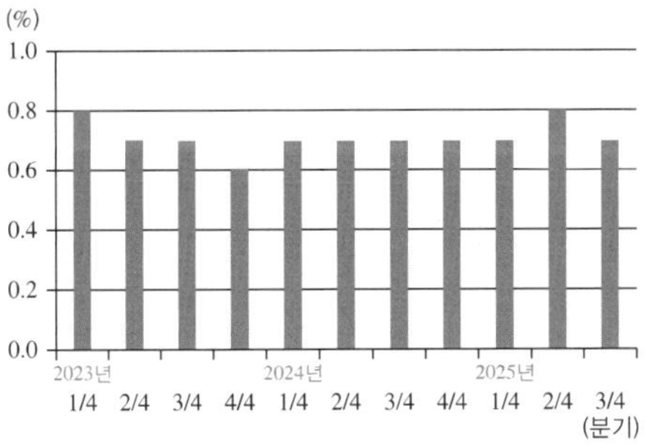

② 상호금융 총자산순이익률

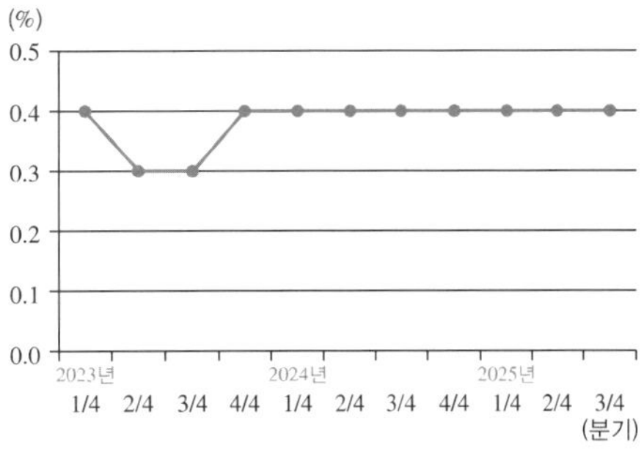

③ 저축은행 총자산순이익률

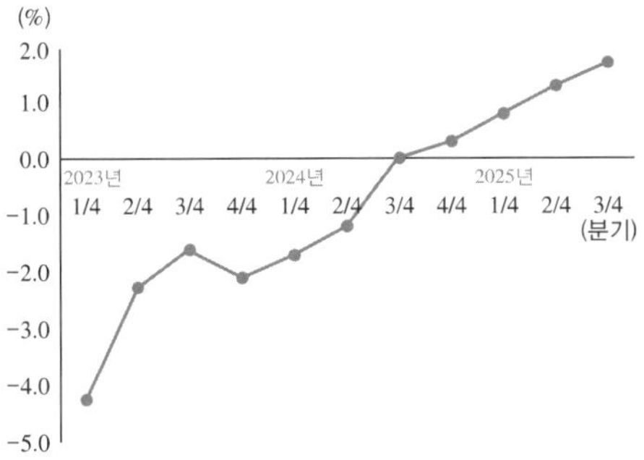

④ 여신전문회사 총자산순이익률

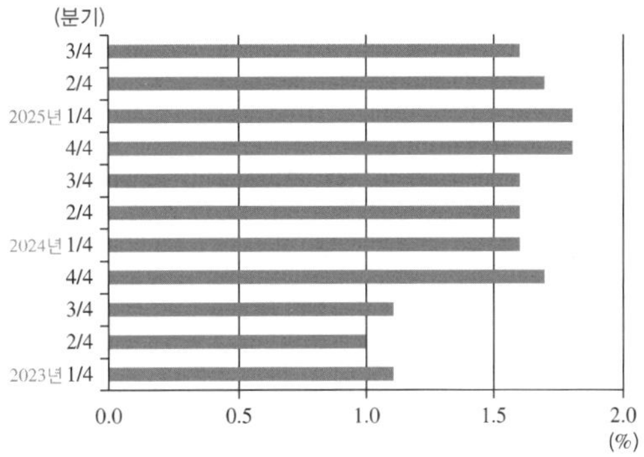

26 다음 고객 정보를 참고하여 H은행의 행원인 A씨가 고객에게 안내해야 할 중도상환수수료 금액은?

〈고객 정보〉

■ **2024년 3월 初, 담보대출 실행**

- 대출원금 : 24,000,000원
- 대출이자 : 4%
- 대출기간 : 60개월
- 상환방식 : 원금균등(매월 말 상환)

■ **2025년 9월 初, 남은 대출원금 전액 중도상환**

- [중도상환수수료(100원 미만 절사)]=(중도상환원금)×(중도상환수수료율)×$\frac{(3년)-(대출경과월수)}{(3년)}$
- 중도상환수수료율

대출상환기간	3 ~ 12개월	13 ~ 24개월	25 ~ 36개월
수수료율(%)	3.5	2.5	2.0

※ 3년 이후 중도상환 시 면제

① 210,000원
② 220,000원
③ 230,000원
④ 240,000원

27 수연이는 뉴욕 여행 전에 은행별 환율 우대사항을 찾아보고, H은행에서 환율 우대 조건으로 우대환율 70%를 적용받아 9월 14일에 500달러, 9월 15일에 300달러를 환전하였다. 하지만 여행에서 카드만 사용하였고, 환전한 현금은 H은행에서 10월 16일부터 20일까지 환율 이벤트로 우대환율 20%가 추가 적용되기 때문에 이때 팔려고 한다. 다음 자료에 따라 현금을 모두 팔 때, 날짜별 이익 및 손해 금액을 바르게 짝지은 것은?(단, 다른 수수료는 적용하지 않는다)

〈일일 달러 환율 금액〉

(단위 : 원/달러)

구분	9월 14일	9월 15일	10월 16일	10월 19일	10월 20일
매매기준율	1,140	1,145	1,158	1,150	1,143
현찰 살 때	1,152	1,155	1,170	1,160	1,155
현찰 팔 때	1,128	1,135	1,146	1,140	1,131

※ 환율우대 적용
- 현찰 살 때 적용환율 : (살 때 환율)−[(살 때 환율)−(매매기준율)]×(우대환율)
- 현찰 팔 때 적용환율 : (팔 때 환율)+[(매매기준율)−(팔 때 환율)]×(우대환율)

	날짜	차액
①	10월 16일	9,240원 손해
②	10월 19일	3,000원 손해
③	10월 19일	9,240원 이익
④	10월 20일	2,760원 손해

28 사회초년생인 K씨는 부모님의 결혼기념일을 맞이하여 커플 등산복 2벌을 선물해드리기로 결심했다. 백화점에 방문하여 등산복 2벌을 45만 원에 5개월 할부로 결제하였다. 다음의 할부수수료 부과 방식을 참고할 때, K씨가 지불한 할부수수료의 총액은?

■ 신용카드 할부수수료율

구분	2개월 미만	3 ~ 5개월	6 ~ 9개월	10 ~ 12개월
수수료율(연 %)	12	14	16	18

■ 할부수수료 계산 관련 공식

- (할부수수료)=(할부잔액)×(할부수수료율)÷12
- (할부잔액)=(이용원금)−(기결제원금)
- 회차별 이용원금 상환금액은 균등분할로 함

① 15,750원
② 16,500원
③ 17,050원
④ 19,500원

29 A고객은 H은행으로부터 예금만기 통보 문자를 받고 은행을 방문하였다. A고객이 가입한 상품의 정보가 다음과 같을 때, A고객이 수령할 수 있는 금액은?

〈H은행 꿈드림 예금상품〉

- 가입자 : 본인
- 가입기간 : 20개월
- 저축금액 : 1백만 원
- 저축방법 : 거치식
- 이자지급방식 : 만기일시지급, 단리식
- 기본이자율(계약 당시, 세전)

1개월 이상	6개월 이상	12개월 이상	24개월 이상	36개월 이상	48개월 이상
연 0.75%	연 1.20%	연 1.30%	연 1.35%	연 1.50%	연 1.60%

- 우대금리(세전)
  - 계약 당시 자신이 세운 목표 혹은 꿈을 성취했을 경우 : 0.1%p 가산
  - 본인의 추천으로 해당 상품을 지인이 가입할 경우 : 0.1%p 가산
  - 타인의 추천으로 해당 상품을 본인이 가입할 경우 : 0.1%p 가산
- 기타사항
  - A고객은 지인으로부터 추천을 받아 해당 상품을 가입하였음
  - 해당 상품 계약 시 세운 목표를 성취하였으며, 은행에서 확인받음
  - 해당 상품에서 발생하는 이자는 15.4%가 과세됨

① 1,019,000원
② 1,019,800원
③ 1,020,050원
④ 1,021,150원

30 사회초년생인 A씨는 집을 구매하기 위해 매년 말에 1,000만 원씩 저축을 하였다. 그런데 가입 후 6년 초에 사정이 생겨 저축한 돈을 찾으려고 한다. 이 상품이 연이율 8%, 단리로 계산된다면 A씨가 일시에 받을 수 있는 금액은?

① 5,200만 원
② 5,400만 원
③ 5,800만 원
④ 6,400만 원

31 A와 B는 은행으로부터 300만 원을 빌렸다. A는 1개월 후부터 12회에 걸쳐서 빌린 돈을 갚은 반면, B는 7개월 후부터 6회에 걸쳐서 빌린 돈을 갚았다. 이때, A와 B의 1회당 갚는 돈의 차액은?(단, 월 이자율은 2.0%이고, 매월 복리로 계산하며, 천 원 단위 이하는 버림하고, $1.02^{12}=1.27$, $1.02^{6}=1.13$으로 계산한다)

① 10만 원
② 20만 원
③ 30만 원
④ 40만 원

32 이자를 포함해 4년 후 2,000만 원을 갚기로 하고 돈을 빌리고자 한다. 연이율 8%가 적용된다면 단리를 적용할 때와 연 복리를 적용할 때 빌릴 수 있는 금액의 차이는?(단, $1.08^{4}=1.36$으로 계산하고, 금액은 천의 자리에서 반올림한다)

① 43만 원
② 44만 원
③ 45만 원
④ 46만 원

33 철수는 다음 그림과 같은 사각뿔에 물을 채우려고 한다. 사각뿔에 가득 채워지는 물의 부피는?

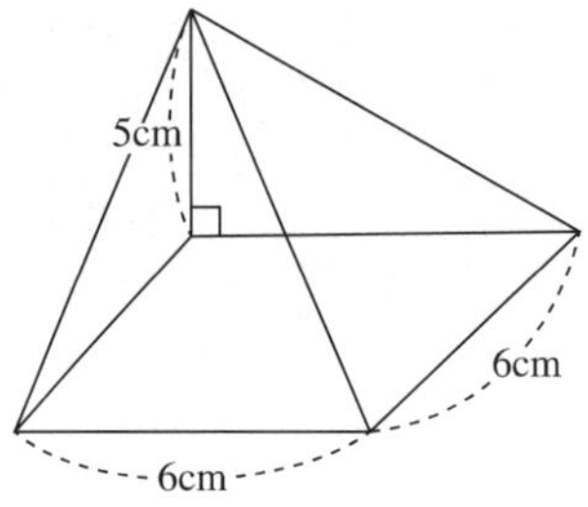

① $60cm^3$　② $80cm^3$
③ $100cm^3$　④ $120cm^3$

34 승호는 강아지 보금자리를 다음과 같이 직각삼각형으로 만들려고 한다. 울타리를 직삼각형 빗변으로 40m가 되도록 만들 때, 강아지 보금자리 넓이의 최댓값은?

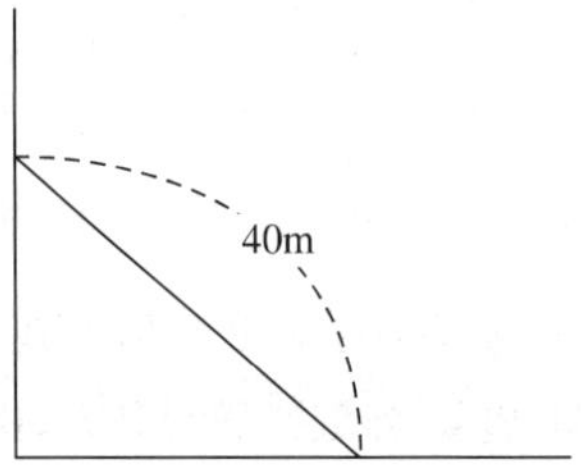

① $350m^2$　② $400m^2$
③ $450m^2$　④ $500m^2$

35 농도 8%인 소금물 200g과 농도 3%인 소금물 800g을 모두 섞었을 때, 소금물의 농도는?

① 3%
② 4%
③ 5%
④ 6%

36 길이가 680m인 터널이 있다. 어떤 기차가 30m/s의 속력으로 터널을 완전히 빠져나갈 때까지 30초가 걸렸을 때, 이 기차의 길이는?

① 190m
② 200m
③ 210m
④ 220m

37 H사의 K부서는 다과비 50,000원으로 간식을 구매하려고 한다. A스낵은 1,000원, B스낵은 1,500원, C스낵은 2,000원이며 3가지 스낵을 각각 1개 이상 구매한다고 한다. 다과비를 모두 사용하여 스낵을 구매할 때, 최대 몇 개를 구매할 수 있는가?

① 43개
② 45개
③ 47개
④ 48개

38 어느 회사에 입사하는 사원 수를 조사하니 올해의 남자 사원 수는 작년에 비하여 8% 증가하고, 여자 사원 수는 10% 감소했다. 작년의 전체 사원 수는 820명이고 올해는 작년에 비하여 10명이 감소하였다고 할 때, 올해의 여자 사원 수는?

① 378명 ② 379명
③ 380명 ④ 381명

39 A, B 2명이 호텔에 묵으려고 한다. 선택할 수 있는 호텔 방이 301, 302, 303호 3개일 때, 호텔 방을 선택하는 경우의 수는?(단, 1명당 방 1개만 선택할 수 있고, 2명 중 1명이 방을 선택을 하지 않거나 2명 모두 방을 선택하지 않을 수도 있다)

① 11가지 ② 12가지
③ 13가지 ④ 14가지

40 축구경기가 있는 내일 비가 올 확률은 $\frac{2}{5}$이다. 비가 온다면 이길 확률이 $\frac{1}{3}$, 비가 오지 않는다면 이길 확률이 $\frac{1}{4}$일 때, 이길 확률은?

① $\frac{4}{15}$ ② $\frac{17}{60}$
③ $\frac{3}{10}$ ④ $\frac{19}{60}$

41 A는 아버지와 18세 차이가 나는데, 4년 후에는 아버지의 나이가 4년 후 A의 나이의 3배가 된다. 올해를 기준으로 할 때, 2년 전 A의 나이는?

① 3세
② 6세
③ 9세
④ 12세

42 A회사는 10분에 5개의 인형을 만들고, B회사는 1시간에 1대의 인형 뽑기 기계를 만든다. 이 두 회사가 40시간 동안 일을 하면 최대 몇 대의 인형이 들어 있는 인형 뽑기 기계를 완성할 수 있는가?(단, 인형 뽑는 기계 하나에는 적어도 40개의 인형이 들어가야 하며, 만든 인형을 기계에 투입하는 시간은 무시한다)

① 30대
② 35대
③ 40대
④ 45대

43 지하철이 A역에 3분마다, B역에 2분마다, C역에 4분마다 온다. 지하철이 오전 4시 30분에 처음으로 A, B, C역에 동시에 도착했다면, 세 지하철역에서 지하철이 다섯 번째로 동시에 도착하는 시각은?

① 오전 5시
② 오전 5시 15분
③ 오전 5시 18분
④ 오전 5시 20분

44 A, B 2명은 H은행 공채에 지원했다. A와 B가 필기전형에 합격할 확률이 각각 $\frac{5}{6}$, $\frac{1}{3}$일 때, 2명 중 1명만 합격할 확률은?

① $\frac{3}{18}$
② $\frac{7}{18}$
③ $\frac{11}{18}$
④ $\frac{13}{18}$

45 농도 11%의 소금물 100g에 농도 5%의 소금물을 섞어 농도가 10%인 소금물을 만들려고 한다. 이때 농도 5%의 소금물의 양은?

① 10g
② 20g
③ 30g
④ 40g

46 10km를 달리는 시합에서 출발 후 1시간 이내에 결승선을 통과해야 기념품을 받을 수 있다. 출발 후 처음 12분을 8km/h의 속력으로 달렸다면, 남은 거리를 최소 얼마의 평균 속력으로 달려야 기념품을 받을 수 있는가?

① 10.5km/h
② 11km/h
③ 11.5km/h
④ 12km/h

47 가정에서 전기를 사용할 때 100kW 단위로 누진세가 70%씩 증가한다. 누진세가 붙지 않게 사용할 경우의 비용이 1시간에 300원일 때, 240kW까지 전기를 사용하면 얼마를 내야 하는가?(단, 10분에 20kW씩 증가하며 처음에는 0kW로 시작한다)

① 963원 ② 964원
③ 965원 ④ 966원

48 A와 B는 가위바위보 게임을 하기로 했다. 게임에서 이긴 사람에게는 C가 10만 원을 주고, 진 사람은 C에게 7만 원을 주기로 했다. 게임이 끝난 후 A는 49만 원, B는 15만 원을 가지고 있다면, A가 게임에서 이긴 횟수는?(단, A와 B는 각각 20만 원을 가진 채로 게임을 시작했다)

① 4회 ② 5회
③ 6회 ④ 7회

49 A ~ E 5명이 일렬로 설 때, A와 B가 양 끝에 서는 경우의 수는?

① 6가지 ② 12가지
③ 24가지 ④ 32가지

50 둘레가 456m인 호수 가장자리를 따라 가로수가 4m 간격으로 일정하게 심어져 있다. 출입구에 심어져 있는 가로수를 기준으로 6m 간격으로 가로수를 옮겨 심으려고 할 때, 옮겨 심어야 하는 가로수의 수는?(단, 불필요한 가로수는 제거한다)

① 35그루 ② 36그루
③ 37그루 ④ 38그루

51 1개에 700원짜리인 무와 1,200원짜리인 감자를 섞어서 15개를 구매했다. 지불한 총금액이 14,500원일 때, 구입한 무의 개수는?

① 6개 ② 7개
③ 8개 ④ 9개

52 H대학교에 지원한 지원자의 남학생과 여학생의 비율은 3 : 2였다. 지원자 중 합격자의 남녀 비율은 5 : 2이고, 불합격자의 남녀 비율은 4 : 3이라고 한다. 전체 합격자 수가 280명일 때, 지원자 중 여학생의 수는?

① 440명 ② 480명
③ 540명 ④ 560명

53 다음 명제가 모두 참일 때, 반드시 참인 것은?

- 현명한 사람은 거짓말을 하지 않는다.
- 건방진 사람은 남의 말을 듣지 않는다.
- 거짓말을 하지 않으면 다른 사람의 신뢰를 얻는다.
- 남의 말을 듣지 않으면 친구가 없다.

① 건방진 사람은 친구가 있다.
② 거짓말을 하지 않으면 현명한 사람이다.
③ 현명한 사람은 다른 사람의 신뢰를 얻는다.
④ 다른 사람의 신뢰를 얻으면 거짓말을 하지 않는다.

54 다음 명제가 모두 참일 때, 항상 참이 아닌 것은?

- 사과 수확량이 감소하면, 사과 가격이 상승한다.
- 사과 소비량이 감소하면, 사과 수확량이 감소한다.
- 사과 수확량이 감소하지 않으면, 사과 주스 가격이 상승하지 않는다.

① 사과 주스의 가격이 상승하면, 사과 가격이 상승한다.
② 사과 가격이 상승하지 않으면, 사과 수확량이 감소하지 않는다.
③ 사과 수확량이 감소하지 않으면, 사과 소비량이 감소하지 않는다.
④ 사과 소비량이 감소하지 않으면, 사과 주스 가격이 상승하지 않는다.

55 다음 명제가 모두 참일 때, 빈칸에 들어갈 명제로 가장 적절한 것은?

- 날씨가 좋으면 야외활동을 한다.
- 날씨가 좋지 않으면 행복하지 않다.
- ____________________

① 날씨가 좋으면 행복한 것이다.
② 야외활동을 하지 않으면 행복하지 않다.
③ 행복하지 않으면 날씨가 좋지 않은 것이다.
④ 날씨가 좋지 않으면 야외활동을 하지 않는다.

56 다음은 어제 발생한 도난 사건과 관련한 알리바이 조사에서 A ~ D 4명이 진술한 내용이다. 이 중 3명만 진실을 말할 때, 거짓을 말하고 있는 사람은?

> • A : 나는 어제 저녁에 C와 영화를 봤어.
> • B : 나는 어제 D와 커피를 마셨지만 C는 못 봤어.
> • C : 나는 어제 A와 영화를 보고, D와 커피를 마셨어.
> • D : 나는 어제 C랑 커피를 마셨지만, A는 보지 못했어.

① A
② B
③ C
④ D

57 다음 진술에서 A ~ E 5명 중 1명만 거짓말을 할 때, 항상 참인 것은?(단, 각 층에서 1명만 내린다)

> • A : B는 1층에서 내렸어.
> • B : C는 1층에서 내렸어.
> • C : D는 적어도 3층에서 내리지 않았어.
> • D : A는 4층에서 내렸어.
> • E : A는 4층에서 내리고 나는 5층에서 내렸어.

① C는 1층에서 내렸다.
② D는 3층에서 내렸다.
③ A는 4층에서 내리지 않았다.
④ A는 D보다 높은 층에서 내렸다.

58 어젯밤 회사에 남아있던 A ~ E 5명 중에서 창문을 깬 범인을 찾고 있다. 범인은 2명이고 거짓을 말하며, 범인이 아닌 사람은 진실을 말한다고 한다. 5명의 진술이 다음과 같을 때, 동시에 범인이 될 수 있는 사람끼리 바르게 짝지어진 것은?

- A : B와 C가 함께 창문을 깼어요.
- B : A가 창문을 깨는 것을 봤어요.
- C : 저랑 E는 확실히 범인이 아니에요.
- D : C가 범인이 확실해요.
- E : 제가 아는데, B는 확실히 범인이 아닙니다.

① A, C ② B, C
③ C, D ④ D, E

59 서울에 사는 A ~ E 5명의 고향은 각각 대전, 대구, 부산, 광주, 춘천 중 1곳이다. 다음 내용에 따라 열차 1, 2, 3을 타고 고향에 가고자 할 때, 참이 아닌 것은?

- 열차 2는 대전, 춘천을 경유하여 부산까지 가는 열차이다.
- A의 고향은 부산이다.
- E는 어떤 열차를 타도 고향에 갈 수 있다.
- 열차 1에는 D를 포함해 3명이 탄다.
- C와 D가 함께 탈 수 있는 열차는 없다.
- B가 탈 수 있는 열차는 열차 2뿐이다.
- 열차 2와 열차 3이 지나는 지역은 대전을 제외하고 중복되지 않는다.

① B의 고향은 춘천이다.
② 열차 3은 2개 지역을 이동한다.
③ 열차 1을 이용하는 사람은 A, D, E이다.
④ 열차 1은 대전, 대구, 부산만을 경유한다.

60 A, B, C는 임의의 순서로 빨간색 · 파란색 · 노란색 지붕을 가진 집에 나란히 이웃하여 살고, 개 · 고양이 · 원숭이라는 서로 다른 반려동물을 키우며, 광부 · 농부 · 의사라는 서로 다른 직업을 갖고 있다. 이들에 대한 정보가 다음 〈조건〉과 같을 때, 반드시 참인 것을 〈보기〉에서 모두 고르면?

〈조건〉

- A는 광부이다.
- 가운데 집에 사는 사람은 개를 키우지 않는다.
- 농부와 의사의 집은 서로 이웃해 있지 않다.
- 노란 지붕 집은 의사의 집과 이웃해 있다.
- 파란 지붕 집에 사는 사람은 고양이를 키운다.
- B는 빨간 지붕 집에 산다.

〈보기〉

ㄱ. C는 빨간 지붕 집에 살지 않고, B는 개를 키우지 않는다.
ㄴ. 노란 지붕 집에 사는 사람은 원숭이를 키우지 않는다.
ㄷ. C가 파란 지붕 집에 살거나, B는 고양이를 키운다.
ㄹ. C는 개를 키우지 않는다.
ㅁ. B는 농부이다.

① ㄱ, ㄴ
② ㄴ, ㄷ
③ ㄷ, ㄹ
④ ㄹ, ㅁ

61 **민지, 아름, 진희, 희정, 세영은 함께 15시에 상영하는 영화를 예매하였고, 상영시간에 맞춰 영화관에 도착한 순서대로 각자 상영관에 입장하였다. 다음 대화에서 1명이 거짓말을 하고 있을 때, 가장 마지막으로 영화관에 도착한 사람은?(단, 5명 모두 다른 시간에 도착하였다)**

- 민지 : 나는 마지막에 도착하지 않았어. 다음에 분명 누군가가 왔어.
- 아름 : 내가 가장 먼저 영화관에 도착했어. 진희의 말은 진실이야.
- 진희 : 나는 두 번째로 영화관에 도착했어.
- 희정 : 나는 세 번째로 도착했고, 진희는 내가 도착한 다음에서야 왔어.
- 세영 : 나는 영화가 시작한 뒤에야 도착했어. 나는 마지막으로 도착했어.

① 민지 ② 아름
③ 희정 ④ 세영

62 **H은행의 행원인 A ~ D 4명은 각각 서로 다른 지역인 인천, 세종, 대전, 강릉 지점에서 근무 중이다. 4명 모두 연수에 참여하기 위해 서울에 있는 본사에 방문한다고 할 때, 다음에 근거하여 바르게 추론한 것은? (단, 4명 모두 같은 종류의 교통수단을 이용하고, 이동 시간은 거리가 멀수록 많이 소요되며, 그 외 소요되는 시간은 서로 동일하다)**

- 서울과의 거리가 먼 순서대로 나열하면 강릉 – 대전 – 세종 – 인천 순이다.
- D가 서울에 올 때, B보다 더 많은 시간이 소요된다.
- C는 A보다는 많이 B보다는 적게 시간이 소요된다.

① B는 세종 지점에서 근무한다.
② C는 대전 지점에서 근무한다.
③ D는 강릉 지점에서 근무한다.
④ 이동 시간이 긴 순서대로 나열하면 'C – D – B – A'이다.

63 **은호네 가족 아빠, 엄마, 은호, 동생 은수는 각각 서로 다른 사이즈의 신발을 신는다. 다음 명제가 모두 참일 때, 항상 참인 것은?(단, 신발은 5mm 단위로 판매된다)**

- 은호의 아빠는 은호네 가족 중 가장 큰 사이즈인 270mm의 신발을 신는다.
- 은호의 엄마는 은호의 신발보다 5mm 더 큰 사이즈의 신발을 신는다.
- 은호에게 230mm의 신발은 조금 작고, 240mm의 신발은 조금 크다.
- 은수의 신발 사이즈는 230mm 이하로 가족 중 가장 작은 사이즈의 신발을 신는다.

① 은수의 신발 사이즈는 225mm이다.
② 은호 아빠와 엄마의 신발 사이즈 차이는 20mm이다.
③ 은호 아빠와 은호의 신발 사이즈 차이는 35mm이다.
④ 은호 엄마와 은수의 신발 사이즈는 10mm 이하 차이가 난다.

64 **다음은 H은행의 승진 규정과 승진후보자 정보이다. 승진 규정에 따를 때, 2026년 직급이 대리인 사람은?**

〈승진 규정〉

- 2025년까지 근속연수가 3년 이상인 자를 대상으로 한다.
- 출산 휴가 및 병가 기간은 근속 연수에서 제외한다.
- 평가연도 업무평가 점수가 80점 이상인 자를 대상으로 한다.
- 평가연도 업무평가 점수는 직전 연도 업무평가 점수에서 벌점을 차감한 점수이다.
- 벌점은 결근 1회당 −10점, 지각 1회당 −5점이다.

〈승진후보자 정보〉

구분	근무기간	작년 업무평가	근태현황		기타
			지각	결근	
A사원	1년 4개월	79	1	−	−
B주임	3년 1개월	86	−	1	출산휴가 35일
C대리	7년 1개월	89	1	1	병가 10일
D과장	10년 3개월	82	−	−	−

① A사원
② B주임
③ C대리
④ D과장

65 다음은 H은행에 근무하는 A행원이 지난달의 초과근무일과 시간을 기록한 다이어리와 H은행의 초과근무수당 지급 규정이다. A행원의 월별 통상임금이 4,493,500원일 때, A행원의 지난달 초과근무수당은?

〈A행원의 다이어리〉

일	월	화	수	목	금	토
	1	2	3	4	5 어린이날 9:00 ~ 18:00 (점심시간 1시간 포함)	6
7	8	9	10	11 18:00 ~ 20:00	12 18:00 ~ 20:00	13
14 10:00 ~ 15:00	15	16	17	18	19 18:00 ~ 20:00	20
21	22	23 18:00 ~ 22:00	24	25	26	27 10:00 ~ 19:00 (점심시간 1시간 포함)
28	29	30	31			

〈H은행 초과근무수당 지급 규정〉

(1) 다음의 경우 초과근무를 한 것으로 인정한다.
- 주중(월 ~ 금) 저녁 6시 이후 근무한 경우
- 주말(토, 일) 및 공휴일에 근무한 경우

(2) 초과근무 시간의 계산
- 주중은 '(시간당 통상임금)×1.5×(초과근무 시간)'으로 계산한다.
- 주말 및 공휴일은 '(일당 통상임금)×1.5'로 계산한다.
- 주중 초과근무는 최대 3시간까지 1시간 단위로 인정한다.
- 주말은 휴게 시간을 제외하고 8시간을 채워야 인정한다.
- 통상임금의 계산은 다음과 같다.
  - (시간당 통상임금)=(직급별 월별 통상임금)÷(209시간)
  - (일당 통상임금)=(시간당 통상임금)×8

① 725,750원　　② 806,250원
③ 836,750원　　④ 852,750원

66 다음은 외부 강의 사례금 상한선에 대한 규정이다. 강의자들에게 지급해야 하는 외부 강의 사례금액의 총 상한액은?

〈외부 강의 사례금액 상한선〉

- 공무원과 그 밖에 다른 법률에 따라 그 자격 · 임용 · 교육훈련 · 복무 · 보수 · 신분보장 등에 있어서 공무원으로 인정된 사람 등의 공직자는 40만 원이 상한이다.
- 각급 학교 및 사립학교법에 따른 학교법인 각급 학교의 장과 교직원 및 학교 법인의 임직원은 100만 원이 상한이다.
- 언론중재 및 피해구제 등에 관한 법률에 따른 언론사 대표자와 그 임직원은 100만 원이 상한이다.
- 국립대학의 교수와 강사는 20만 원이 상한이다.
- 공공기관과 공직유관단체 및 그 기관의 장과 임직원은 40만 원이 상한이다.
- 강의의 상한액은 1시간을 기준으로 하고, 1시간을 초과하여 강의 등을 할 때 강의 시간과 관계없이 1시간 초과분에 대하여 시간을 상한액의 100분의 150에 해당하는 금액을 추가 지급한다.
- 외부 강의 상한액은 원고료, 출연료, 강의료 등 명목과 관계없이 모든 사례금을 포함한다.

구분	강의시간	기타
A국립대 M교수	1시간	–
B언론사 K기자	2시간	–
C병원 S병원장	2시간	–
D사립대 J강사	1시간	원고료 10만 원 추가 요청

※ C병원은 공직유관단체임

① 410만 원
② 430만 원
③ 450만 원
④ 470만 원

67 운송업자인 A씨는 15t 화물트럭을 이용하여 목적지까지 화물을 운송하고 있다. 다음 A씨의 차량 운행기록을 참고할 때, A씨가 지불해야 하는 고속도로 통행요금은?(단, 원 단위 미만은 버림한다)

〈고속도로 통행요금〉

구분	폐쇄식	개방식
기본요금	900원(2차로 50% 할인)	720원
요금산정	(기본요금)+ (주행거리)×(차종별 km당 주행요금)	(기본요금)+ (요금소별 최단 이용거리)×(차종별 km당 주행요금)

※ km당 주행요금 단가 : 1종 44.3원, 2종 45.2원, 3종 47.0원, 4종 62.9원, 5종 74.4원(2차로는 50% 할인, 6차로 이상은 주행요금 단가를 20% 할증)

〈차종 분류 기준〉

구분	분류 기준	적용 차량
1종	2축 차량, 윤폭 279.4mm 이하	승용차, 16인승 이하 승합차, 2.5t 미만 화물차
2종	2축 차량, 윤폭 279.4mm 초과, 윤거 1,800mm 이하	승합차 17 ~ 32인승, 2.5 ~ 5.5t 화물차
3종	2축 차량, 윤폭 279.4mm 초과, 윤거 1,800mm 초과	승합차 33인승 이상, 5.5 ~ 10t 화물차
4종	3축 차량	10t ~ 20t 화물차
5종	4축 이상 차량	20t 이상 화물차

〈A씨의 차량 운행기록〉

- 목적지 : 서울 → 부산(경유지 영천)
- 총거리 : 374.8km(경유지인 영천까지 330.4km)
- 이용 도로 정보
  - 서울 → 영천 : 2개 톨게이트(개방식 6차로 거리 180km, 폐쇄식 4차로 거리 150.4km)
  - 영천 → 부산 : 1개 톨게이트(폐쇄식 2차로 44.4km)

※ 주어진 정보 외의 비용 및 거리는 고려하지 않음

※ 거리는 주행거리 또는 요금소별 최단 이용거리임

① 18,965원　　② 21,224원

③ 23,485원　　④ 26,512원

68 H은행 행원 10명이 부산에서 열리는 1박 2일 세미나에 참석하려고 한다. 부산에는 목요일 점심 전에 도착하고, 다음 날 점심을 먹고 3시에 서울로 돌아오기로 계획했다. 다음은 호텔별 비용 현황과 호텔 선호도에 대한 자료이다. 〈조건〉에 따라 호텔을 선정할 때, 남행원과 여행원에게 사용되는 출장비용을 바르게 짝지은 것은?

〈호텔별 비용 현황〉

구분	K호텔		M호텔		S호텔		W호텔	
숙박비	평일	주말	평일	주말	평일	주말	평일	주말
	17만 원	30만 원	12만 원	23만 원	15만 원	29만 원	15만 원	22만 원
식비	1만 원(중·석식, 조식은 숙박비에 포함)		7,000원(조·중식) 9,000원(석식)		8,000원(조·중·석식)		7,500원(조·중·석식)	
거리	20분		12분		30분		10분	
비고	1인실 또는 2인실 가능		1인실만 가능		2인실 이상 가능		2인실 이상 가능	

※ 거리는 역에서 호텔까지의 버스로 이동시간임

〈호텔 선호도〉

구분	K호텔	M호텔	S호텔	W호텔
남성	B등급	B등급	C등급	A등급
여성	A등급	B등급	B등급	C등급

※ A ~ C등급에서 A등급이 제일 높음

〈조건〉

- 방은 2인 1실로 사용한다.
- 남성은 6명, 여성은 4명이다.
- 남성과 여성 모두 모두 식사를 한다.
- 남성은 선호도가 B등급 이상이고, 숙박비용과 식비가 저렴한 호텔로 정한다.
- 여성은 선호도가 B등급 이상이고, 역에서 거리가 가장 가까운 호텔로 정한다.

	남행원	여행원
①	540,000원	428,000원
②	630,000원	428,000원
③	630,000원	460,000원
④	690,000원	460,000원

69 H은행의 경기서부지점은 사업추진을 담당하는 부서별 사업성과점수를 산정하여 이에 따라 부서원들의 성과급을 지급하기로 하였다. 부서별 담당사업의 진행상황에 따른 점수 부여가 다음과 같다고 할 때, 부서의 분기 사업성과점수로 나올 수 없는 점수는?

〈부서별 사업성과점수 산정방법〉

- 각 부서에서 직전 분기에 담당하였던 기존 사업들의 현재 진행상황에 따라 부서별로 사업성과점수를 산정한다.
- 모든 부서는 직전 분기에 각자 20개의 사업을 담당하였다.
- 다음을 기준으로 기존사업 진행상황에 따라 부서별 사업성과점수를 부여한다.

(단위 : 점)

구분	개선 / 확장	현행유지	중단
점수	20	12	8

① 218점 ② 248점
③ 264점 ④ 304점

70 최근 라면시장이 3년 만에 마이너스 성장한 것으로 나타남에 따라 H라면회사에 근무하는 K대리는 신제품 개발 이전 라면시장에 대한 환경 분석과 관련된 보고서를 제출하라는 지시를 받았다. 다음과 같이 K대리가 작성한 SWOT 분석의 기회요인에 포함될 내용으로 옳지 않은 것은?

〈라면시장에 대한 SWOT 분석표〉

강점(Strength)	약점(Weakness)
• 식품그룹으로서의 시너지 효과 • 그룹 내 위상, 역할 강화 • X제품의 성공적인 개발 경험	• 유통업체의 영향력 확대 • 과도한 신제품 개발 • 신상품의 단명 • 유사상품의 영역침범 • 경쟁사의 공격적인 마케팅 대응 부족 • 원재료의 절대적 수입 비중
기회(Opportunity)	**위협(Threat)**
	• 저출산, 고령화로 취식인구 감소 • 소득증가 • 언론, 소비단체의 부정적인 이미지 이슈화 • 정보의 관리, 감독 강화

① 난공불락의 A라면회사 ② 1인 미디어 라면 먹방의 유행
③ 1인 가구의 증대(간편식, 편의식) ④ 조미료에 대한 부정적인 인식 개선

71 다음 중 환매조건부채권(RP)의 기능 중 증권회사 측면에서의 기능이 아닌 것은?

① 채권유통시장의 개발촉진
② 채권인수업무의 원활화
③ 채권발행업무의 촉진 도모
④ 환금성 보장 및 거래의 안정성

72 다음 중 재산신탁으로 옳지 않은 것은?

① 유가증권신탁
② 동산신탁
③ 부동산신탁
④ 노후생활연금신탁

73 다음 중 투자목표 설정에 대한 설명으로 옳지 않은 것은?

① 투자목표는 투자자의 성별, 투자성향, 투자자금의 성격, 세금에 의해 결정된다.
② 재무목표를 설정할 때는 은퇴자금, 자녀의 대학교육자금, 내집마련자금 등과 같이 명확하게 표현되지 않기 때문에 구체화되어야 한다.
③ 투자시계(Time Horizon)는 단기 혹은 장기투자인지, 투자회수는 언제하는지를 고려하는 것을 포함한다.
④ 투자목표를 설정할 때는 위험수용도(Risk Tolerance Levels)를 고려해야 한다.

74 다음은 자산배분전략을 비교한 자료이다. 빈칸 ㉠~㉢에 들어갈 내용이 바르게 짝지어진 것은?

〈자산배분전략 비교〉

구분	전략적	전술적
기간	장기적	중·장기적
운용방법	㉠	㉡
자본시장조건	불변	변함(예측활동 필요)
투자자위험허용	불변	㉢
특징	장기적 자산구성비율	사전적 자산구성

	㉠	㉡	㉢
①	정적	동적	불변
②	동적	동적	변함
③	동적	동적	불변
④	동적	정적	불변

75 다음 중 위험회피형 투자자의 효용함수와 무차별효용곡선에 대한 설명으로 옳은 것은?

① 효용함수가 원점에 대해 오목하고 우하향의 무차별곡선을 갖는다.
② 효용함수가 원점에 대해 오목하고 우상향의 무차별곡선을 갖는다.
③ 효용함수가 원점에 대해 볼록하고 우하향의 무차별곡선을 갖는다.
④ 효용함수가 원점에 대해 볼록하고 우상향의 무차별곡선을 갖는다.

76 다음 중 NCSC(미국 국립 컴퓨터 보안센터)에서 규정한 보안 등급 순서를 높은 수준부터 낮은 수준 순으로 바르게 나열한 것은?

① A1 – B1 – B2 – B3 – C1 – C2 – D1

② A1 – B3 – B2 – B1 – C2 – C1 – D1

③ D1 – C1 – C2 – B1 – B2 – B3 – A1

④ D1 – C2 – C1 – B3 – B2 – B1 – A1

77 다음 글의 빈칸에 들어갈 바이러스의 명칭은?

> ＿＿＿＿＿는 여러 대의 공격자를 분산 배치하여 동시에 동작하게 함으로써 특정 사이트를 공격하는 해킹 방식의 하나이다. 서비스 공격을 위한 도구들을 여러 대의 컴퓨터에 심어놓고 공격 목표인 사이트의 컴퓨터 시스템이 처리할 수 없을 정도로 엄청난 분량의 패킷을 동시에 범람시킴으로써 네트워크의 성능을 저하시키거나 시스템을 마비시키는 방식이다. 해커가 사람들이 많이 찾는 웹사이트에 악성코드를 숨겨놓으면 일반 사용자의 컴퓨터가 이 사이트에 접속하는 순간 악성코드가 컴퓨터에 자동으로 전달된다. 악성코드에 감염된 컴퓨터는 주인의 의사와는 상관없이 공격자들의 명령에 따라 좀비처럼 움직인다고 해서 '좀비 PC'라고 불리기도 한다.

① DDos　　② 랜섬웨어

③ 트로이목마　　④ 매크로 바이러스

78 다음 중 메인넷에 대한 설명으로 옳지 않은 것은?

① 기존 플랫폼에서 벗어나 독립적으로 만들어진 네트워크이다.

② 프로젝트를 출시하고 운영하며, 암호화폐 거래소를 운영한다.

③ 본래 실제 사용자들에게 배포하는 버전의 네트워크를 뜻하는 용어이다.

④ 블록체인 서비스에 알맞은 플랫폼을 구현하기 위해 기존의 플랫폼을 구성하고 있다.

79 다음 글에서 설명하는 기술은?

> 인공지능(AI)을 통해 콜봇이나 챗봇이 고객의 질문에 답변하는 지능형 고객센터를 말한다. 음성인식, 문장분석, 대화엔진 등의 각종 AI 기술이 동시 적용되어 인간과 유사한 목소리로 일상적인 언어를 구사해 고객의 질문에 적절하게 대응하며, 실시간으로 상담내용을 파악해 상담사에게 관련 정보를 찾아주는 기능도 한다.

① AI 네트워크
② AI 콘택트센터
③ AI 홀로그램
④ AI 데이터 라벨링

80 다음 글에서 설명하는 서비스는?

> 은행의 송금과 결제망을 표준화시키고 이를 개방하여 하나의 애플리케이션으로 모든 은행의 계좌 조회, 결제, 송금 등의 금융 활동을 제공하는 서비스를 말한다. 은행권의 오픈 API에 따라 데이터를 전송할 수 있고, 개인이 이용하던 은행의 모바일 앱에 타행 계좌를 등록하여 이용 동의를 하면 서비스를 이용할 수 있다. 편리성이 증대되었다는 장점이 있지만, 하루 이체한도가 기존 은행 애플리케이션에 비해 낮다는 단점이 있다.

① 섭테크
② 레그테크
③ 뱅크런
④ 오픈뱅킹

5권

하나은행 온라인 필기전형

정답 및 해설

도서 동형 온라인 모의고사 무료쿠폰	온라인 모의고사 무료쿠폰
4회분 I ATTT-00000-7F6A8	2회분 I ATTS-00000-EA0D2

[쿠폰 사용 안내]

1. **시대에듀 홈페이지**(www.sdedu.co.kr) 접속 후 로그인합니다.
2. 홈페이지 상단 「본인 이름」 → 「마이페이지」에 접속합니다.
3. 쿠폰번호를 입력한 후 등록합니다.

* 기업별 온라인 모의고사는 「내강의실」 → 「모의고사」에서 응시 가능합니다.

※ 본 쿠폰은 등록 후 30일 이내에 사용 가능합니다.
※ 쿠폰 등록 및 응시는 윈도우 기반 PC에서만 가능합니다.
※ 모바일 및 macOS 운영체제에서는 서비스되지 않습니다.

하나은행 온라인 필기전형

제1회 모의고사 정답 및 해설

01	02	03	04	05	06	07	08	09	10
④	④	④	④	④	②	①	③	④	④
11	12	13	14	15	16	17	18	19	20
①	③	④	④	②	①	③	④	④	②
21	22	23	24	25	26	27	28	29	30
②	①	④	③	④	①	②	④	④	②
31	32	33	34	35	36	37	38	39	40
③	④	①	③	②	③	④	③	③	④
41	42	43	44	45	46	47	48	49	50
②	③	②	④	③	①	①	①	④	①
51	52	53	54	55	56	57	58	59	60
④	③	④	②	③	③	②	④	②	④
61	62	63	64	65	66	67	68	69	70
③	④	④	④	④	①	②	④	③	③
71	72	73	74	75	76	77	78	79	80
④	②	①	③	①	①	④	②	②	②

제 1 영역 NCS 직업기초능력

01

정답 ④

'듯'은 의존 명사이므로 앞에 오는 관형형 '올'과 띄어 써야 한다.

02

정답 ④

'천재일우(千載一遇)'는 '천년에나 한 번 만날 수 있는 기회, 좀처럼 얻기 힘든 기회'를 뜻한다.

오답분석

① 군계일학(群鷄一鶴) : 많은 사람 가운데서 뛰어난 인물을 이르는 말
② 철중쟁쟁(鐵中錚錚) : 같은 무리 가운데서도 가장 뛰어남. 또는 그런 사람을 이르는 말
③ 태산북두(泰山北斗) : 모든 사람들이 존경하는 뛰어난 인물을 비유하는 말

03

정답 ④

'눈 위의 혹'은 '몹시 미워서 눈에 거슬리는 사람을 비유하는 말'이다.

오답분석

① 난장을 치다 : 함부로 마구 떠들다.
② 달다 쓰다 말이 없다 : 아무런 반응도 나타내지 않다.
③ 한몫 잡다 : 단단히 이득을 취하다.

04

정답 ④

제시문에서 헤르만 헤세가 한 말인 '자신에게 자연스럽게 끌리는 분야에서 읽고, 알고, 사랑해야 한다.'라는 문장을 통해 남의 기준에 맞추기보다 자신의 감정에 충실하게 책을 선택하여 읽으라고 하였음을 알 수 있다.

05

정답 ④

제시된 내용에 따르면 우리나라의 낮은 장기 기증률은 전통적 유교 사상 때문이라고 주장하는 A와 달리, B는 이에 대하여 다양한 원인을 제시하고 있다. 따라서 A의 주장에 대해 반박할 수 있는 내용으로 ④가 적절하다.

06

정답 ②

제시문의 빈칸 뒤에서는 고전 미학과 근대 미학이 각각 추구하는 이념과 대상에 대해 예를 들어 설명하고 있다. 따라서 빈칸에는 미학이 추구하는 이념과 대상도 시대에 따라 다름을 언급하는 내용이 들어가야 한다.

07

정답 ①

제시문은 인간의 질병 구조가 변화하고 있고 우리나라는 고령화 시대를 맞이함에 따라 만성질환이 증가하였으며 이에 따라 간호사가 많이 필요해진 상황에 대해 서술한 후, 간호사를 많이 채용하지 않고 뒤처진 제도에 대한 아쉬움을 설명하는 글이다. 따라서 (나) 변화한 인간의 질병 구조 – (가) 고령화 시대를 맞아 증가한 만성질환 – (다) 간호사가 필요한 현실과는 맞지 않는 고용 상황 – (라) 간호사의 필요성과 뒤처진 의료 제도에 대한 안타까움 순으로 나열하는 것이 적절하다.

08 정답 ③

③의 경우 플라시보 소비의 특징인 가심비, 즉 심리적 만족감보다는 상품의 가격을 중시하는 가성비에 따른 소비에 가깝다.

09 정답 ④

제시문에 따르면 당뇨병에 걸린 사람에게 인슐린을 주사하여 당뇨병을 치료할 수 있으나, 인슐린이 당뇨병을 예방하는 약은 아니다.

10 정답 ④

제시문의 에피쿠로스의 주장에 따르면 신은 인간사에 개입하지 않으며, 육체와 영혼은 함께 소멸되므로 사후에 신의 심판도 받지 않는다. 그러므로 인간은 사후의 심판을 두려워할 필요가 없고, 이로 인해 죽음에 대한 모든 두려움에서 벗어날 수 있다고 주장한다. 따라서 비판으로 가장 적절한 것은 ④이다.

11 정답 ①

(가) : 빈칸 앞 문장의 '음악을 수 또는 수학과 연결시키기 어렵다고 생각하는 경우가 많다.'라는 내용과 빈칸 뒤 문장의 '음악을 구성하는 원리로 수학의 원칙과 질서 등이 활용된다.'라는 내용을 통해 빈칸에는 실제로 음악 작품이 수와 관련되어 나타난다는 내용의 ㄱ이 적절함을 알 수 있다.

(나) : 빈칸 앞 문단에서는 음악의 구성 원리에 수학의 원칙 등이 활용된다고 하였으므로 빈칸에는 실제로 활용되는 사례의 내용이 나와야 한다. 빈칸 뒤 문장의 '중세 시대'를 통해 빈칸에는 그보다 앞선 고대에서 활용된 사례인 ㄴ이 적절함을 알 수 있다.

(다) : 빈칸 앞에서는 중세 시대의 음악에서 나타난 수학적 질서에 대해 이야기하고 있으며, 빈칸 뒤에서는 수학적 질서가 사용된 현대 음악 작품들의 사례에 대해 나타나 있다. 따라서 빈칸에는 20세기 들어와 음악과 수학의 관계가 더욱 밀접해졌다는 내용의 ㄷ이 적절함을 알 수 있다.

12 정답 ③

제시문에 따르면 테크핀의 발전 원인에는 국내의 높은 IT 인프라, 전자상거래 확산, 규제 완화 등이 있다.

오답분석

① 테크핀은 금융보다 기술을 강조한다.
② 핀테크는 금융기관이, 테크핀은 ICT 기업이 주도한다.
④ 핀테크와 테크핀의 부정적인 영향으로 혜택의 불균형이 있다.

13 정답 ④

제시문에 따르면 식사에 관한 상세한 설명이 주어지거나, 요리가 담긴 접시 색이 밝을 때 비만인 사람들의 식사량이 증가했다는 내용을 알 수 있다. 따라서 비만인 사람들이 외부의 자극에 의해 식습관에 영향을 받기 쉽다는 것을 추론할 수 있다.

14 정답 ④

제시문의 (라) 앞부분에서는 녹조 현상에 따른 조류의 문제점을 설명하였으나, (라)의 뒷부분에서는 녹조의 원인이 되는 조류가 생태계 유지에 중요한 역할을 담당하고 있다고 설명한다. 즉, (라)의 뒤에서는 앞의 내용과 달리 녹조의 긍정적인 면을 설명하고 있으므로 '녹조가 무조건 나쁜 것은 아니다.'라는 보기의 문장은 (라)에 들어가는 것이 가장 적절하다.

15 정답 ②

제시문의 마지막 문단에 따르면 모든 동물이나 식물종을 보존할 수 없는 것처럼 언어의 소멸 역시 막기 어려운 측면이 있으며, 그럼에도 불구하고 이를 그저 바라만 볼 수는 없다고 하였다. 즉, 언어 소멸 방지의 어려움을 동물이나 식물종을 완전히 보존하기 어려운 것에 비유한 것이지, 언어 소멸 자체가 자연스럽고 필연적인 현상이라는 뜻은 아니다.

오답분석

① 두 번째 문단의 마지막 문장에 의해 히브리어는 지속적으로 공식어로 사용할 의지에 따라 부활한 언어임을 알 수 있다.
③ 마지막 문단의 '가령, 어떤 ~ 초래할 수도 있다.'를 통해 알 수 있다.
④ 첫 번째 문단에 따르면 전 세계적으로 3,000개의 언어가 소멸해 가고 있으며, 이 중에서 약 600개의 언어는 사용자 수가 10만 명을 넘으므로 비교적 안전한 상태이다. 따라서 나머지 약 2,400개의 언어는 사용자 수가 10만 명이 넘지 않는다고 추론할 수 있다.

16 정답 ①

제시된 안내문에는 12월 9일 12시(정오)까지 인터넷뱅킹을 통한 대출 신청·실행·연기가 중지된다고 설명되어 있다. 그러나 은행에 방문하여 창구를 이용한 대출 신청에 대해 별다른 언급이 없으므로, 12월 6일(토) 중단일 이후 은행영업일이라면 이용 가능하다고 볼 수 있다. 따라서 12월 9일 12시 이후부터 은행에서 대출 신청이 가능하다는 설명은 적절하지 않다.

오답분석

② 12월 9일 정오까지 지방세 처리 ARS 업무가 중단된다고 설명하고 있다.
③ 고객센터 전화를 통한 카드·통장 분실 신고(해외 포함) 등과 같은 사고 신고는 정상 이용이 가능하다고 안내하고 있다.
④ 타 은행 ATM, 제휴 CD기에서 H은행으로의 계좌 거래는 제한 서비스로 분류된다고 안내하고 있다.

17 정답 ③

'계약기간 3/4 경과 후 적립할 수 있는 금액은 이전 적립누계액의 1/2 이내'라고 했기 때문에 12개월의 3/4이 경과하지 않은 8개월째에는 조건에 해당하지 않는다.

18

정답 ④

제조업용 로봇 생산액의 2023년 대비 2025년의 성장률은 $\frac{7,016-6,272}{6,272}\times 100 \fallingdotseq 11.9\%$이다.

19

정답 ④

규제의 연도별 수치는 +10, +20, +30이 반복되는 규칙을 보이고 있다.

따라서 빈칸에 들어갈 수치는 140+30=170이다.

20

정답 ②

C사의 판매율이 가장 높은 것은 2025년, G사의 판매율이 가장 높은 것은 2023년으로 서로 다르다.

오답분석

① C사와 G사는 2024년만 감소하여 판매율 증감 추이가 같다.

③ G사의 판매율이 가장 낮은 연도는 2021년이고, U사의 판매율이 가장 높은 연도도 2021년으로 동일하다.

④ U사의 가장 높은 판매율은 34%, 가장 낮은 판매율은 11%로 그 차이는 23%p이므로 20%p 이상이다.

21

정답 ②

금형 업종의 경우 사무소 형태로 진출한 현지 자회사 법인의 비율이 44.4%로 가장 높다.

22

정답 ①

제시된 자료는 비율을 나타내기 때문에 실업자의 수는 알 수 없다.

오답분석

② 실업자 비율은 2%p 증가하였다.

③ 경제활동인구 비율은 80%에서 70%로 감소하였다.

④ 취업자 비율은 12%p 감소한 반면, 실업자 비율은 2%p 증가하였으므로 취업자 비율의 증감폭이 더 크다.

23

정답 ④

사고 전·후 이용 가구 수의 차이가 가장 큰 것은 생수이며, 가구 수의 차이는 140−70=70가구이다.

오답분석

① 수돗물을 이용하는 가구 수가 120가구로 가장 많다.

② $\frac{230}{370}\times 100 \fallingdotseq 62\%$

③ 수돗물과 약수를 이용하는 가구 수가 감소했다.

24

정답 ③

1등 번호는 2개가 존재하므로 300회차 중 1등 번호는 총 600개이다. 1위와 2위는 각각 4조와 5조이며 그 당첨횟수의 합은 절반인 300회 이상(210+180=390회)이고, 1조와 7조의 당첨횟수는 각각 600개 중 5%(600×0.05=30회) 미만인 25회이다.

오답분석

① 4조와 5조의 1등 당첨횟수 합이 300회보다 적다.

② 1조에서 7조까지 1등 당첨횟수 총합이 300회이며, 4조와 5조의 1등 당첨횟수 합이 300회보다 적다.

④ 1조와 7조의 1등 당첨횟수가 다르다.

25

정답 ④

주어진 정보와 조건에 따라 적금상품별 만기환급금을 계산하면 다음과 같다.

- A적금 : $30\times\frac{(1.025)^{\frac{25}{12}}-(1.025)^{\frac{1}{12}}}{(1.025)^{\frac{1}{12}}-1}$

$=30\times\frac{1.05-1.002}{0.002}=720$만 원

- B적금 : $30\times 24+30\times\frac{24\times 25}{2}\times\frac{0.04}{12}=750$만 원

26

정답 ①

K씨가 예금할 만기환급금은 B적금의 750만 원이며, 주어진 조건에 따라 적금상품별 만기환급금을 계산하면 다음과 같다.

- C상품 : $750+750\times 0.03\times 5=862.5$만 원
- D상품 : $750\times(1+0.02)^5=828$만 원

따라서 만기 시 두 상품의 금액 차이는 862.5−828=34.5만 원이다.

27

정답 ②

- 2025년 9월 100만 원을 달러로 환전

: $1,000,000\text{원}\times\frac{1\text{달러}}{1,327\text{원}}\fallingdotseq 753.6$달러

- 2025년 12월 달러를 원화로 환전

: $753.6\text{달러}\times\frac{1,302\text{원}}{1\text{달러}}\fallingdotseq 981,000$원

따라서 손해를 본 금액은 1,000,000−981,000=19,000원이다.

28

정답 ④

(단리 이자)$=300,000\times\frac{24\times 25}{2}\times\frac{0.021}{12}=157,500$원

따라서 A씨가 만기 이후 찾아갈 적금 총액은 300,000×24+157,500=7,357,500원이다.

29

정답 ④

(만기 시 수령하는 이자액)$=200,000\times\frac{24\times25}{2}\times\frac{0.02}{12}$

$=100,000$원

따라서 행원 A가 고객 B에게 안내할 만기환급금액은 $200,000\times24+100,000=4,900,000$원이다.

30

정답 ②

전체 투자 가격을 a라고 하면 A, B, C주식에 투자한 금액은 각각 0.3a, 0.2a, 0.5a이다.

- A주식 최종 가격 : $0.3a\times1.2=0.36a$
- B주식 최종 가격 : $0.2a\times1.4=0.28a$
- C주식 최종 가격 : $0.5a\times0.8=0.4a$

따라서 A, B, C주식의 최종 가격 총합은 1.04a이므로, 투자 대비 4%의 이익을 보았다.

31

정답 ③

- 단리 예금의 원리합계
  : $1,000+1,000\times0.1\times3=1,300$만 원
- 연 복리 예금의 원리합계
  : $1,000\times(1.1)^3=1,000\times1.331=1,331$만 원

따라서 두 원리합계의 합은 $1,300+1,331=2,631$만 원이다.

32

정답 ④

A씨가 취급한 대출상환방식은 분기마다 1회 후납하는 방식이며, 4회 동안 동일한 원금을 납부해야 한다. 그리고 분기마다 적용되는 이율은 $8\div4=2\%$이다. 기간별로 지불하여야 할 이자를 계산하면 다음과 같다.

구분	1분기	2분기	3분기	4분기	합계
대출 잔액	4천만 원	3천만 원	2천만 원	천만 원	–
상환 원금	4천만÷4 =천만 원	천만 원	천만 원	천만 원	4천만 원
이자	4천만× 0.02 =80만 원	3천만× 0.02 =60만 원	2천만× 0.02 =40만 원	천만× 0.02 =20만 원	200만 원

따라서 지불해야 할 이자는 총 200만 원이다.

33

정답 ①

산책로의 넓이는 전체 공원의 넓이 $18\times10=180\text{m}^2$에서 산책로가 아닌 면적의 넓이 153m^2를 뺀 값이다. 산책로의 폭을 xm라고 하면 다음과 같은 식이 성립한다.

$180-153=10x+18x-x^2$

$\rightarrow x^2-28x+27=0$

$\rightarrow (x-1)(x-27)=0$

$\therefore x=1$ 또는 27

이때 산책로의 폭은 공원의 가로, 세로의 길이보다 클 수 없으므로 $x=1$이다. 따라서 산책로의 폭은 1m이다.

34

정답 ③

원의 반지름을 rm, 원기둥의 높이를 lm라고 하면 원통형 기둥 윗면의 넓이와 옆면의 넓이는 각각 다음과 같다.

- 원통형 기둥 윗면 : $\pi r^2=3\times\left(\frac{0.8}{2}\right)^2=0.48\text{m}^2$
- 옆면 : $2\pi rl=2\times3\times0.4\times1=2.4\text{m}^2$

따라서 페인트칠에 들어가는 총비용은

$(0.48\times10)+(2.4\times7)=4.8+16.8=21.6$만 원이다.

35

정답 ②

A의 나이를 x세라고 하면 아버지의 나이는 $(x+28)$세이므로 다음과 같은 식이 성립한다.

$x+28=3x$

$\therefore x=14$

따라서 아버지의 나이는 $3\times14=42$세이다.

36

정답 ③

- 첫 번째 문제를 맞힐 확률 : $\frac{1}{5}$
- 첫 번째 문제를 틀릴 확률 : $1-\frac{1}{5}=\frac{4}{5}$
- 두 번째 문제를 맞힐 확률 : $\frac{2}{5}\times\frac{1}{4}=\frac{1}{10}$
- 두 번째 문제를 틀릴 확률 : $1-\frac{1}{10}=\frac{9}{10}$
- 두 문제 중 하나만 맞힐 확률 : $\frac{1}{5}\times\frac{9}{10}+\frac{4}{5}\times\frac{1}{10}=\frac{13}{50}$

따라서 두 문제 중 하나만 맞힐 확률은 $\frac{13}{50}\times100=26\%$이다.

37

정답 ④

네 과목의 평균이 85점 이상이 되어야 하므로 총점은 $85\times4=340$점 이상이어야 한다.

따라서 A는 $340-(70+85+90)=95$점 이상을 받아야 한다.

38

정답 ③

전체 일의 양을 1이라고 하면 A사원이 혼자 일을 끝내는 데 걸리는 시간은 15일, A, B사원이 같이 할 때는 6일이 걸린다. B사원이 혼자 일하는 데 걸리는 시간을 b일이라고 하자.

$\frac{1}{15}+\frac{1}{b}=\frac{1}{6}$

→ $6b+6\times15=15b$

→ $9b=6\times15$

$\therefore b=10$

따라서 B사원 혼자 자료를 정리하는 데 걸리는 시간은 10일이다.

39

정답 ③

A와 B는 이번 주 토요일 이후에 각각 15일, 20일마다 미용실에 간다. 15와 20의 최소공배수는 60이므로 60일마다 두 사람은 미용실에 함께 가게 된다.

따라서 $60\div7=7\times8\cdots4$이므로 두 사람이 다시 미용실에 같이 가는 요일은 토요일로부터 4일 뒤인 수요일이다.

40

정답 ④

작년에 입사한 남자 신입사원 수를 x명, 여자 신입사원 수를 y명이라고 하면 다음과 같은 식이 성립한다.

$x+y=55$ … ㉠

$1.5x+0.6y=60$ … ㉡

㉠과 ㉡을 연립하면 $x=30$, $y=25$이다.

따라서 올해 여자 신입사원 수는 $25\times0.6=15$명이다.

41

정답 ②

구매한 과자의 개수를 x개, 아이스크림의 수를 $(12-x)$개라고 하면 다음과 같은 식이 성립한다.

$500x+1,000(12-x)=10,000-1,000$

→ $500x=3,000$

$\therefore x=6$

따라서 과자는 6개 구매했다.

42

정답 ③

- 첫 번째, 두 번째, 세 번째에 모두 앞면이 나올 확률

 : $\frac{1}{2}\times\frac{1}{2}\times\frac{1}{2}=\frac{1}{8}$

- 첫 번째에 뒷면, 두 번째와 세 번째에 앞면이 나올 확률

 : $\frac{1}{2}\times\frac{1}{2}\times\frac{1}{2}=\frac{1}{8}$

따라서 두 번째와 세 번째에 모두 앞면이 나올 확률은 $\frac{1}{8}+\frac{1}{8}=\frac{1}{4}$이다.

43

정답 ②

H가 준비한 박스의 개수를 x개라고 하자.

$4(x-1)+2=10(x-2)$

→ $4x-2=10x-20$

→ $6x=18$

$\therefore x=3$

따라서 H가 준비한 박스는 3개이다.

44

정답 ④

산책로의 길이를 xm라고 하면 40분 동안의 민주와 세희의 이동거리는 각각 다음과 같다.

- 민주의 이동거리 : $40\times40=1,600$m
- 세희의 이동거리 : $45\times40=1,800$m

40분 후에 두 번째로 마주친 것이라고 하였으므로 다음과 같은 식이 성립한다.

$1,600+1,800=2x$

→ $2x=3,400$

$\therefore x=1,700$

따라서 산책로의 길이는 1,700m이다.

45

정답 ③

수도 A, B가 1분 동안 채울 수 있는 물의 양은 각각 $\frac{1}{15}$L, $\frac{1}{20}$L이다. 즉, 수도 A, B를 동시에 틀어 놓을 경우 1분 동안 채울 수 있는 물의 양은 $\frac{1}{15}+\frac{1}{20}=\frac{7}{60}$이다. 그러므로 수도 A, B를 사용해 30분 동안 받을 수 있는 물의 양은 $\frac{7}{60}\times30=3.5$L이다.

따라서 가득 채울 수 있는 물통은 3개이다.

46

정답 ①

더 넣은 소금의 양을 xg이라고 하면 다음과 같은 식이 성립한다.

$\frac{8}{100}\times500+x=\frac{12}{100}\times(500+x)$

→ $4,000+100x=6,000+12x$

→ $88x=2,000$

$\therefore x=\frac{250}{11}$

따라서 더 넣은 소금의 양은 $\frac{250}{11}$g이다.

47

정답 ①

상품의 원가를 x원이라고 하면 처음의 판매가격은 $1.23x$원이다. 여기서 1,300원을 할인하여 판매했을 때 얻은 이익은 원가의 10%이므로 다음과 같은 식이 성립한다.

$(1.23x-1,300)-x=0.1x$

$\rightarrow 0.13x=1,300$

$\therefore x=10,000$

따라서 상품의 원가는 10,000원이다.

48

정답 ①

기차의 길이를 xm, 기차의 속력을 ym/s라고 하면 다음과 같은 식이 성립한다.

$\frac{x+400}{y}=10 \rightarrow x+400=10y \rightarrow 10y-x=400$ … ㉠

$\frac{x+800}{y}=18 \rightarrow x+800=18y \rightarrow 18y-x=800$ … ㉡

㉠과 ㉡을 연립하면 $x=100$, $y=50$이다.

따라서 기차의 길이는 100m이고, 기차의 속력은 50m/s이다.

49

정답 ④

소민이는 $7+2=9$일마다 일을 시작하고 민준이는 $10+2=12$일마다 일을 시작한다.

따라서 두 사람은 9와 12의 최소공배수인 36일마다 동시에 일을 시작하므로 34일 후에는 연속으로 쉬는 날이 같아진다.

50

정답 ①

- 7권의 소설책 중 3권을 선택하는 경우의 수

 : $_7C_3=\frac{7\times6\times5}{3\times2\times1}=35$가지

- 5권의 시집 중 2권을 선택하는 경우의 수

 : $_5C_2=\frac{5\times4}{2\times1}=10$가지

따라서 소설책 3권과 시집 2권을 선택하는 경우의 수는 $35\times10=350$가지이다.

51

정답 ④

위원회를 구성할 수 있는 경우의 수는 학생회장과 A교수가 동시에 뽑히는 경우의 수를 제외한 것과 같다.

- 전체 인원 12명 중 5명을 뽑는 경우의 수

 : $_{12}C_5=\frac{12\times11\times10\times9\times8}{5\times4\times3\times2\times1}=792$가지

- 학생회장과 A교수가 같이 대표로 뽑힐 경우의 수

 (=12명 중 이 2명을 제외한 10명에서 3명을 뽑는 경우의 수)

 : $_{10}C_3=\frac{10\times9\times8}{3\times2\times1}=120$가지

따라서 위원회를 구성하는 경우의 수는 $792-120=672$가지이다.

52

정답 ③

현재 아버지의 나이를 x세라고 하면 다음과 같은 식이 성립한다.

$(8+a)+(x+a)=8\times7$

$\therefore x=48-2a$

따라서 현재 아버지의 나이는 $\frac{48-2a}{8}=\frac{24-a}{4}$배이다.

53

정답 ④

창조적인 기업은 융통성이 있고, 융통성이 있는 기업 중의 일부는 오래간다. 따라서 창조적인 기업이 오래갈지 아닐지 알 수 없다.

54

정답 ②

이 회사의 모든 여직원이 영어가 아닌 중국어나 일본어 중 하나를 배울 수도 있다.

55

정답 ③

'커피를 많이 마신다.'를 A, '카페인을 많이 섭취한다.'를 B, '불면증이 생긴다.'를 C라고 하면, 첫 번째 명제는 $A \rightarrow B$, 두 번째 명제는 $\sim A \rightarrow \sim C$이다. 두 번째 명제의 대우는 $C \rightarrow A$이므로 $C \rightarrow A \rightarrow B$가 성립한다. 따라서 빈칸에는 $C \rightarrow B$인 '불면증이 생기면 카페인을 많이 섭취한 것이다.'가 적절하다.

56

정답 ③

B는 8장의 응모권을 받은 A보다 2장 적게 받으므로 6장의 응모권을 받는다. 따라서 C는 응모권을 A의 8장보다는 적게, B의 6장보다는 많이 받으므로 7장의 응모권을 받았음을 알 수 있다.

57

정답 ②

강 대리와 이 사원의 진술이 서로 모순이므로, 둘 중 1명은 거짓을 말하고 있다.

- 강 대리의 말이 거짓일 경우

 워크숍 불참 인원이 2명이므로 조건이 성립하지 않는다.

- 강 대리의 말이 참일 경우

 박 사원의 말은 참이 된다. 이때, 박 사원의 말이 참이라면 유 사원이 워크숍에 참석했다. 이 사원의 말은 거짓이고, 누가 워크숍에 참석하지 않았는지 모른다는 진술에 의해 김 대리의 말 역시 거짓이 된다. 강 대리, 박 사원, 이 사원의 진술에 따라 워크숍에 참석한 사람은 강 대리, 김 대리, 유 사원, 이 사원이므로 워크숍에 참석하지 않은 사람은 박 사원이 된다.

따라서 거짓말을 하는 사람은 김 대리와 이 사원이며, 워크숍에 참석하지 않은 사람은 박 사원이다.

58

정답 ④

가장 높은 등급을 1등급, 가장 낮은 등급을 5등급이라고 하면 네 번째 조건에 의해 A는 3등급을 받는다. 또한 첫 번째 조건에 의해 E는 4등급 또는 5등급이다. 이때 두 번째 조건에 의해 C가 5등급, E가 4등급을 받고, 세 번째 조건에 의해 B는 1등급, D는 2등급을 받는다. 따라서 발송 대상자는 C와 E이다.

59

정답 ②

제시된 조건을 정리하면 다음과 같다.

구분	1일	2일	3일	4일	5일	6일
경우 1	B	E	F	C	A	D
경우 2	B	C	F	D	A	E
경우 3	A	B	F	C	E	D
경우 4	A	B	C	F	D	E
경우 5	E	B	C	F	D	A
경우 6	E	B	F	C	A	D

따라서 B영화는 어떠한 경우에도 1일 또는 2일에 상영된다.

오답분석

① 경우 3 또는 4에서 A영화는 C영화보다 먼저 상영된다.
③ 경우 1 또는 3에서 폐막작으로, 경우 4 또는 5에서 5일에 상영된다.
④ 경우 1 또는 3에서 E영화는 개막작이나 폐막작으로 상영되지 않는다.

60

정답 ④

먼저 갑이나 병이 짜장면을 주문했다면 진실만 말해야 하는데, 다른 사람이 짜장면을 먹었다고 할 경우 거짓을 말한 것이 되므로 모순이 된다. 그러므로 짜장면을 주문한 사람은 을 또는 정이다.

- 을이 짜장면을 주문한 경우
  병은 짬뽕, 정은 우동을 주문하고 남은 갑이 볶음밥을 주문한다. 이 경우 갑이 한 말은 모두 거짓이고, 병과 정은 진실과 거짓을 1개씩 말하므로 모든 조건이 충족된다.
- 정이 짜장면을 주문한 경우
  을은 짬뽕, 갑은 볶음밥, 병은 우동을 주문한다. 이 경우 갑은 진실과 거짓을 함께 말하고, 을과 병은 거짓만 말한 것이 되므로 모순이 된다. 이에 따라 정은 짜장면을 주문하지 않았다.

따라서 갑은 볶음밥, 을은 짜장면, 병은 짬뽕, 정은 우동을 주문했다.

61

정답 ③

김 과장이 2주 차 월요일에 단식을 했기 때문에, 1주 차 토요일과 일요일은 반드시 세 끼 식사를 해야 한다. 또한 목요일은 업무약속이 있어 점심식사를 했으므로 단식을 할 수 없다.

구분	월	화	수	목	금	토	일
아침	○		○	○	○	○	○
점심				○		○	○
저녁				○		○	○

- 월요일에 단식을 했을 경우
  화・수요일은 세 끼 식사를 해야 한다. 그러면 금요일이 단식일이 되는데, 이 경우 네 번째 조건을 만족하지 못한다.
- 화요일(아침에 식사)에 단식을 했을 경우
  월・수・목요일은 세 끼 식사를 해야 한다. 그러면 금요일이 단식일이 되는데, 이 경우 네 번째 조건을 만족하지 못한다.
- 화요일(저녁에 식사)에 단식을 했을 경우
  월・수・목요일은 세 끼 식사를 해야 한다. 그러면 금요일이 단식일이고, 아침에 식사를 했으므로 모든 조건을 만족한다.

62

정답 ④

A ~ E의 진술을 차례대로 살펴보면, A는 B보다 먼저 탔으므로 서울역 또는 대전역에서 승차하였다. 이때, A는 자신이 C보다 먼저 탔는지 알지 못하므로 C와 같은 역에서 승차하였음을 알 수 있다. 다음으로 B는 A와 C보다 늦게 탔으므로 첫 번째 승차 역인 서울역에서 승차하지 않았으며, C는 가장 마지막에 타지 않았으므로 마지막 승차 역인 울산역에서 승차하지 않았다. 한편, D가 대전역에서 승차하였으므로 같은 역에서 승차하는 A와 C는 서울역에서 승차하였음을 알 수 있다. 또한 마지막 역인 울산역에서 혼자 승차하는 경우에만 자신의 정확한 탑승 순서를 알 수 있으므로 자신의 탑승 순서를 아는 E가 울산역에서 승차하였다. 이를 표로 정리하면 다음과 같다.

구분	서울역		대전역		울산역
탑승객	A	C	B	D	E

따라서 'E는 울산역에서 승차하였다.'는 항상 옳다.

오답분석

① A는 서울역에서 승차하였다.
② B는 대전역, C는 서울역에서 승차하였으므로 서로 다른 역에서 승차하였다.
③ C는 서울역, D는 대전역에서 승차하였으므로 서로 다른 역에서 승차하였다.

63

정답 ④

다음 달은 토요일이 1일이고, 30일까지 있기 때문에 K행원은 평일인 20일 동안 헬스장을 이용한다. 헬스장별 20일 이용료는 각각 다음과 같다.

- A : 5,000×20+20,000=120,000원
- B : 110,000+110,000×0.1=121,000원
- C : 6,000×10×0.9×2+15,000=123,000원
- D : 30,000+(30,000−3,000)+(30,000−6,000)
  +(30,000−9,000)+12,000=114,000원

따라서 가장 비용이 저렴한 곳은 114,000원인 D헬스장이다.

64
정답 ④

경로별 거리의 총합은 각각 다음과 같다.

구분	거리 총합
경로 1	46.5+127+92.2+72.77=338.47km
경로 2	31.5+127+92.2+93.7=344.4km
경로 3	145.2+92.2+22.3+87.69=347.39km
경로 4	30.6+120.3+72.7+104.56=328.16km

따라서 A과장이 집에서 출장지까지 회사 차량으로 이동하는 최단 거리의 경로는 328.16km인 경로 4이다.

65
정답 ④

제시된 벌점 규정과 평정 내역에 따라 직원별 평정 최종점수를 산출하면 다음과 같다.

구분	올해 업무 평정	일반 사고	중대 사고	수상 경력	평정 최종점수
A사원	420	4	2	–	260
B사원	380	9	–	1	300
C대리	550	11	1	–	290
D과장	440	5	3	–	220

따라서 가장 낮은 점수를 받을 팀원은 D과장이다.

66
정답 ①

B제품의 판매 이익을 높이려면 재료비, 생산비, 광고비, A/S 부담 비용을 낮추어야 한다. 선택지 ①~④에 따라 감소되는 비용을 계산하면 다음과 같다.

① 2,500×0.25=625원
② 4,000×0.1=400원
③ 1,000×0.5=500원
④ 무료 A/S 비율을 감소시키는 것은 A/S 부담 비용을 감소시키는 것과 같으므로 3,000×0.05=150원의 비용이 감소한다.

따라서 B제품의 판매 이익을 가장 크게 높일 수 있는 방법은 제일 많은 금액이 감소되는 ①이다.

67
정답 ②

E행원은 첫째 주 일요일 6시간, 넷째 주 토요일 5시간으로 월 최대 10시간 미만인 규정에 어긋나므로 비상 근무 일정을 수정해야 한다.

68
정답 ④

- 1월 8일 : 출장지는 D시이므로 출장수당은 10,000원이고, 교통비는 20,000원이다. 그러나 관용차량을 사용했으므로 교통비에서 10,000원이 차감된다.
  즉, 1월 8일의 출장 여비는 10,000+(20,000−10,000)=20,000원이다.
- 1월 16일 : 출장지는 S시이므로 출장수당은 20,000원이고, 교통비는 30,000원이다. 그러나 출장 시작 시각이 14시이므로 10,000원이 차감된다.
  즉, 1월 16일의 출장 여비는 (20,000−10,000)+30,000=40,000원이다.
- 1월 19일 : 출장지는 B시이므로 출장수당은 20,000원이고, 교통비는 30,000원이다. 출장 시작 및 종료 시각은 차감대상이 아니지만 업무추진비를 사용했으므로 10,000원이 차감된다.
  즉, 1월 19일의 출장 여비는 (20,000−10,000)+30,000=40,000원이다.

따라서 K행원이 1월 출장 여비로 받을 수 있는 총액은 20,000+40,000+40,000=100,000원이다.

69
정답 ③

배당금은 주당배당금의 100배이기 때문에 각각의 주당배당금만 계산하면 된다. 계산방식은 크게 2가지로 나뉜다.

주당배당금 공식[(배당금 총액)÷(발행주식 수)]으로 구할 수 있는 것은 갑, 병, 무의 투자한 회사에 대한 주당배당금이다.

구분	배당금 총액	발행주식 수	주당배당금
갑	20×0.2=4억 원	10만 주	4,000원
병	40×0.2=8억 원	10만 주	8,000원
무	20×0.2=4억 원	20만 주	2,000원

다음으로 두 번째 배당수익률 공식을 응용하면 (주당배당금)=$\frac{(\text{배당수익률})}{100}$×(주가)임을 알 수 있다. 을, 정의 주당배당금은 이 공식을 이용하여 구할 수 있다.

구분	(배당수익률)÷100	주가	주당배당금
을	$\frac{10}{100}=0.1$	30,000원	3,000원
정	$\frac{20}{100}=0.2$	60,000원	12,000원

따라서 배당금이 많은 순서대로 나열하면 정–병–갑–을–무이다.

70

정답 ③

유럽이 가스 시장 자율화를 법제화하며 다양한 시장 참여자 간의 경쟁을 추구한 추세에 대응해 러시아의 가즈프롬이 자회사를 설립해 효과적으로 시장을 공략한 경험은 러시아 외부 환경에서 비롯된 기회(O)가 아니라 러시아 내부의 강점(S)에 해당한다.

오답분석

① 러시아가 세계 가스 생산 2위이라는 점은 공급자로서 공급 물량과 가격 결정 등 세계 가스 시장에 관여해 큰 영향력을 행사할 수 있는 원동력으로, 이는 러시아가 내부적으로 갖춘 강점(S)으로 볼 수 있다.

② 자국 내 정치적 리스크로 인해 EAEU 공동가스시장을 주도하기 곤란해질 수 있다는 점은 곧 EAEU 공동가스시장에 대한 러시아의 영향력 약화를 의미하므로, 이는 러시아의 약점(W)으로 볼 수 있다.

④ 러시아보다 저가로 가스를 공급할 수 있는 경쟁자의 등장은 곧 러시아의 수출 경쟁력 약화를 의미하므로, 이는 러시아 외부 환경에서 비롯된 위협(T)으로 볼 수 있다.

제2영역 금융 · 디지털상식

71

정답 ④

데이터 거래소는 개인정보를 알아낼 수 있을 경우 법적 처벌을 받기 때문에 데이터를 거래할 때는 익명으로 한다.

72

정답 ②

양도성 예금증서(CD)는 은행의 정기예금에 양도성을 부여한 것으로, 은행이 발행하고 증권회사와 종합 금융회사의 중개를 통해 매매된다.

오답분석

① 기업어음(CP) : 기업체가 자금 조달을 목적으로 발행하는 어음

③ 환매조건부채권(RP) : 금융기관이 일정 기간 후 확정 금리를 보태어 되사는 조건으로 발행하는 채권

④ 어음관리계좌(CMA) : 고객의 예탁금을 어음 및 국공채 등 단기금융상품에 직접 투자하여 운용한 후 그 수익을 고객에게 돌려주는 실적배당 금융상품

73

정답 ①

골든 크로스(Golden Cross)는 주가나 거래량의 단기 이동평균선이 중장기 이동평균선을 아래에서 위로 돌파해 올라가는 현상을 의미한다.

오답분석

② 데드 크로스(Dead Cross) : 골든 크로스의 반대용어로, 주식이 하향세로 전환되는 상황을 뜻하는 말

74

정답 ③

오답분석

① CMA(Cash Management Account) : 고객이 맡긴 예금을 어음이나 채권에 투자하여 그 수익을 고객에게 돌려주는 실적배당 금융상품

② 사모펀드(Private Equity Fund) : 투자자로부터 모은 자금을 주식 · 채권 등에 운용하는 펀드

④ ETF(Exchange Traded Funds) : 상장지수펀드로 특정지수를 모방한 포트폴리오를 구성하여 산출된 가격을 상장시킴으로써 주식처럼 자유롭게 거래되도록 설계된 지수상품

75

정답 ①

외국채는 채권의 표시통화 국가에서 발행되는 채권이고, 유로채는 채권의 표시통화 국가 이외의 국가에서 발행되는 채권이다.

오답분석

② 외국채는 이자소득세를 내야 하지만, 유로채는 세금을 매기지 않는다.
③ 외국채는 감독 당국의 규제를 받지만, 유로채는 규제를 받지 않는다.
④ 외국채는 신용 평가가 필요하지만, 유로채는 필요하지 않다.

76

정답 ①

오답분석

② 최종 목적지와 같은 네트워크에 연결된 라우터에 도착할 때까지 여러 라우터를 거쳐서 전달한다.
③ IP 프로토콜에서 라우터 간의 패킷을 중개할 때는 Best Effort 라는 원칙에 따라 전송하는데, 이 방식은 전송 패킷이 수신 호스트에게 100% 도착하는 것을 보장하지 않는다.
④ IP 프로토콜은 직접 전송과 간접 전송으로 나누어지며, 직접 전송에서 송신자는 목적지 IP 주소를 이용하여 목적지 물리 주소를 찾아서 데이터 링크를 보내어 패킷을 전달한다.

77

정답 ④

같은 성명을 그룹 지어서 그 과목에 대한 평균을 구하면 되므로 성명에 따라 그룹을 지을 수 있는 GROUP BY 절이 기술되어야 하고, 점수 평균을 구하려면 집단 함수 "AVG(점수)"를 사용한다.

78

정답 ②

병행 수행의 문제점

- 갱신 분실(Lost Update)
- 연쇄 복귀(Cascading Rollback)
- 모순성(Inconsistency, 불일치성)
- 비완료 의존성(Uncommitted Dependency)

79

정답 ②

NoSQL은 기존 관계형 데이터 베이스의 SQL과 같은 질의 언어를 제공하지 않고, 간단한 API Call 또는 HTTP를 통한 단순한 접근 인터페이스의 CLI(Call Level Interface)를 제공한다.

NoSQL의 특징

- 유연한 스키마 사용
- 높은 가용성 제공
- 저렴한 클러스터 구성

80

정답 ②

ㄱ. 옳음. 중앙은행이 발행하는 전자 형태의 법정화폐인 CBDC는 블록체인 기술, 분산원장 방식 등을 적용해 전자 형태로 저장된다.
ㄴ. 옳음. 가상화폐가 지급 수단으로 자리 잡을 가능성이 커짐에 따라 등장한 CBDC는 국가가 발행하고 보증하기 때문에 일반적인 암호화폐보다 안정성·신뢰성이 높고 가격 변동이 거의 없어 현금처럼 쓸 수 있다.
ㄷ. 옳음. CBDC는 블록체인으로 관리되므로 화폐 위조 위험이 없고, 현금 같은 실물을 발행할 필요가 없어 비용을 줄일 수 있다. 또한 화폐 유통과 거래 과정에서 소모되는 비용도 절감할 수 있다.
ㄹ. 옳지 않음. 개인이 CBDC를 전자지갑에 직접 보관하기 때문에 요구불예금 등 은행권 수시입출금, 단기예금 계좌를 사용할 유인이 감소된다. 이로 인해 은행의 자금 조달(중개) 기능의 약화로 인한 각종 부작용이 발생할 수 있다. 예컨대, 자금 조달 기능이 약화되어 은행의 대출 여력이 감소하는 만큼 대출 금리가 높아지고 신용도가 높은 개인·기업만 대출을 받게 되는 상황이 심화되면 서민·자영업자·중소기업 등에 대한 '대출 문턱'이 높아질 가능성이 크다.
ㅁ. 옳지 않음. CBDC는 전자 형태로 발행되기 때문에 화폐 거래 추적이 쉽고 익명성이 제한되므로 암시장 억제와 자금세탁 방지를 기대할 수 있다.

제2회 모의고사 정답 및 해설

01	02	03	04	05	06	07	08	09	10
④	①	④	④	①	①	③	①	②	②
11	12	13	14	15	16	17	18	19	20
②	①	④	①	③	①	④	④	②	①
21	22	23	24	25	26	27	28	29	30
④	③	①	③	④	④	①	①	③	④
31	32	33	34	35	36	37	38	39	40
①	③	③	①	④	①	④	①	③	④
41	42	43	44	45	46	47	48	49	50
④	④	②	①	①	③	④	④	④	②
51	52	53	54	55	56	57	58	59	60
④	①	①	①	④	③	③	①	④	④
61	62	63	64	65	66	67	68	69	70
①	④	③	③	①	④	①	②	③	②
71	72	73	74	75	76	77	78	79	80
③	①	①	③	②	③	③	④	①	④

제 1 영역 NCS 직업기초능력

01

정답 ④

'-데'는 경험한 지난 일을 돌이켜 말할 때 쓰는, 곧 회상을 나타내는 종결어미이며 '-대'는 '다(고)해'의 준말이다. '대'는 화자가 문장 속의 주어를 포함한 다른 사람으로부터 들은 이야기를 청자에게 간접적으로 전달하는 의미를 갖고 있다. 따라서 ④의 문장은 영희에게 들은 말을 청자에게 전달하는 의미로 쓰였으므로 '맛있대'가 되어야 한다.

02

정답 ①

'일사불란(一絲不亂)'은 '질서 정연하여 조금도 어지러운 데가 없음'을 이르는 말이다.

오답분석

② 평지풍파(平地風波) : 평온한 자리에서 뜻밖의 분쟁이 일어남
③ 옥석혼효(玉石混淆) : 구슬과 돌이 섞여 있다는 뜻으로, 좋은 것과 나쁜 것이 뒤섞여 있음
④ 지리멸렬(支離滅裂) : 갈가리 찢기고 마구 흩어져 갈피를 잡을 수 없게 됨

03

정답 ④

제시문은 모든 일에는 신중을 기해야 한다는 것이 주제이다. 이를 가장 잘 설명하는 속담은 무슨 일이든 낭패를 보지 않기 위해서는 신중하게 생각하여 행동해야 함을 이르는 말인 '일곱 번 재고 천을 째라.'이다.

오답분석

① 사공이 많으면 배가 산으로 간다 : 주관하는 사람 없이 여러 사람이 자기주장만 내세우면 일이 제대로 되기 어려움을 이르는 말
② 새가 오래 머물면 반드시 화살을 맞는다 : 편하고 이로운 곳에 오래 머물며 안일함에 빠지면 반드시 화를 당한다는 뜻
③ 쇠뿔은 단김에 빼랬다 : 어떤 일이든지 하려고 생각했으면 한창 열이 올랐을 때 망설이지 말고 곧 행동으로 옮겨야 한다는 뜻

04

정답 ④

제시문은 동영상 압축 기술 중 하나인 허프만 코딩 방식의 과정을 예를 들어서 설명하고 있다. 따라서 글의 주제로 '허프만 코딩 방식의 과정'이 가장 적절하다.

오답분석

① MPEG의 종류 중 하나인 허프만 코딩 방식에 대한 글일 뿐, MPEG의 종류를 설명하는 글은 아니다.
② 허프만 트리가 언급되기는 했지만 부분적인 내용이므로 글 전체의 주제가 될 수 없다.
③ 데이터의 표현 방법은 언급되지 않았다.

05

정답 ①

오답분석

②·③·④ 제시문의 중심 내용을 드러내기 위한 현재의 상황을 서술한 내용이다.

06

정답 ①

제시문은 약의 제형적 특징과 그에 따른 복용법에 대한 글이다. 보기의 '이 둘'은 제시문의 산제와 액제를 의미하므로 이에 관해 설명하고 있는 위치에 들어가야 함을 알 수 있다. 또한 상반되는 사실을 나타내는 두 문장을 이어 줄 때 사용하는 접속어 '하지만'을 통해 산제와 액제의 단점을 이야기하는 보기 앞에는 산제와 액제의 장점에 대한 내용이 와야 함을 알 수 있다. 따라서 (가)에 들어가는 것이 적절하다.

07

정답 ③

제시문은 정부에서 고창 갯벌을 습지보호지역으로 지정하였고 습지보호지역으로 지정되면 어떻게 되는지 설명하는 글이다. 따라서 (나) 정부에서 습지보호지역으로 지정 고시한 고창 갯벌 – (가) 고창 갯벌의 상황 – (라) 습지보호지역으로 지정 고시된 이후에 달라진 내용 – (다) 앞으로의 계획 순으로 나열하는 것이 적절하다.

08

정답 ①

제시문의 (가)와 (나)는 서로 다른 영역을 탐구 대상으로 하며 독립적으로 존재하지만 큰 테두리에서 보면 상호 보완적으로 작용하고 있다. 법과 관습도 서로 다른 양상으로 작용하지만 '바람직한 행동의 추구'라는 포괄적인 측면에서는 상호 보완적으로 작용한다.

09

정답 ②

오답분석

① 현실주의자들은 숙명론적이며 결정론적이라고 비판받는다.
③ 제시문에서 언급되지 않은 내용이다.
④ 무질서 상태가 체계가 없는 상태라고 할 수 없으며, 그것이 혼란스러운 상태를 의미하는지도 제시문을 통해서 알 수 없다.

10

정답 ②

제시문에 따르면 한국인들이 달항아리가 일그러졌다고 해서 깨뜨리거나 대들보가 구부러졌다고 해서 고쳐 쓰지는 않았지만, 곧은 대들보와 완벽한 모양의 달항아리를 좋아하지 않았다는 내용은 알 수 없다.

11

정답 ②

제시문에 따르면 고대 중국인들은 하늘을 인간의 개별적 또는 공통적 운명을 지배하는 신비하고 절대적인 존재로 보았다. 따라서 이러한 고대 중국인들의 주장에 대한 반박으로는 사람이 받게 되는 재앙과 복의 원인은 모두 자신에게 있다는 내용의 ②가 가장 적절하다.

12

정답 ①

제시문은 기술이 내적인 발전 경로를 가지고 있다는 통념을 비판하기 위해 다양한 사례 연구를 논거로 인용하고 있다. 따라서 인용하고 있는 연구 결과를 반박할 수 있는 자료가 있다면 글쓴이의 주장은 설득력을 잃게 된다.

13

정답 ④

제시문은 집단을 중심으로 절차의 정당성을 근거로 한 과도한 권력, 즉 무제한적 민주주의에 대해 비판하는 글이다. 그러므로 제시문의 결론은 민주주의에 의해 훼손될 수 있는 자유와 권리의 옹호라는 주제에 도달해야 한다. 따라서 빈칸에 들어갈 내용으로 이를 언급한 ④가 적절하다.

14

정답 ①

제시문에 따르면 사카린은 설탕보다 당도가 약 500배 높고, 아스파탐의 당도는 설탕보다 약 200배 높다. 따라서 사카린과 아스파탐 모두 설탕보다 당도가 높고, 사카린은 아스파탐보다 당도가 높다.

오답분석

② 사카린은 무해성이 입증되어 미국 FDA의 인증을 받았고, 현재도 설탕의 대체재로 사용되고 있다.
③ 2000년대 초반 미국의 설탕, 옥수수 시럽, 기타 천연당의 1인당 연평균 소비량인 140파운드는 중국보다 9배 많은 수치였으므로, 중국의 소비량은 약 15파운드였을 것이다.
④ 아스파탐은 미국 암협회가 안전하다고 발표했지만, 이탈리아의 과학자가 쥐를 대상으로 한 실험에서 암을 유발한다고 내린 결론 때문에 논란이 끊이지 않고 있다.

15

정답 ③

제시문의 첫 번째 문단에서 주시경이 늣씨 개념을 도입한 것은 서양의 블룸필드보다 훨씬 이전이라고 하였으므로 적절하지 않다.

오답분석

① 마지막 문단의 '그는 맞춤법을 확립하는 정책에도 자신의 학문적 성과를 반영하고자 했다.'는 내용을 통해 알 수 있다.
② 첫 번째 문단의 '과학적 연구 방법이 전무하다시피 했던 국어학 연구에서, 그는 단어의 원형을 밝혀 적는 형태주의적 입장을 가지고 독자적으로 문법 현상을 분석하고 이론으로 체계화하는 데 힘을 쏟았다.'는 내용을 통해 알 수 있다.
④ 두 번째 문단의 '그는 언어를 민족의 정체성을 나타내는 징표로 보았으며, 국가와 민족의 발전이 말과 글에 달려 있다고 생각하여 국어 교육에 온 힘을 다하였다.'는 내용을 통해 알 수 있다.

16

정답 ①

제시문에 따르면 파산재단의 자산을 이용해 채권자에게 변제하는 것은 파산관재인의 업무이며, 파산관재인은 파산재단 자산이 실질적으로 파산관재인의 점유가 되도록 파산재단의 현금, 예금통장 등을 확보하고 장부를 폐쇄한다.

오답분석

② 세 번째 문단에 따르면 파산관재인은 누락되는 자산이 없도록 파산재단 자산을 조사한다.
③ 파산재단은 법원의 파산선고와 동시에 구성된다.
④ 파산채권자는 채권의 개별행사가 금지된다.

17

정답 ④

제시문에 따르면 공무의 형편상 또는 천재지변, 기타 사유로 인하여 소요되는 일수도 여행일수에 포함하므로 적절한 설명이다.

오답분석

① 차량운행비란 자동차 운임 중 규칙에서 정한 부득이한 사유로 대중교통이 아닌 자가용차량 이용 승인을 득하였을 경우 지급하는 차량연료비 및 통행료를 말한다.
② 여비는 통상의 경로 및 방법에 의하여 계산하지만 부득이한 사유로 인하여 통상의 경로 및 방법에 의하여 여행하기 곤란한 경우에 실제로 행한 경로 및 방법에 의하여 계산한다.
③ 직원이 외빈을 동반하여 여행할 경우 출장목적 수행상 부득이하다고 인정될 때에는 외빈과 같은 등급의 운임・일비・숙박비・식비를 최소화하여 조정・적용할 수 있다.

18

정답 ④

각 연령대를 기준으로 남성과 여성의 인구비율을 계산하면 다음과 같다.

구분	남성	여성
0 ~ 14세	$\frac{323}{627}\times100\fallingdotseq51.5\%$	$\frac{304}{627}\times100\fallingdotseq48.5\%$
15 ~ 29세	$\frac{453}{905}\times100\fallingdotseq50.1\%$	$\frac{452}{905}\times100\fallingdotseq49.9\%$
30 ~ 44세	$\frac{565}{1,110}\times100\fallingdotseq50.9\%$	$\frac{545}{1,110}\times100\fallingdotseq49.1\%$
45 ~ 59세	$\frac{630}{1,257}\times100\fallingdotseq50.1\%$	$\frac{627}{1,257}\times100\fallingdotseq49.9\%$
60 ~ 74세	$\frac{345}{720}\times100\fallingdotseq47.9\%$	$\frac{375}{720}\times100\fallingdotseq52.1\%$
75세 이상	$\frac{113}{309}\times100\fallingdotseq36.6\%$	$\frac{196}{309}\times100\fallingdotseq63.4\%$

즉, 남성 인구가 40% 이하인 연령대는 75세 이상(36.6%)이며, 여성 인구가 50% 초과 60% 이하인 연령대는 60 ~ 74세(52.1%)이다. 따라서 ㉠과 ㉡을 바르게 짝지은 것은 ④이다.

19

정답 ②

6명 중 두 번째로 키가 큰 사람은 연준이며, 연준이의 몸무게는 네 번째로 가볍다.

20

정답 ①

2022년의 전년 대비 가격 상승률은 $\frac{230-200}{200}\times100=15\%$이고, 2025년의 전년 대비 가격 상승률은 $\frac{270-250}{250}\times100=8\%$이므로 옳지 않다.

오답분석

② 재료비의 상승폭은 2024년에 11(99 → 110)로 가장 크고, 가격의 상승폭도 2024년에 35(215 → 250)로 가장 크다.
③ 인건비는 55 → 64 → 72 → 85 → 90으로 꾸준히 증가했다.
④ 재료비와 인건비 모두 '증가 – 증가'이므로 증감 추이는 같다.

21

정답 ④

영업부서와 마케팅부서에서 S등급과 C등급에 배정되는 인원은 같고, 영업부서가 마케팅부서보다 A등급과 B등급의 인원이 2명씩 적다. 따라서 두 부서의 총상여금 차이는 $(420\times2)+(330\times2)=$ 1,500만 원이므로 옳지 않다.

오답분석

① 마케팅부서 15명에게 지급되는 총상여금은 $(500\times2)+(420\times5)+(330\times6)+(290\times2)=5,660$만 원이다.
② A등급 상여금은 B등급 상여금보다 $\frac{420-330}{330}\times100\fallingdotseq27.3\%$ 많다.
③ 마케팅부서와 영업부서의 등급별 배정인원은 각각 다음과 같다.

(단위 : 명)

구분	S등급	A등급	B등급	C등급
마케팅부서	2	5	6	2
영업부서	2	3	4	2

따라서 영업부서 A등급과 B등급의 인원은 마케팅부서 인원보다 각각 2명씩 적다.

22

정답 ③

ㄱ. 2025년 2월에 가장 많이 낮아졌다.
ㄴ. 제시된 수치는 전년 동월, 즉 2024년 6월보다 325건 높아졌다는 뜻이므로 실제 심사건수는 알 수 없다.
ㄷ. 2024년 5월에 비해 3.3% 증가했다는 뜻이므로, 실제 등록률 알 수 없다.

오답분석

ㄹ. 전년 동월 대비 125건 증가했으므로 100+125=225건이다.

23

정답 ①

8월은 $\frac{1,180}{1,320}\fallingdotseq0.89$유로/달러이고, 12월은 $\frac{1,154}{1,470}\fallingdotseq0.79$유로/달러이다. 분자는 감소하고, 분모는 증가하기 때문에 값은 감소한다. 따라서 8월의 유로/달러 값이 더 크다.

오답분석

② 7월 원/유로의 18%는 1,300×0.18=234원/유로이고, 12월 원/유로는 1,470원/유로로 1,300+234=1,534원/유로보다 작으므로 18% 미만 증가하였다.

③ 원/달러의 증감 추이는 '감－감－증－증－증', 원/100엔은 '감－증－증－증－증'이므로 9월의 전월 대비 증감 추이가 다르다.

④ 전월 대비 원/달러 변화량의 최댓값은 8월 대비 9월 감소액 1,112－1,180=－68원이고, 원/100엔도 8월 대비 9월 증가액 1,048－1,012=36원으로 변화량이 가장 높다. 따라서 절댓값으로 비교하면 원/달러 변화량의 최댓값이 원/100엔 최댓값보다 크다.

24

정답 ③

응답기간 중 하위 두 정당은 항상 D, E로 같다. 이 두 정당의 지지율 합과 정당 C의 지지율은 각각 다음과 같다.

구분	1월	6월	12월
정당 D·E의 지지율 합	8.9+5.6 =14.5%	5.2+3.3 =8.5%	4.7+7.5 =12.2%
정당 C	12.8%	11.2%	10.8%

따라서 하위 두 정당의 지지율의 합이 정당 C의 지지율보다 낮은 때는 6월뿐이다.

오답분석

① 정당별 1월, 6월, 12월의 지지율 증감 추이는 다음과 같다.
- 정당 A : 증가－감소
- 정당 B : 증가－증가
- 정당 C : 감소－감소
- 정당 D : 감소－감소
- 정당 E : 감소－증가

따라서 지지율 증감 추이가 동일한 정당은 C와 D이다.

② 응답기간 중 정당 A와 B의 지지율 합은 각각 다음과 같다.
- 1월 : 38.2+34.5=72.7%
- 6월 : 41.5+38.8=80.3%
- 12월 : 36.8+40.2=77%

따라서 응답기간 중 정당 A와 B의 지지율 합은 항상 70% 이상이다.

④ 6월 조사에서 정당 A의 지지율은 41.5%이고, 정당 B의 지지율은 38.8%이므로 두 지지율의 차이는 41.5－38.8=2.7%p이다. 따라서 총응답자 수는 600+705+695=2,000명이므로 정당 A와 B를 지지하는 전체 인원수 차이는 2,000×0.027=54명이다.

25

정답 ④

20대의 연도별 흡연율은 40대의 흡연율로, 30대는 50대의 흡연율로 반영되었다.

26

정답 ④

매년 초에 물가상승률(r)이 적용된 연금을 n년 동안 받게 되는 총금액(S)은 다음과 같다(x는 처음 받는 연금액).

$$S=\frac{x(1+r)\{(1+r)^n-1\}}{r}$$

올해 초에 500만 원을 받고 매년 연 10% 물가상승률이 적용되어 10년 동안 받는 총금액은 다음과 같다.

$$S=\frac{500\times(1+0.1)\times\{(1+0.1)^{10}-1\}}{0.1}$$

$$=\frac{500\times1.1\times(2.5-1)}{0.1}$$

=8,250만 원

일시불로 받을 연금을 y만 원이라고 하자.

$y(1.1)^{10}=8,250$

$\therefore\ y=\frac{8,250}{2.5}=3,300$

따라서 올해 초에 일시불로 받을 연금은 3,300만 원이다.

27

정답 ①

월복리 적금 상품의 연이율이 2.4%이므로 월이율은 $\frac{0.024}{12}=0.002$=0.2%이다.

- 월초에 100만 원씩 24개월간 납입할 때 만기 시 원리합계

: $\frac{100\times1.002\times(1.002^{24}-1)}{1.002-1}$

$=\frac{100\times1.002\times(1.049-1)}{0.002}$=2,454.9만 원

- 월초에 200만 원씩 12개월간 납입할 때 만기 시 원리합계

: $\frac{200\times1.002\times(1.002^{12}-1)}{1.002-1}$

$=\frac{200\times1.002\times(1.024-1)}{0.002}$=2,404.8만 원

따라서 차이는 2,454.9－2,404.8=50.1만 원이다.

28

정답 ①

A대리의 월 급여는 3,480÷12=290만 원이다.

- 국민연금, 건강보험료, 고용보험료를 제외한 금액
  : 290만 원－[290만 원×(0.045+0.0312+0.0065)]
  =290만 원－(290만 원×0.0827)
  =290만 원－239,830원=2,660,170원
- 장기요양보험료 : (290만 원×0.0312)×0.0738≒6,670원(∵ 십 원 단위 미만 버림)
- 지방세 : 68,000×0.1=6,800원

따라서 A대리의 월 실수령액은 2,660,170－(6,670+68,000+6,800)=2,578,700원이고, 연 실수령액은 2,578,700×12=30,944,400원이다.

29

정답 ③

외국환거래 계산서의 '거래명'을 살펴보면 외국 지폐를 사는 목적으로 발행된 것을 알 수 있다. 그리고 통화명에 'JPY'라고 표시되어 있으므로 H고객은 엔화를 구매하였다. 구매한 외화총액은 50,000엔으로 원화 547,865원을 지불하였다.

따라서 환율은 두 통화의 비율이므로 $\frac{547,865}{50,000}\times100=1,095.73$원/100엔이 적용된 환율이다.

30

정답 ④

제시되어 있는 환전수수료 공식을 달러 및 유로에 적용한다.

- 달러 : $(1,300-1,100)\times(1-0.7)\times660=39,600$원
- 유로 : $(1,520-1,450)\times(1-0.5)\times550=19,250$원

따라서 총환전수수료는 $39,600+19,250=58,850$원이다.

31

정답 ①

K씨는 우대금리 조건 4가지에 해당되므로 최대 연 0.3%p가 기본금리에 적용되어 최종금리는 $2.1+0.3=2.4\%$이다. 단리 적금으로 가입했을 때와 연 복리 적금으로 가입했을 때의 이자액은 다음과 같다.

- 단리 적금 이자 : $200,000\times\frac{12\times13}{2}\times\frac{0.024}{12}=31,200$원
- 연 복리 적금 이자

$$: 200,000\times\frac{(1.024)^{\frac{13}{12}}-(1.024)^{\frac{1}{12}}}{(1.024)^{\frac{1}{12}}-1}-200,000\times12$$

$$=200,000\times1.0019\times\frac{1.024-1}{0.0019}-2,400,000$$

$$\fallingdotseq 2,531,116-2,400,000=131,116\text{원}$$

따라서 단리 적금으로 할 경우 연 복리 적금일 때보다 $131,116-31,200\fallingdotseq 99,900$원 손해이다.

32

정답 ③

은행의 연간 보험료는 분기별 보험료에 4를 곱해야 하므로 (예금 등의 분기별 평균잔액)$\times\frac{32}{10,000}$임을 알 수 있다.

다음으로 X를 천만 원이라고 가정하고 회사별 비율과 보험료를 구하면 다음과 같다.

구분	비용	비율	보험료(만 원)
A종합 금융회사	24X	$\frac{15}{10,000}$	$24X\times\frac{15}{10,000}=36$
B보험 회사	22X÷2	$\frac{15}{20,000}$	$11X\times\frac{15}{10,000}=16.5$
C상호 저축은행	50X	$\frac{40}{10,000}$	$50X\times\frac{40}{10,000}=200$
D은행	5X	$\frac{32}{10,000}$	$5X\times\frac{32}{10,000}=16$
E투자 중개업자	30X	$\frac{15}{10,000}$	$30X\times\frac{15}{10,000}=45$

보험료는 C상호저축은행이 200만 원으로 가장 많은 금액을 내고, D은행이 16만 원으로 가장 적은 금액을 낸다.

따라서 두 곳이 납부할 보험료 차이는 $200-16=184$만 원이다.

33

정답 ③

작은 원이 큰 원의 안에 속할 때 가장 공통넓이가 크다.

따라서 가장 큰 공통넓이 값은 78m^2이다.

34

정답 ①

가장 작은 직사각형의 가로의 길이를 $2x$cm라고 하면 세로의 길이는 $(2x+1)$cm이다. 이에 따라 각 직사각형의 넓이를 구하면 다음과 같다.

$2x(2x+1)\text{cm}^2$, $(2x+1)(2x+2)\text{cm}^2$, $(2x+2)(2x+3)\text{cm}^2$, $(2x+3)(2x+4)\text{cm}^2$

가장 큰 직사각형을 제외한 3개의 직사각형이 반씩 겹쳐져 있으므로 겹쳐진 상태의 4개의 사각형 넓이에 대해 다음과 같은 식이 성립한다.

$x(2x+1)+(2x+1)(x+1)+(x+1)(2x+3)+(2x+3)(2x+4)=49$

$\rightarrow 10x^2+23x-33=0$

$\rightarrow (x-1)(10x+33)=0$

$\therefore x=1$ 또는 -3.3

사각형의 길이는 양수이므로 $x=1$이다.

겹쳐진 도형의 세로 길이는 가장 큰 직사각형의 세로 길이와 같으므로 $6\times2=12$cm이다.

가로 길이는 가장 큰 직사각형을 제외하고, 반씩 겹쳐져 있으므로 각 직사각형의 가로를 한 변의 길이씩만 더한 것과 같다.

$2+3+4+5\times2=19$cm

따라서 겹쳐진 4개의 사각형의 둘레의 길이는 $12+19=31$cm이다.

35

정답 ④

각 소금물에 들어있는 소금의 양은 다음과 같다.

• 농도 3%의 소금물 400g에 들어있는 소금의 양

: $400\times\frac{3}{100}=12g$

• 농도 10%의 소금물 300g에 들어있는 소금의 양

: $300\times\frac{10}{100}=30g$

따라서 섞인 소금물에 들어있는 소금의 양은 12+30=42g이다.

36

정답 ①

A사원의 집에서 회사까지의 거리는 A사원이 자동차를 타고 이동한 거리와 같다. 자동차의 속력은 시속이고 시간은 분으로 주어졌으므로 30분은 $\frac{30}{60}=0.5$시간으로 바꾸어 계산한다.

따라서 (거리)=(속력)×(시간)이므로 A사원의 집에서 회사까지의 거리는 60×0.5=30km이다.

37

정답 ④

두 사람이 내릴 수 있는 층은 1 ~ 8층이다.

그러므로 두 사람이 엘리베이터에서 내리는 모든 경우의 수는 8×8=64가지이고, 같은 층에서 내리는 경우의 수는 8가지이다.

따라서 두 사람이 같은 층에서 내릴 확률은 $\frac{8}{64}=\frac{1}{8}$이므로 서로 다른 층에서 내릴 확률은 $1-\frac{1}{8}=\frac{7}{8}$이다.

38

정답 ①

식물의 나이를 각각 x세, y세라고 하면 다음과 같은 식이 성립한다.

$x+y=8$ … ㉠

$x^2+y^2=34$ … ㉡

㉡을 변형하면 $x^2+y^2=(x+y)^2-2xy$가 되는데, $x+y=8$을 대입하면 다음과 같은 식이 성립한다.

$34=64-2xy \rightarrow xy=15$ … ㉢

㉠과 ㉢을 만족하는 자연수의 순서쌍은 $(x, y)=(5, 3), (3, 5)$이다.

따라서 두 식물의 나이 차는 2세이다.

39

정답 ③

50,000원을 넘지 않으면서 사과를 최대로 구매한다면 다섯 상자(9,500×5=47,500원)를 구매할 수 있다.

이때 나머지 금액 50,000−47,500=2,500원으로 낱개의 사과를 최대 2개 구매할 수 있다.

따라서 구매할 수 있는 사과의 최대 개수는 10×5+2=52개이다.

40

정답 ④

원가를 x원이라고 하면 정가는 $(x+3,000)$원이다.

정가의 20%를 할인하여 5개 팔았을 때의 순이익과 조각 케이크 1개당 정가에서 2,000원씩 할인하여 4개를 팔았을 때의 매출액은 같으므로 다음과 같은 식이 성립한다.

$5\{0.8\times(x+3,000)-x\}=4(x+3,000-2,000)$

$\rightarrow 5(-0.2x+2,400)=4x+4,000$

$\rightarrow 5x=8,000$

$\therefore x=1,600$

따라서 정가는 1,600+3,000=4,600원이다.

41

정답 ④

평지의 거리를 $x$km, 평지에서 언덕 꼭대기까지의 거리를 $y$km라고 하면 다음과 같은 식이 성립한다.

$\frac{x}{4}+\frac{y}{3}+\frac{y}{6}+\frac{x}{4}=6$

$\rightarrow \frac{x}{2}+\frac{y}{2}=6$

$\therefore x+y=12$

따라서 철수가 걸은 거리는 왕복한 거리이므로 12×2=24km이다.

42

정답 ④

한 골만 넣으면 경기가 바로 끝난다고 하였으므로 현재 상황은 양 팀이 동점임을 알 수 있다. 양 팀이 한 번씩 승부차기를 하고도 경기가 끝나지 않는다는 것은 양 팀 모두 성공하거나 실패하는 경우이다.

• 양 팀 모두 성공할 확률 : 0.7×0.4×100=28%

• 양 팀 모두 실패할 확률 : 0.3×0.6×100=18%

따라서 경기가 끝나지 않을 확률은 28+18=46%이다.

43

정답 ②

전체 일의 양을 1이라고 하면 영미와 민수가 하루에 할 수 있는 일의 양은 각각 $\frac{1}{4}$, $\frac{1}{6}$이다.

민수가 x일 동안 일한다고 하면 다음과 같은 식이 성립한다.

$\frac{1}{4}\times2+\frac{1}{6}\times x=1$

$\rightarrow \frac{x}{6}=\frac{1}{2}$

$\therefore x=3$

따라서 민수는 3일 동안 일을 해야 한다.

44

정답 ①

밭은 한 변의 길이가 12m인 정사각형 모양이다. 한 변의 양 끝에 점을 찍고 그 사이를 1m 격자 형태로 점을 찍으면 한 변에 13개의 점이 찍히고 인접한 점 사이의 거리는 1m가 된다. 사과나무 169그루는 13^2그루이기 때문에 각 격자점에 한 그루씩 심으면 일정 간격으로 심을 수 있게 된다.
따라서 나무 사이의 거리는 1m이다.

45

정답 ①

B팀이 2쿼터까지 얻은 점수를 x점이라고 하면 A팀이 얻은 점수는 $(x+7)$점이고, B팀이 3쿼터와 4쿼터에 얻은 점수를 y점이라 하면 A팀이 얻은 점수는 $\frac{3}{5}y$점이므로 다음과 같은 식이 성립한다.

$x+7+\frac{3}{5}y=75 \rightarrow x+\frac{3}{5}y=68$ ⋯ ㉠

$x+y=78$ ⋯ ㉡

㉡에서 ㉠을 빼면 $y=25$이다.

따라서 A팀이 3쿼터와 4쿼터에 얻은 점수는 $\frac{3}{5}\times25=15$점이다.

46

정답 ③

3대의 버스 배차시간은 30분, 60분, 80분으로 오전 7시 이후에 다시 만나는 시각은 배차시간의 최소공배수를 구하여 알 수 있다.
배차시간의 최소공배수는 $10\times3\times2\times4=240$분으로 $240\div60=$4시간마다 3대의 버스가 같이 출발한다.
따라서 오전 7시 다음으로 세 버스가 같은 정류장에서 출발하는 시각은 $7+4=11$시(오전)이다.

47

정답 ④

처음 퍼낸 농도 8%의 설탕물 양을 xg이라고 하면 각 설탕물에 들어있는 설탕의 양은 다음과 같다.

- 최초 설탕물에 들어있는 설탕의 양 : $\frac{8}{100}\times300=24$g
- 퍼낸 설탕물에 들어있는 설탕의 양 : $\frac{8}{100}\times x=\frac{8}{100}x$g
- 남은 설탕물에 들어있는 설탕의 양 : $(24-\frac{8}{100}x)$g

추가한 농도 4% 설탕물과 그에 들어있는 설탕의 양은 다음과 같다.

- 추가한 농도 4% 설탕물의 양 : $400-300=100$g
- 추가한 설탕물에 들어있는 설탕의 양 : $\frac{4}{100}\times100=4$g

그러므로 최종 설탕물에 들어있는 설탕의 양에 대해 다음과 같은 식이 성립한다.

$24-\frac{8}{100}x+4=\frac{6}{100}\times400$

$\rightarrow 4=\frac{8}{100}x$

$\therefore x=50$

따라서 처음 퍼낸 설탕물의 양은 50g이다.

48

정답 ④

민경이가 이동한 시간을 x초, 선화가 이동한 시간을 $(x-180)$초라고 하면 다음과 같은 식이 성립한다.

$3x+2(x-180)=900$

$\rightarrow 5x=1,260$

$\therefore x=252$

따라서 민경이는 4분 12초 후 선화와 만난다.

49

정답 ④

방탈출을 성공할 확률은 1번부터 4번 미션까지 3개 또는 4개를 성공할 확률을 모두 더한 값이다.

- 1번 미션만 실패할 확률 : $\frac{1}{6}\times\frac{3}{5}\times\frac{1}{3}\times\frac{1}{3}=\frac{1}{90}$
- 2번 미션만 실패할 확률 : $\frac{5}{6}\times\frac{2}{5}\times\frac{1}{3}\times\frac{1}{3}=\frac{1}{27}$
- 3번 미션만 실패할 확률 : $\frac{5}{6}\times\frac{3}{5}\times\frac{2}{3}\times\frac{1}{3}=\frac{1}{9}$
- 4번 미션만 실패할 확률 : $\frac{5}{6}\times\frac{3}{5}\times\frac{1}{3}\times\frac{2}{3}=\frac{1}{9}$
- 모두 성공할 확률 : $\frac{5}{6}\times\frac{3}{5}\times\frac{1}{3}\times\frac{1}{3}=\frac{1}{18}$

따라서 경현이와 친구들이 방탈출을 성공할 확률은

$\frac{1}{90}+\frac{1}{27}+\frac{1}{9}+\frac{1}{9}+\frac{1}{18}=\frac{26}{90}+\frac{1}{27}=\frac{88}{270}=\frac{44}{135}$이다.

50

정답 ②

조건에 따라 획수가 다른 세 한자를 사용한 총획수에 대해 다음과 같은 식이 성립한다.

$5X+8Y+11Z=71$ ⋯ ㉠

$11X+8Y+5Z=89$ ⋯ ㉡

㉡에서 ㉠을 빼면 다음과 같은 식이 성립한다.

$6X-6Z=18 \rightarrow X-Z=33 \rightarrow X=Z+3$ ⋯ ㉢

㉢을 ㉠에 대입하면 다음과 같은 식이 성립한다.

$5(Z+3)+8Y+11Z=71$

$\rightarrow 5Z+15+8Y+11Z=71$

$\rightarrow 16Z+8Y=56$

$\rightarrow 2Z+Y=7$

이때 Y, Z는 자연수이므로 Y가 가장 큰 값이면 Z가 최솟값을 가져야 한다. 따라서 각 한자는 적어도 1번 이상씩 사용한다고 했으므로 Z=1, Y=5가 되어 8획인 한자는 최대 5번 쓸 수 있다.

51

정답 ④

먼저 물이 빠질 때의 시간을 계산하면 물통의 부피는 $5\times4\times12=240\text{cm}^3$이고, 부피 1L는 1000cm^3이므로 물통에 가득 차 있는 물의 양은 240mL이다.
이때 바닥에 난 구멍으로 인해 5mL/s의 속도로 물이 빠져나가므로 물이 완전히 다 빠지는 데에는 $240\div5=48$초가 걸린다.

다시 물을 채워 넣을 때는 바닥에 구멍이 난 채로 물을 붓기 때문에 $15-5=10$mL/s의 속도로 채워진다. 그러므로 240mL를 채울 때까지 $240\div10=24$초가 걸린다.
따라서 물통에 다시 물이 가득 차게 될 때까지는 $48+24=72$초가 걸린다.

52

정답 ①

원가가 x원인 옷의 1.5배가 정가이므로 정가는 $1.5x$원이다. 이후 40% 할인하여 판매하였을 때 할인가는 $1.5\times(1-0.4)x=1.5\times0.6x=0.9x$원이므로 1벌당 이익은 정가로 판매하면 $+0.5x$원, 할인가로 판매하면 $-0.1x$원이다.
30벌을 모두 팔았을 때 이익은 1벌당 10%의 이익으로 모두 판매한 것과 같다고 하였으므로, 정가 판매량을 a개, 할인가 판매량을 $(30-a)$개라고 하면 다음과 같은 식이 성립한다.
$0.5x\times a-0.1x\times(30-a)=0.1x\times30$
$\rightarrow 0.5ax-3x+0.1ax=3x$
$\therefore a=10$
즉, 정가로는 10벌, 할인가로는 20벌을 판매하였으므로 정가와 할인가 판매량의 비율은 1 : 2이다.
판매량 비율과 매출을 이용하면 원가에 대해 다음과 같은 식이 성립한다.
$1.5x\times10+0.9x\times20=165{,}000$
$\rightarrow 15x+18x=165{,}000$
$\therefore x=5{,}000$
즉, 이 옷의 원가는 5,000원이다.
따라서 정가와 할인가의 판매량 비율은 1 : 2이고, 옷의 원가는 5,000원이다.

53

정답 ①

세 번째 명제의 대우는 '운동을 좋아하는 사람은 고전을 좋아한다.'이다. 따라서 두 번째 명제와 연결하면 '사진을 좋아하는 사람은 고전을 좋아한다.'라는 명제를 얻을 수 있다.

54

정답 ①

세 번째 명제에 따르면 K사원은 특근을 하고 Q사원은 야근을 한다. 이때 첫 번째 명제에 따라 K사원은 연말이 되면 회계 결산으로 특근을 하지만 연말이 아닌 경우에는 다른 업무로 인해 특근을 할 수도 있다. 따라서 '지금은 연말이다.'는 참일 수도 있고 거짓일 수도 있다.

오답분석

② 두 번째 명제의 대우를 통해 알 수 있다.
③ 지금이 연말인지 아닌지 알 수 없으므로 P사원이 출장을 가는지는 알 수 없다.
④ 두 번째 명제의 대우에 따르면 P사원이 출장을 가면 연말이다. 이때, 첫 번째 명제에 따르면 K사원은 연말이 되면 특근을 하므로 P사원이 출장을 가면 K사원은 특근을 한다.

55

정답 ④

'자차가 있다.'를 A, '대중교통을 이용한다.'를 B, '출퇴근 비용을 줄인다.'를 C라고 하면, 첫 번째 명제는 '~A → B', 세 번째 명제는 '~A → C'이다. 따라서 '~A → B → C'가 성립하기 위해서 필요한 두 번째 명제는 'B → C'이므로 빈칸에는 '대중교통을 이용하면 출퇴근 비용이 줄어든다.'가 들어가는 것이 적절하다.

56

정답 ③

제시된 진술을 정리하면 다음과 같다.

구분	A의 진술	B의 진술	C의 진술	D의 진술
A가 범인일 때	거짓	참	거짓	참
B가 범인일 때	거짓	거짓	거짓	참
C가 범인일 때	참	참	거짓	참
D가 범인일 때	거짓	참	참	거짓

따라서 1명의 진술만이 참일 경우의 범인은 B, 1명의 진술만이 거짓일 경우의 범인은 C이다.

57

정답 ③

D는 102동 또는 104동에 살며, A와 B가 서로 인접한 동에 살고 있으므로 E는 101동 또는 105동에 산다. 이를 통해 101동부터 105동까지 나열할 때 (A, B, C, D, E), (B, A, C, D, E), (E, D, C, A, B), (E, D, C, B, A) 네 가지 경우를 추론할 수 있다. 따라서 'A가 102동에 산다면 E는 105동에 산다.'는 반드시 참이다.

58

정답 ①

마지막 조건에 따라 C대리가 가장 먼저 출근하며, 두 번째 조건에 따라 그다음에 B과장이 출근한다. 팀원이 총 5명이므로 세 번째 조건에 따라 D주임이 세 번째로 출근하며, 나머지 팀원인 E사원과 A팀장 중 첫 번째 조건에 따라 E사원이 먼저 출근한다. 따라서 출근 순서는 'C대리 – B과장 – D주임 – E사원 – A팀장'이다.

59

정답 ④

윤희를 거짓마을 사람이라고 가정하자. 그러면 윤희의 말은 거짓이므로, 두 사람 모두 진실마을 사람이어야 한다. 그러나 이는 진실마을에 사는 윤희가 거짓을 말함으로써 가정과 모순이 되므로 윤희는 거짓마을 사람이 아니다. 따라서 윤희의 말이 참이므로 주형은 거짓마을 사람이다.

60

정답 ④

제시된 조건을 정리하면 다음과 같다.

- 첫 번째 조건 : 삼선짬뽕
- 마지막 조건의 대우 : 삼선짬뽕 → 팔보채
- 다섯 번째 조건의 대우 : 팔보채 → 양장피

세 번째, 네 번째 조건의 경우 짜장면에 대한 단서가 없으므로 전건 및 후건의 참과 거짓을 판단할 수 없다. 그러므로 탕수육과 만두의 주문 여부는 알 수 없다. 따라서 반드시 주문할 메뉴는 삼선짬뽕, 팔보채, 양장피이다.

61

정답 ①

제시된 조건을 정리하면 다음과 같다.

- 두 번째 조건 : 머그컵 → ~노트
- 세 번째 조건 : 노트
- 네 번째 조건 : 태블릿PC → 머그컵
- 마지막 조건 : ~태블릿PC → (가습기 ∩ ~컵받침)

세 번째 조건에 따라 노트는 반드시 선정되며, 두 번째 조건의 대우(노트 → ~머그컵)에 따라 머그컵은 선정되지 않는다. 그리고 네 번째 조건의 대우(~머그컵 → ~태블릿PC)에 따라 태블릿PC도 선정되지 않으며, 마지막 조건에 따라 가습기는 선정되고 컵받침은 선정되지 않는다. 총 3개의 경품을 선정한다고 하였으므로 노트, 가습기와 함께 펜이 경품으로 선정된다. 따라서 반드시 참인 것은 ①이다.

62

정답 ④

제시된 조건에 따르면 수녀는 언제나 진실을 말하므로 A가 될 수 없고, 왕은 언제나 거짓을 말하므로 C가 될 수 없다. 따라서 수녀는 B 또는 C이고, 왕은 A 또는 B가 된다. 경우를 나누어 정리하면 다음과 같다.

- 왕이 B이고 수녀가 C일 경우
  농민은 A인데 거짓을 말해야 하는 왕이 A를 긍정하므로 모순이다.
- 왕이 A이고 수녀가 B일 경우
  항상 진실을 말해야 하는 수녀가 자신이 농민이라고 거짓을 말하는 왕을 긍정하므로 모순이다.
- 왕이 A이고 수녀가 C일 경우
  농민인 B가 거짓을 말하고, 수녀는 자신이 농민이 아니라고 진실을 말하므로 성립한다.

따라서 A는 왕, B는 농민, C는 수녀이다.

63

정답 ③

등급별 임금·수당 합계 및 임금 총액은 다음과 같다.

구분	초급인력	중급인력	특급인력
기본 임금 총계	45,000×5×8 ×(10+2) =21,600,000원	70,000×3×8 ×(10+2) =20,160,000원	95,000×2×8 ×(10+2) =18,240,000원
초과 근무 수당 총계	(45,000×1.5) ×1×4 =270,000원	(70,000×1.5) ×2×4 =840,000원	(95,000×1.7) ×1×4 =646,000원
합계	21,600,000 +270,000 =21,870,000원	20,160,000 +840,000 =21,000,000원	18,240,000 +646,000 =18,886,000원
임금 총액	21,870,000+21,000,000+18,886,000 =61,756,000원		

따라서 H사가 2주간 근무한 근로자들에게 지급해야 할 임금의 총액은 61,756,000원이다.

64

정답 ③

조건별로 정리하면 다음과 같다.

- 참여인원 파악 : 10(운영인원)+117(선발인원)+6(아나운서)=133명
- 여유공간 파악 : 전체 참여 인원의 10%를 수용할 수 있는 여유공간이 있어야 하므로 133명의 10%인 13.3명을 추가로 수용할 수 있어야 한다. 따라서 146.3명 이상을 수용할 수 있어야 하므로 최대수용인원이 136명인 대회의실 2는 제외된다.
- 부대시설 파악 : 마이크와 빔 프로젝터가 모두 있어야 하므로 빔 프로젝터를 갖추지 못한 한빛관은 제외된다.
- 대여 가능 날짜 파악 : 발대식 전날 정오인 2월 16일 12시부터 1박 2일의 발대식이 진행되는 18일까지 예약이 가능해야 하므로 비전홀은 제외된다.

따라서 K사원이 예약할 시설로 옳은 것은 모든 조건을 충족하는 대회의실 1이다.

65

정답 ①

조건에 따라 자동차를 대여할 수 없는 날을 표시하면 다음과 같다.

일	월	화	수	목	금	토
	1	2 × 점검	3	4 × 점검	5	6 × 점검
7	8	9 × 업무	10 × 업무	11 × 설 연휴	12 × 설 연휴	13 × 설 연휴
14	15 × 출장	16 × 출장	17	18	19	20
21	22	23	24 × C 대여	25 × C 대여	26 × C 대여	27
28						

즉, A가 B자동차를 대여할 수 있는 날은 주말을 포함한 18 ~ 20일, 19 ~ 21일, 20 ~ 22일, 21 ~ 23일이다.

따라서 수요일(17일)은 A가 B자동차를 대여할 수 있는 첫날이 될 수 없다.

66

정답 ④

제시된 일정을 표로 정리하면 다음과 같다.

구분	월요일	화요일	수요일	목요일	금요일	토요일	일요일
주간	가, 나, 마	나, 다	다, 마	아, 자	바, 자	라, 사, 차	바
야간	라	마, 바, 아, 자	가, 나, 라, 바, 사	가, 사, 차	나, 다, 아	마, 자	다, 차

일정표에 따라 일요일 주간에 1명, 월요일 야간에 1명이 필요하고, 수요일 야간에 1명이 빠져야 한다. 그러므로 가, 나, 라, 바, 사 중 1명이 옮겨야 한다. 이때 비상 근무 규칙에 따라 같은 날에 주간과 야간 비상 근무는 함께 할 수 없으므로 월요일에 근무하는 '가, 나, 라, 마'와 일요일에 근무하는 '다, 바, 차'는 제외된다. 따라서 '사'의 비상 근무 일정을 변경하여 일요일 주간과 월요일 야간에 비상 근무를 해야 한다.

67

정답 ①

오답분석

② 서랍장의 가로 길이와 붙박이 수납장 문을 여는 데 필요한 간격과 폭을 더한 길이는 각각 1,100mm, 1,200mm(=550+650)이고, 사무실 문을 여닫는 데 필요한 1,000mm의 공간을 포함하면 총길이는 3,300mm이다. 따라서 사무실의 가로 길이인 3,000mm를 초과하므로 불가능한 배치이다.

③ 서랍장과 캐비닛의 가로 길이는 각각 1,100mm, 1,000mm이고, 사무실 문을 여닫는 데 필요한 1,000mm의 공간을 포함하면 총길이는 3,100mm이다. 따라서 사무실의 가로 길이인 3,000mm를 초과하므로 불가능한 배치이다.

④ 회의 탁자의 세로 길이와 서랍장의 가로 길이는 각각 2,110mm, 1,100mm이고, 붙박이 수납장 문을 여는 데 필요한 간격과 폭을 더한 길이인 1,200mm(=550+650)를 포함하면 총길이는 4,410mm이다. 따라서 사무실의 세로 길이인 3,400mm를 초과하므로 불가능한 배치이다.

68

정답 ②

- 본부에서 36개월 동안 연구원으로 근무 → $0.03 \times 36 = 1.08$점
- 지역 본부에서 24개월 근무 → $0.015 \times 24 = 0.36$점
- 특수지에서 12개월 동안 파견근무(지역본부 근무경력과 중복되어 절반만 인정) → $0.02 \times 12 \div 2 = 0.12$점
- 본부로 복귀 후 현재까지 총 23개월 근무 → $0.03 \times 23 = 0.69$점
- 현재 팀장(과장) 업무 수행 중
  - 내부평가결과 최상위 10% 총 12회 → $0.012 \times 12 = 0.144$점
  - 내부평가결과 차상위 10% 총 6회 → $0.01 \times 6 = 0.06$점
  - 금상 2회, 은상 1회, 동상 1회 수상
    → $(0.25 \times 2) + (0.15 \times 1) + (0.1 \times 1) = 0.75$점
    → 0.5점(∵ 인정범위)
  - 시행결과평가 탁월 2회, 우수 1회
    → $(0.25 \times 2) + (0.15 \times 1) = 0.65$점
    → 0.5점(∵ 인정범위)

따라서 B과장의 가점은 $1.08 + 0.36 + 0.12 + 0.69 + 0.144 + 0.06 + 0.5 + 0.5 = 3.454$점이다.

69

정답 ③

1월 9일 햇빛새싹발전소 발전사업 대상지 방문 일정에 참여하는 인원은 3명인데, 짐 무게 3kg은 탑승인원 1명으로 취급하므로 총 4명의 인원이 탈 수 있는 렌터카가 필요하다. 최대 탑승인원을 만족하는 A, B, C, D렌터카 중 가장 저렴한 것은 A렌터카이지만 1월 1 ~ 12일에 신년할인행사로 휘발유 차량을 30% 할인하므로 B렌터카의 요금이 60,000×(1−0.3)=42,000원으로 가장 저렴하다.

1월 16일 보령 본사 방문 일정에 참여하는 인원은 4명인데, 짐 무게 6kg은 탑승인원 2명으로 취급하므로 총 6명의 인원이 탈 수 있는 렌터카가 필요하다. 최대 탑승인원을 만족하는 C와 D렌터카는 요금이 동일하므로 조건에 따라 최대 탑승인원이 더 많은 C렌터카를 선택한다.

따라서 K대리가 출장 업무에 사용할 렌터카로 가장 적절한 것은 B렌터카, C렌터카이다.

70

정답 ②

부실여신비율의 상승을 초래할 수 있는 금융 당국의 보수적인 정책은 조직 외부로부터 비롯되는 요인으로, 조직의 목표 달성에 방해가 되는 위협(T)에 해당한다.

오답분석

① 디지털 전환(DT)의 안정적인 진행은 조직의 내부로부터 비롯되는 요인으로, 조직의 목표 달성에 활용할 수 있는 강점(S)에 해당한다.

③ 다른 기업과의 제휴 등의 협업은 조직 외부로부터 비롯되는 요인으로, 조직의 목표 달성에 활용할 수 있는 기회(O)에 해당한다.

④ 인터넷전문은행의 영업 확대 등에 따른 경쟁은 조직 외부로부터 비롯되는 요인으로, 조직의 목표 달성에 방해가 되는 위협(T)에 해당한다.

제2영역 금융 · 디지털상식

71

정답 ③

듀레이션(Duration)은 투자자금의 평균 회수 기간으로 채권 만기가 길어지면 증가하는 반면, 채권의 수익률, 이자 지급 빈도, 표면금리가 높아지면 감소한다.

오답분석

① 컨벡시티(Convexity) : 듀레이션을 미분한 값으로, 듀레이션과 함께 사용되어 금리변화에 따른 채권가격변동을 아주 적은 오차와 함께 거의 정확하게 계산할 수 있음

② 채권 스프레드 : 특정 등급인 회사채의 수익률에서 3년 만기 국고채의 수익률을 제외한 수치

④ 이표채(Coupon Bond) : 액면가로 채권을 발행하고, 표면이율에 따라 연간 지급해야 하는 이자를 일정 기간 나누어 지급하는 채권

72

정답 ①

주가지수는 ELS(주가지수 결합 상품)의 기초자산 결합 대상이다. DLS는 파생상품을 기초자산으로 한 결합 상품으로, 설정한 파생상품의 값이 계약 기간 동안 일정 수준 이상 변동되지 않을 경우 보상을 받는다. 파생상품이란 산업 원자재, 원자재지수, 원유, 금, 금리, 환율, 채권의 가치변동을 상품화한 것을 말한다.

73

정답 ①

배드 뱅크(Bad Bank)는 금융기관의 부실자산을 정리하는 방법의 일종으로, 금융기관의 부실채권이나 부실자산만을 사들여 이를 전문적으로 처리하는 은행이다. 은행이 부동산이나 기계설비 등을 담보로 기업에 대출을 해주었다가 부도로 인해 기업의 대출자금이 부실채권이 되었을 때 이용한다.

오답분석

② 헤지 펀드(Hedge Fund) : 소수의 투자자로부터 자금을 모집하여 운영하는 일종의 사모펀드

③ 역외 펀드(Off-shore Fund) : 제3국에서 조성되는 주식투자용 기금

④ 페이퍼 컴퍼니(Paper Company) : 물리적인 실체 없이 서류상으로만 존재하는 기업

74

정답 ③

옵션(Option)은 미리 정해진 조건에 따라 일정한 기간 내에 상품이나 유가증권 등의 특정자산을 사거나 팔 수 있는 권리를 말하며, 이를 매매하는 것을 옵션거래라고 한다.

오답분석

① 선물(Futher) : 계약은 현재시점에서 하고, 결제는 미래의 일정시점에 이행하는 거래
② 스왑(Swap) : 다양한 계약 조건에 따라 일정시점에서 통화, 금리 등의 교환을 통해 이루어지는 금융기법
④ 스톡옵션(Stock Option) : 기업이 임직원에게 자기회사의 주식을 일정 수량, 일정 가격으로 매수할 수 있는 권리를 부여하는 제도

75

정답 ②

자본시장과 금융투자업에 관한 법률에서 금융투자업의 송류를 투자매매업, 투자중개업, 집합투자업, 투자자문업, 투자일임업, 신탁업으로 구분하고 있다. 신용협동기구는 제2금융권의 종류이며 신용협동조합, 새마을금고, 상호금융 등이 포함된다.

76

정답 ③

블록체인에서의 거래 정보 전체 데이터에 대한 해시값을 도출한 후, 이를 나무 형태로 표시한 것을 개발자의 이름에서 따와 머클 트리(Merkle Tree)라고 부른다.

오답분석

① AVL 트리(AVL Tree) : 데이터 트리를 구성하는 왼쪽과 오른쪽 노드의 높이 차이가 1 이하인 트리 형태
② 이진 트리(Binary Tree) : 각 노드의 자식 노드가 2개 이하로 구성된 나무 모양의 데이터 구조
④ 신장 트리(Spanning Tree) : 연결 그래프의 부분 그래프로, 그 그래프의 모든 정점과 간선의 부분 집합으로 구성되는 트리

77

정답 ③

공개키 암호화 기법은 RSA가 가장 대표적이며, 이는 Ron Rivest, Adi Shamir, Leonard Adleman 3명이 개발하였다.

78

정답 ④

자바스크립트(Javascript)는 HTML에 삽입되어 HTML을 확장하는 기능으로 HTML을 편리하게 꾸밀 수 있다.

79

정답 ①

①은 분산 서비스 거부 공격(DDoS)에 대한 설명이다. 서비스 거부 공격(DoS)은 네트워크나 호스트에 많은 양의 트래픽을 증가시켜 통신을 방해하는 공격 방식으로, 시스템이 다운되거나 시스템 자원을 사용할 수 없게 한다.

80

정답 ④

㉢ GAN(생성적 적대 신경망)은 결과물을 생성하는 모델인 생성자 모델과, 진위 여부를 식별하는 모델인 감별자 모델을 활용한 프로그램이다.
㉣ 기존의 학습 방식은 지도학습 방식으로 인간이 데이터 각각에 대해 라벨을 붙여주는 등의 데이터 정제과정이 필요했으나, GAN(생성적 적대 신경망)의 학습 방식인 비지도학습 방식을 도입하면 인간의 관여 없이 인공지능 자신의 힘으로 데이터를 관리할 수 있다.

오답분석

㉠ 인공지능 기술을 활용하여 진짜 같은 가짜를 만들어내는 프로그램이다.
㉡ 인간이 정리해놓은 데이터를 학습하는 지도학습 방식이 아닌, 자신의 힘으로 답안을 찾는 비지도학습 방식을 활용한 프로그램이다.

제3회 모의고사 정답 및 해설

01	02	03	04	05	06	07	08	09	10
②	④	③	③	①	②	④	②	②	④
11	12	13	14	15	16	17	18	19	20
②	④	③	④	②	②	④	③	④	④
21	22	23	24	25	26	27	28	29	30
①	④	②	②	③	④	②	③	②	④
31	32	33	34	35	36	37	38	39	40
①	④	③	③	④	③	②	④	④	③
41	42	43	44	45	46	47	48	49	50
③	③	①	④	②	③	③	②	④	③
51	52	53	54	55	56	57	58	59	60
①	②	①	④	②	③	①	④	①	③
61	62	63	64	65	66	67	68	69	70
②	②	③	②	①	③	③	④	③	④
71	72	73	74	75	76	77	78	79	80
④	④	①	①	①	③	①	④	②	④

제 1 영역 NCS 직업기초능력

01

정답 ②

'어떤 목표로 뜻이 쏠리어 향함. 또는 그 방향이나 그쪽으로 쏠리는 의지'를 뜻하는 '지향(志向)'이 바르게 사용되었으므로 '지양'으로 수정하는 것은 적절하지 않다.

- 지양(止揚) : 더 높은 단계로 오르기 위하여 어떠한 것을 하지 아니함

오답분석

① 입찰의 뜻을 고려할 때, 문맥상 '어떤 문제를 다른 곳이나 다른 기회로 넘기어 맡기다.'의 의미인 '부치는'으로 고쳐 써야 한다.
③ '계약이나 조약 따위를 공식적으로 맺음'의 의미를 지닌 '체결(締結)'로 고쳐 써야 한다.
④ 세금이 면제되는 면세 사업자에 해당하므로 문맥상 '비교하여 덜어 내다.'의 의미를 지닌 '차감(差減)한'으로 고쳐 써야 한다.

02

정답 ④

'고성낙일(孤城落日)'은 '외딴 성과 서산에 지는 해'라는 뜻으로, 세력이 다하고 남의 도움이 없는 매우 외로운 처지를 가리키는 말이다.

오답분석

① 만시지탄(晩時之歎) : 시기가 늦었음을 안타까워하는 탄식
② 망양보뢰(亡羊補牢) : 양을 잃고 우리를 고친다는 뜻으로, 실패한 뒤에 뉘우쳐도 소용없음
③ 서제막급(噬臍莫及) : 배꼽을 물려고 하여도 입이 닿지 않는다는 뜻으로, 일이 그릇된 뒤에는 후회하여도 아무 소용이 없음을 비유한 말

03

정답 ③

'언 발에 오줌 누기'는 임시변통은 될지 모르나 그 효력이 오래가지 못할 뿐만 아니라 결국에는 그 사태가 더 나빠짐을 이르는 말로, A씨의 상황과 가장 관련 있는 속담이다.

오답분석

① 소 잃고 외양간 고치기 : 일을 그르친 뒤에는 후회해도 소용없다는 말
② 도랑 치고 가재 잡기 : 일의 순서가 뒤바뀌어서 애쓴 보람이 나타나지 않음. 한 가지 일로 두 가지 이상의 이득을 얻게 됨
④ 눈 가리고 아웅 하기 : 무슨 일이 있는지 다 알고 있는데 얕은 수단으로 속이려 함을 이르는 말

04

정답 ③

제시문은 H사가 지난해 개발한 분산형 전원 종합운영시스템을 앞으로의 신규 시스템에 적용할 예정으로, 그에 따른 효과를 기대하고 있다고 했다. 따라서 기사의 제목으로 ③이 가장 적절하다.

05

정답 ①

제시문은 소송 과정에서의 입증에 대해 설명하는 글이다. 보기는 소송에서의 '입증'이라는 용어를 정의한 것이므로, 글에서 '입증'이라는 용어가 가장 먼저 나온 곳의 바로 뒤에 와야 한다. 이때, (가) 뒤에서는 법관의 확신에 대해 이야기하고 있다. 따라서 보기의 문장이 들어갈 위치로 가장 적절한 곳은 (가)이다.

06
정답 ②

제시문은 유행에 민감한 요즘 사람들의 '티 내기'에 대해 설명하며, 소비자를 향한 기업들의 티 내기를 권유하는 글이다. 하지만 현대 사회의 개방된 시장은 이와 관련이 없는 내용이다. 따라서 ②는 글의 주장을 뒷받침할 근거로 적절하지 않다.

07
정답 ④

제시문에 따르면 현존하는 가장 오래된 실록은 전주 사고에 보관되어 있던 것으로, 강화도 마니산에 봉안되었다가 1936년 병자호란 때 훼손된 것을 현종 때 보수하여 숙종 때 강화도 정족산에 다시 봉안했다. 그리고 현재는 서울대학교에서 보관하고 있다.

오답분석

① 원본을 포함해 모두 다섯 벌의 실록을 갖추게 되었으므로 재인쇄하였던 실록은 모두 네 벌이다.
② 강원도 태백산에 보관하였던 실록은 현재 서울대학교에 있다.
③ 적상산에 보관하였던 실록은 구황궁 장서각으로 옮겨졌으며, 이는 6·25 전쟁 때 북한으로 옮겨져 현재 김일성종합대학에 소장되어 있다.

08
정답 ②

제시문에 따르면 '클라우드'를 '그린 IT 전략'으로 볼 수 있는 것은 남는 서버를 활용하고 개인 컴퓨터의 가용률을 높여 자원을 유용하게 활용하기 때문이다.

09
정답 ②

제시문은 신채호의 소아와 대아 구별에 대해 설명하고 있다. 따라서 (가) 소아와 대아의 차이점인 자성, 상속성, 보편성 – (라) 상속성과 보편성의 의미 – (나) 항성과 변성의 조화를 통한 상속성·보편성 실현 방법 – (다) 항성과 변성이 조화를 이루지 못할 경우 나타나는 결과 순으로 나열하는 것이 적절하다.

10
정답 ④

제시문에서 '밝은 별이 반드시 어두운 별보다 가까이 있는 것은 아니다.'라고 했으므로 적절하지 않다.

오답분석

① 별의 거리는 밝기의 절대등급과 겉보기등급의 비교를 통해 확정된다고 하였으므로 절대등급과 겉보기등급은 다를 수 있다.
② 보통 별의 밝기는 거리의 제곱에 반비례해서 어두워진다고 하였으므로 별은 항상 같은 밝기를 가지고 있지 않다.
③ 삼각 측량법은 공전 궤도 반경을 알고 있기 때문에 거리 측정이 가능하다고 했다.

11
정답 ②

제시문에 따르면 아인슈타인의 광량자설은 빛이 파동이면서 동시에 입자인 이중적인 본질을 가지고 있음을 의미하는 것으로, 뉴턴의 입자설과 토머스 영의 파동성설을 모두 포함한다.

오답분석

① 뉴턴의 가설은 그의 권위에 의지하여 오랫동안 정설로 여겨졌지만, 토머스 영의 겹실틈 실험에 의해 다른 가설이 생겨났다.
③ 토머스 영의 겹실틈 실험은 빛의 파동성을 증명하였고 이는 명백한 사실이었으므로, 아인슈타인은 빛이 파동이면서 동시에 입자인 이중적인 본질을 가지고 있다는 것을 증명하였다.
④ 겹실틈 실험은 한 개의 실틈을 거쳐 생긴 빛이 다음에 설치된 두 개의 겹실틈을 지나가게 하여 스크린에 나타나는 무늬를 관찰하는 것이다.

12
정답 ④

기발한 이야기와 트릭 촬영은 형식주의 영화인 『달세계 여행』에서 중요한 요소가 된 것이지, 사실주의에서는 중요한 요소라고 볼 수 없다.

13
정답 ③

제시문에 따르면 기분조정 이론은 현재 시점에만 초점을 맞추고 있는 기분관리 이론을 보완한 이론으로, 기분조정 이론을 검증하기 위한 실험에서 피실험자들은 한 시간 후의 상황을 생각하며 미리 다른 음악을 선택하였다. 즉, 기분조정 이론은 사람들이 현재 시점뿐만 아니라 다음에 올 상황을 고려하여 현재의 기분을 조정한다는 것이다. 따라서 빈칸에 들어갈 내용으로 ③이 가장 적절하다.

오답분석

①·④ 현재의 기분에 초점을 맞추고 있는 진술이므로 적절하지 않다.
② 기분조정 이론에 따르면 사람들은 다음에 올 상황을 고려하여 흥분을 유발하는 음악 또는 흥분을 가라앉히는 음악을 선택하여 기분을 조정한다. 따라서 흥분을 유발할 수 있는 음악을 선택한다는 진술은 적절하지 않다.

14
정답 ④

제시문은 창조 도시가 가져올 경제적인 효과를 언급하며 창조 도시의 동력을 무엇으로 볼 것이냐에 따라 창조 산업과 창조 계층에 대한 입장을 설명하고 있다. 따라서 창조 도시가 무조건적으로 경제적인 효과가 있지 않을 것이라는 논지의 반박을 제시할 수 있다.

오답분석

① 창조 도시에 대한 설명이다.
② 창조 산업을 동력으로 삼는 입장이다.
③ 창조 계층을 동력으로 삼는 입장이다.

15

정답 ②

제시문에서 '당분 과다로 뇌의 화학적 균형이 무너져 정신에 장애가 왔다고 주장'한 것과 '정제한 당의 섭취를 원천적으로 차단'한 실험 결과를 토대로 '과다한 정제당 섭취는 반사회적 행동을 유발' 할 수 있다는 것을 추론할 수 있다.

16

정답 ②

B대리는 협력업체 직원에게 본인이 사용할 목적의 금품을 요구하였다. 이는 우월적 지위를 이용하여 금품 또는 향응 제공 등을 강요하는 '사적 이익 요구'의 갑질에 해당한다.

오답분석

① A부장은 법령, 규칙, 조례 등을 위반하지 않고 절차에 따라 해고를 통보하였으며, 이는 자신의 이익 추구와도 관계되지 않으므로 갑질 사례에 해당하지 않는다.
③ C부장은 특정인에게 혜택을 준 것이 아니라 개인 사정을 고려하여 한사원을 배려한 것이므로 갑질 사례에 해당하지 않는다.
④ D차장의 업무 협조 요청은 갑작스러운 전산시스템의 오류로 인한 것으로 정당한 사유 없이 불필요한 업무를 지시했다고 볼 수 없으므로 갑질 사례에 해당하지 않는다.

17

정답 ④

제시문에 따르면 '급여이체 우대이율'은 신규일로부터 3개월 이내에 1회 이상의 급여이체 실적이 있는 고객의 계좌에 연 0.3%p가 적용된다.

18

정답 ③

업체당 평균 고용인원은 반월시화공단이 $\frac{195,635}{12,548} ≒ 15.6$명, 울산공단이 $\frac{101,677}{1,116} ≒ 91.1$명이므로 그 차이는 75.5명이다.

19

정답 ④

퇴근시간대인 16:00 ~ 20:00에 30대 및 40대의 누락된 유동인구 비율을 찾아낸 뒤 100,000명을 곱하여 설문조사 대상 인원수를 산출하면 된다. 우측 및 하단 합계 및 주변 정보를 통해서 다음과 같이 빈 공간의 비율을 먼저 채운다.

(단위 : %)

구분	10대	20대	30대	40대	50대	60대	70대	합계
08:00 ~ 12:00	1	1	3	4	1	0	1	11
12:00 ~ 16:00	0	2	3	4	3	1	0	13
16:00 ~ 20:00	4	3	10	11	2	1	1	32
20:00 ~ 24:00	5	6	14	13	4	2	0	44
합계	10	12	30	32	10	4	2	100

이를 토대로 30 ~ 40대 퇴근시간대 유동인구 비율은 10+11=21%임을 확인할 수 있다.

따라서 최소한 $\frac{21}{100} \times 100,000 = 21,000$장의 설문지를 준비해야 한다.

20

정답 ④

- 대학교 이상인 인구 구성비의 2021년 대비 2025년 증가율
  : $\frac{48-41}{41} \times 100 ≒ 17.1\%$
- 중학교 이하인 인구 구성비의 2021년 대비 2024년 감소율
  : $\frac{13-18}{18} \times 100 ≒ -27.8\%$

21

정답 ①

계산을 하면 $\frac{78,855}{275,484} \times 100 ≒ 28.6\%$라는 것을 알 수 있다. 하지만 계산을 하지 않더라도 2022년과 2023년을 비교하면, 2023년이 전체 공무원 수는 적지만 여성 공무원 수는 더 많다. 따라서 2023년의 여성 공무원 비율인 29.3%보다 낮다는 것을 알 수 있다.

22

정답 ④

쓰레기 1kg당 처리비용은 400원으로 동결상태이다. 오히려 쓰레기 종량제 봉투 가격이 인상될수록 H신도시의 쓰레기 발생량과 쓰레기 관련 예산 적자가 급격히 감소하는 것을 볼 수 있다.

23

정답 ②

존속성 기술과 와해성 기술을 개발하는 업체는 각각 24개, 23개이다.

오답분석

① 와해성 기술을 개발하는 기업의 비율은 각각 다음과 같다.
  - 벤처기업 : $\frac{12}{12+11} \times 100 ≒ 52.2\%$
  - 대기업 : $\frac{11}{12+11} \times 100 ≒ 47.8\%$

  따라서 벤처기업의 비율이 더 높다.
③ 10 : 10의 동일한 비율이다.
④ 기술추동전략을 취하는 기업 중 존속성 기술과 와해성 기술을 개발하는 업체는 각각 12개, 8개이다.

24
정답 ②

우편물을 가장 적게 보냈던 2025년의 1인당 우편 이용 물량은 약 96통이므로 $365\div96\fallingdotseq3.80$일이다. 따라서 3.80일에 1통은 보냈다는 뜻이므로 4일에 1통 이상은 보냈음을 알 수 있다.

오답분석

① 1인당 우편 이용 물량은 증가와 감소를 반복한다.
③ 1인당 우편 이용 물량이 2017년에 가장 높았던 것은 맞으나, 가장 낮은 연도는 2025년이다.
④ 접수 우편 물량은 2024 ~ 2025년 사이에 증가했다.

25
정답 ③

오답분석

① 2013 ~ 2014년 개업점 수는 자료보다 높고, 2015 ~ 2016년 개업점 수는 낮다.
② 2020년 폐업점 수는 자료보다 낮고, 2021년 폐업점 수는 높다.
④ 2022 ~ 2023년 개업점 수와 폐업점 수가 자료보다 낮다.

26
정답 ④

(사용금액)+(이자)=(청구금액)이다.

사용금액을 x원이라고 하면 다음과 같은 식이 성립한다.

$x+0.15x=97,750$

$\rightarrow 1.15x=97,750$

$\therefore x=85,000$

따라서 이자는 $97,750-85,000=12,750$원이다.

27
정답 ②

단리의 경우, (이자)=(원금)×(이율)×(기간)이다.

따라서 이자는 $5,000,000\times0.018\times\frac{6}{12}=45,000$원이므로 수령할 총금액은 $5,000,000+45,000=5,045,000$원이다.

28
정답 ③

B고객이 예금을 만기해서 찾게 되면 받을 수 있는 이율은 기본금리 3%와 우대금리 0.2%p로 총 $3+0.2=3.2$%이다. 그러므로 5년간 예금을 만기했을 때 B고객이 받을 수 있는 금액은

$1,000,000\times\left(1+0.032\times\frac{60}{12}\right)=1,160,000$원이다.

예금을 중도에 해지할 경우, 최초 가입 시 설정된 (기본금리)+(우대금리)가 아닌 중도해지이율이 적용된다. B고객은 해당 예금상품을 1년 동안 보유했으므로 중도해지 이율 중 18개월 미만인 (기본금리)×30%가 적용된다. 중도해지 시 B고객이 받을 수 있는 금액은 $1,000,000\times\left(1+0.03\times0.3\times\frac{12}{12}\right)=1,009,000$원이다.

따라서 A행원이 B고객에게 안내할 금액은 $1,160,000-1,009,000=151,000$원이다.

29
정답 ②

$500,000\times\frac{1}{1,313.13}=\frac{500,000}{1,313.13}\fallingdotseq380.77$USD

30
정답 ④

$1,250\times\frac{881.53}{1}\times\frac{1}{1,444.44}=\frac{1,250\times881.53}{1,444.44}$

$\fallingdotseq762.86$유로

31
정답 ①

여행 전 은행에서 2,500,000원을 엔화로 환전하면 $\frac{2,500,000}{9.13}\fallingdotseq273,822.6$엔이다. 일본에서 150,000엔을 사용한 후 남은 엔화는 $273,822.6-150,000=123,822.6$엔이다.

따라서 귀국 후의 엔화 환율은 10.4원/엔이라고 하였으므로 남은 엔화는 원화로 $123,822.6\times10.4\fallingdotseq1,287,755$원이다.

32
정답 ④

만기일 일시상환은 약정기간 동안 이자만 부담하고 만기에 대출금을 모두 상환하는 방식의 대출이다. 그러므로 첫 달에는 (원금)×[금리(연)/12(개월)]에 따라 이자만 상환하면 된다.

고객은 단기대출(1년 이하)을 신청하였고, 당행 여신 거래 고객이므로 기타 우대금리의 최대인 0.1%p를 받는다. 그러므로 대출 금리는 $4.15-0.1=4.05$%이다.

따라서 $10,000,000\times(0.0405\div12)=33,750$원이 한 달 대출 이자이고 이를 월마다 상환한다.

33
정답 ③

종이 상자의 밑면의 가로, 세로와 높이의 길이는 각각 12cm, 12cm, 20cm이다.

따라서 종이 상자의 겉넓이는 $2\times12\times12+4\times12\times20=288+960=1,248\text{cm}^2$이다.

34
정답 ③

제시된 그림의 운동장 둘레는 왼쪽과 오른쪽 반원을 합친 지름이 50m인 원의 원주[(지름)×(원주율)]와 위, 아래 직선거리 90m를 더하면 된다.

따라서 학생이 달린 거리는 $(50\times3)+(90\times2)=330$m이다.

35
정답 ④

• 의자 6개에 5명이 앉는 경우

: ${}_6P_5=6\times5\times4\times3\times2=720$가지

• 여학생이 이웃하여 앉는 경우

: $5!\times2=(5\times4\times3\times2\times1)\times(2\times1)=240$가지

여학생이 이웃하지 않는 경우의 수는 전체 경우의 수에서 여학생이 이웃하여 앉는 경우의 수를 뺀 것과 같다.

따라서 구하고자 하는 경우의 수는 $720-240=480$가지이다.

36
정답 ③

H야구팀의 작년 경기 횟수를 x회, 작년 승리 횟수를 $0.4x$회라고 하자. 작년과 올해의 합산 승률이 45%이므로 다음과 같은 식이 성립한다.

$\frac{0.4x+65}{x+120}=0.45$

→ $5x=1,100$

∴ $x=220$

즉, 작년 경기 횟수는 총 220회이고 승률은 40%이므로, 승리한 경기 횟수는 $220\times0.4=88$회이다.

따라서 작년과 올해 승리한 횟수의 합은 $88+65=153$회이다.

37
정답 ②

• 흰 공이 나오고 앞면이 세 번 나올 확률 : $\frac{3}{5}\times\left(\frac{1}{2}\right)^3=\frac{3}{40}$

• 검은 공이 나오고 앞면이 세 번 나올 확률 : $\frac{2}{5}\times4\times\left(\frac{1}{2}\right)^4=\frac{1}{10}$

따라서 구하고자 하는 확률은 $\frac{3}{40}+\frac{1}{10}=\frac{7}{40}$이다.

38
정답 ④

아르바이트생 1명이 하루에 설문조사를 실시할 수 있는 고객의 수는 $400\div3=133.33\cdots$으로 133명이다. 3,200명을 3일 안에 끝내기 위해서는 하루에 최소 $3,200\div3=1,066.66\cdots$, 즉 1,067명을 설문해야 한다. 하루에 설문조사를 해야 할 1,067명을 133명으로 나누면 $1,067\div133\fallingdotseq8.02$이다.

따라서 아르바이트생은 최소 9명이 필요하다.

39
정답 ④

(열차가 이동한 거리)=(열차의 길이)+(터널의 길이)이므로 열차의 길이와 속력을 각각 xm, ym/s라고 하면 다음과 같은 식이 성립한다.

$x+50=10y$ … ㉠

$x+200=25y$ … ㉡

㉠과 ㉡을 연립하면 $x=50$, $y=10$이다.

따라서 열차의 길이는 50m이다.

40
정답 ③

민철이가 A코스를 타고 내려온 후 리프팅을 탑승하여 다시 A코스에 오르기까지 걸린 시간은 $8+4+8=20$분이고 성훈이가 C코스를 타고 내려온 후 리프팅을 탑승하여 다시 C코스에 오르기까지 걸린 시간은 $6+10.5+8.5=25$분이다.

따라서 민철이와 성훈이는 100분마다 동시에 내려가며 오후 12시에 첫 번째로 내려갔으므로 네 번째로 동시에 내려가는 시각은 300분 후인 오후 5시이다.

41
정답 ③

1학년, 2학년, 3학년의 학생 수를 각각 $4x$명, $2x$명, x명이라고 하면 참가 학생 전체의 평균은

$\frac{4x\times20+2x\times13+x\times20}{4x+2x+x}=\frac{(80+26+20)x}{7x}=18$점이다.

42
정답 ③

x년 후의 아버지와 아들의 나이는 각각 $35+x$세, $10+x$세이므로 다음과 같은 식이 성립한다.

$35+x=2(10+x)$

→ $35+x=20+2x$

∴ $x=15$

따라서 아버지의 나이가 아들 나이의 2배가 되는 것은 15년 후이다.

43
정답 ①

물건의 정가를 x원이라고 하면 다음과 같은 식이 성립한다.

$0.8x-3,000=0.5x$

→ $0.3x=3,000$

∴ $x=10,000$

따라서 물건의 정가는 10,000원이다.

44
정답 ④

농도 11% 소금물의 양에 대해 다음과 같은 식이 성립한다.

$(100-x)+x+y=300$

∴ $y=200$

그러므로 마지막 상태의 소금물에 들어있는 소금양에 대해 다음과 같은 식이 성립한다.

$\frac{20}{100}\times(100-x)+x+\frac{11}{100}\times200=\frac{26}{100}\times300$

→ $2,000-20x+100x+2,200=7,800$

∴ $x=45$

따라서 $x+y=245$이다.

45 정답 ②

철수와 영희가 처음 만날 때까지 걸린 시간을 x분이라고 하자. x분 동안 철수와 영희의 이동거리는 각각 $70x$m, $30x$m이므로 다음과 같은 식이 성립한다.

$70x+30x=1,000$

$\therefore x=10$

따라서 두 사람이 처음 만날 때까지 걸린 시간은 10분이다.

46 정답 ③

$(\text{농도})=\frac{(\text{소금})}{(\text{소금물})}\times100=\frac{(\text{소금})}{(\text{소금})+(\text{물})}\times100$이다.

즉, 농도 20% 소금물 200g에 들어있는 소금의 양은 $\frac{20}{100}\times200=40$g이므로 다음과 같은 식이 성립한다.

$\frac{100+40}{200+100+200}\times100=28\%$

따라서 소금물의 농도는 28%이다.

47 정답 ③

두 사이트 전체 참여자의 평균 평점은 전체 평점의 합을 전체 인원으로 나눈 것이다.

따라서 전체 참여자의 평균 평점은 $\frac{(1,000\times5.0)+(500\times8.0)}{1,000+500}=6.0$점이다.

48 정답 ②

물건의 인상·인하 가격과 개당 이익은 각각 다음과 같다.

- 인상 가격 : $5,000\times1.25=6,250$원
- 인하 가격 : $6,250\times(1-0.1)=5,625$원
- 개당 이익 : $5,625-5,000=625$원

따라서 물건 4개를 판매하였을 때의 이익은 $625\times4=2,500$원이다.

49 정답 ④

(한 문제 이상 맞힐 확률)$=1-$(세 문제 모두 틀릴 확률)이다.

따라서 구하고자 하는 확률은 $1-\left(\frac{1}{6}\times\frac{1}{2}\times\frac{3}{4}\right)=1-\frac{1}{16}=\frac{15}{16}$이다.

50 정답 ③

경주용 차 B의 속력을 $x$km/h라고 하면 2시간 만에 경주용 차 A와 1바퀴 차이가 나므로 다음과 같은 식이 성립한다.

$2x-400=6$

$\therefore x=203$

따라서 경주용 차 B의 속력은 203km/h이다.

51 정답 ①

갑의 현재 나이를 x세, 을의 현재 나이를 y세라고 하자.

갑과 을의 현재 나이의 비는 3 : 1이므로 다음과 같은 식이 성립한다.

$x:y=3:1 \rightarrow x=3y \cdots$ ㉠

11년 후 갑과 을의 나이 비는 10 : 7이므로 다음과 같은 식이 성립한다.

$(x+11):(y+11)=10:7 \rightarrow 7(x+11)=10(y+11) \cdots$ ㉡

㉠과 ㉡을 연립하면 $x=9$, $y=3$이다.

따라서 갑의 현재 나이는 9세, 을의 현재 나이는 3세이다.

52 정답 ②

여신 행원을 A, B, C, 수신 행원을 a, b, c, d라고 하자. K행원은 여신부에 근무한다고 하였으므로 A라고 가정한다면, 1차 점심시간에 근무를 하는 경우의 수는 다음과 같다.

- 여신 행원의 경우의 수
  : (A), (B), (C), (A, B), (A, C), (B, C) → 총 6가지
- 수신 행원의 경우의 수
  : (a, b), (a, c), (a, d), (b, c), (b, d), (c, d) → 총 6가지
- 1차 점심시간에 근무를 하는 경우의 수 : $6\times6=36$가지

그러나 구하고자 하는 것은 K행원이 1차 점심시간에 근무하는 경우의 수이므로 여신 행원의 경우의 수에서 (B), (C), (B, C)를 제외한 3가지 경우가 존재한다고 보아야 한다.

따라서 K행원이 1차 점심시간에 근무를 하게 될 경우의 수는 $6\times3=18$가지이며, 그 확률은 $\frac{18}{36}=\frac{1}{2}$이다.

53 정답 ①

'인디음악을 좋아하는 사람'을 p, '독립영화를 좋아하는 사람'을 q, '클래식을 좋아하는 사람'을 r, '재즈 밴드를 좋아하는 사람'을 s라고 하고 명제를 정리하면 다음과 같다.

- 첫 번째 명제 : $p \rightarrow q$
- 두 번째 명제 : $r \rightarrow s$
- 세 번째 명제 : $\sim q \rightarrow \sim s$

세 번째 명제의 대우는 $s \rightarrow q$이므로 $r \rightarrow s \rightarrow q$이다.

따라서 '클래식을 좋아하는 사람은 독립영화를 좋아한다.'는 항상 참이다.

54 정답 ④

'딸기를 좋아한다.'를 p, '가지를 좋아한다.'를 q, '바나나를 좋아한다.'를 r, '감자를 좋아한다.'를 s라고 하고 명제를 정리하면 다음과 같다.

- 첫 번째 명제 : $p \rightarrow \sim q$
- 두 번째 명제 : $r \rightarrow q$
- 세 번째 명제 : $\sim q \rightarrow s$

두 번째 명제의 대우는 $\sim q \rightarrow \sim r$이므로 $p \rightarrow \sim q \rightarrow \sim r$이다.

하지만 r과 s의 관계를 알 수 없으므로 '감자를 좋아하는 사람은 바나나를 싫어한다.'는 참이 아니다.

55

정답 ②

'보상을 받는다.'를 p, '노력했다.'를 q, '호야'를 r이라고 하고 명제를 정리하면 다음과 같다.

- 첫 번째 명제 : $p \rightarrow q$
- 세 번째 명제 : $r \rightarrow \sim p$

따라서 세 번째 명제가 성립하기 위해서는 빈칸에 '호야는 노력하지 않았다.'가 들어가야 한다.

56

정답 ③

두 번째 내용에 따라 둘째 날에는 2시간 또는 1시간 30분의 발 마사지 코스를 선택할 수 있다.

- 둘째 날에 2시간의 발 마사지 코스를 선택하는 경우
  첫째 날에는 2시간, 셋째 날에는 1시간, 넷째 날에는 1시간 30분이 소요되는 발 마사지를 받는다.
- 둘째 날에 1시간 30분의 발 마사지 코스를 선택하는 경우
  첫째 날에는 2시간, 셋째 날에는 30분, 넷째 날에는 1시간 또는 1시간 30분 코스의 발 마사지를 받는다.

따라서 현수는 셋째 날에 가장 짧은 마사지 코스를 선택하였다.

57

정답 ①

화요일은 재무팀 소속인 C의 출장이 불가하며, 수요일은 영업팀의 정기 일정인 팀 회의로 A, B의 출장이 불가하다. 또한 목요일은 B가 휴가 예정이므로, 금요일 및 주말을 제외하고 세 사람이 동시에 출장을 갈 수 있는 날은 월요일뿐이다.

오답분석

② 회계감사로 인해 재무팀 소속인 C는 본사에 머물러야 한다.
③ 수요일에는 영업팀의 정기 회의가 있다.
④ B가 휴가 예정이므로 세 사람이 함께 출장을 갈 수 없다.

58

정답 ④

D의 산악회 회원 여부를 기준으로 나누어 정리하면 다음과 같다.

- D가 산악회 회원인 경우
  네 번째 조건에 따라 D가 산악회 회원이면 B와 C도 산악회 회원이 되며, A는 두 번째 조건의 대우에 따라 산악회 회원이 될 수 없다. 따라서 B, C, D가 산악회 회원이다.
- D가 산악회 회원이 아닌 경우
  세 번째 조건에 따라 D가 산악회 회원이 아니면 B가 산악회 회원이 아니거나 C가 산악회 회원이어야 한다. 그러나 첫 번째 조건의 대우에 따라 C는 산악회 회원이 될 수 없으므로 B가 산악회 회원이 아님을 알 수 있다. 따라서 B, C, D 모두 산악회 회원이 아니다. 이때 최소 1명 이상은 산악회 회원이어야 하므로 A는 산악회 회원이다.

따라서 항상 참인 것은 ④이다.

59

정답 ①

i) C가 참이면 D도 참이므로 C, D는 모두 참을 말하거나 모두 거짓을 말한다. 그런데 A와 E의 진술이 서로 상치되고 있으므로 둘 중에 1명은 참이고 다른 1명은 거짓인데, 만약 C, D가 모두 참이면 참을 말한 사람이 적어도 3명이 되므로 2명만 참을 말한다는 조건에 맞지 않는다. 그러므로 C, D는 모두 거짓을 말한다.

ii) i)에서 C와 D가 모두 거짓을 말하고, A와 E 중 1명은 참, 다른 1명은 거짓을 말한다. 그러므로 B는 참을 말한다.

iii) ii)에 따라 A와 B가 참이거나 B와 E가 참이다. 그런데 A는 '나와 E만 범행 현장에 있었다.'라고 했으므로 B의 진술(참)인 '목격자는 2명이다.'와 모순된다(목격자가 2명이면 범인을 포함해서 3명이 범행 현장에 있어야 하므로). 또한 A가 참일 경우, A의 진술 중 '나와 E만 범행 현장에 있었다.'는 참이면서 E의 '나는 범행 현장에 있었고'는 거짓이 되므로 모순이 된다.

따라서 B와 E가 참을 말하므로, E의 진술에 따라 범인은 A이다.

60

정답 ③

두 번째 진술이 거짓일 경우 A, C, D는 모두 뇌물을 받지 않고, 세 번째 진술이 거짓일 경우 B, C 모두 뇌물을 받게 되므로 두 번째 진술과 세 번째 진술은 동시에 거짓이 될 수 없다. 두 번째 진술 또는 세 번째 진술이 참인 경우로 나누어 살펴보면 다음과 같다.

- 두 번째 진술이 참인 경우
  A, C, D 중 적어도 1명 이상이 뇌물을 받았고, 나머지 진술은 모두 거짓이 되어 B와 C는 모두 뇌물을 받았다. 또한 B와 C가 모두 뇌물을 받았으므로 D는 뇌물을 받지 않았다. 한편 첫 번째 진술이 거짓이 되려면 진술의 대우 역시 성립하지 않아야 한다. 즉, 'B가 뇌물을 받았다면, A는 뇌물을 받지 않는다.'가 성립하지 않으려면 A는 뇌물을 받아야 한다. 그러므로 뇌물을 받은 사람은 D를 제외한 A, B, C 3명이다.
- 세 번째 진술이 참인 경우
  A, C, D 모두 뇌물을 받지 않았으며, B와 C 중 적어도 1명 이상은 뇌물을 받지 않았다. 나머지 진술은 모두 거짓이 되어야 하는데, 먼저 첫 번째 진술이 거짓이 되려면 대우 역시 성립하지 않아야 하므로 B는 뇌물을 받지 않아야 한다. 또한 마지막 진술 역시 거짓이 되려면 대우인 'D가 뇌물을 받지 않았다면, B와 C 모두 뇌물을 받지 않았다.'가 성립하지 않아야 한다. 그러나 이때 B와 C는 모두 뇌물을 받지 않았으므로 마지막 진술의 대우가 성립하여 네 번째 진술은 참이 된다. 그러므로 참인 진술이 둘이 되므로 조건에 맞지 않는다.

따라서 두 번째 진술이 참이며, 뇌물을 받은 사람은 A, B, C 3명이다.

61

정답 ②

제시된 내용에 따라 머리가 긴 순서대로 나열하면 '슬기 – 민경 – 경애 – 정서 – 수영'이 된다. 따라서 슬기의 머리가 가장 길다.

오답분석

① 경애가 단발머리인지는 제시된 내용만으로 알 수 없다.

62 정답 ②

1명만 거짓말을 하고 있기 때문에 모두의 말을 참이라고 가정하고, 모순이 어디서 발생하는지 생각해 본다.
5명의 말에 따르면 1등을 할 수 있는 사람은 C밖에 없는데, 이는 E의 진술과 모순이 생기는 것을 알 수 있다.
만약 C의 진술이 거짓이라고 하면 1등을 할 수 있는 사람이 없으므로 모순이다.
따라서 E의 진술이 거짓이며, 가능한 순위는 C－A－B－D－E, C－A－E－B－D, C－E－B－A－D임을 알 수 있다.

63 정답 ③

제시된 내용을 정리하면 다음과 같다.

구분	내근	외근
미혼	과장 미만	연금 저축 가입
기혼	남성	남성, 과장 이상

최 과장이 여성이라면 두 번째 조건과 세 번째 조건에 따라 미혼이면서 외근을 하는 것을 알 수 있다. 이때, 다섯 번째 조건에 따라 최 과장은 연금 저축에 가입되어 있는 것을 알 수 있다.

오답분석

① 김 대리가 내근을 한다면, 그는 미혼 또는 기혼이다.
② 이 과장이 미혼이 아니라면, 그는 내근 또는 외근을 한다.
④ 박 대리가 미혼이면서 연금 저축에 가입되어 있지 않다면, 그는 내근을 한다.

64 정답 ②

제시된 조건을 정리하면 다음과 같다.

구분	1층	2층	3층	4층	5층
경우 1	B팀	A팀	D팀	C팀	E팀
경우 2	B팀	C팀	D팀	A팀	E팀

따라서 항상 참인 것은 ②이다.

오답분석

① 제시된 조건만으로는 판단하기 힘들다.
③ E는 5층에 배치되었으므로 5층을 사용한 적이 없다.
④ 2층을 쓰게 될 가능성이 있는 팀은 A, C팀으로 총 두 팀이다.

65 정답 ①

두 번째 조건에 따라 K사원의 부서 직원 80명이 전원 참석하므로 수용가능인원이 40명인 C세미나는 제외되고, 부서 워크숍은 2일간 진행되므로 하루 대관료가 50만 원을 초과하는 D리조트는 제외된다. 마지막으로 네 번째 조건에 따라 왕복 이동시간이 4시간인 B연수원은 제외된다.
따라서 가장 적절한 워크숍 장소는 A호텔이다.

66 정답 ③

제시된 안내사항에서 회의실 예약 방법 및 이용 가능 시간에 대한 정보를 확인할 수 없다.

오답분석

ㄱ. '기타 주의 사항'에 따르면 회의실 내부에서 음료수 외 취식을 금지하고 있으므로 커피, 식수 등의 음료수는 반입이 허용됨을 알 수 있다.
ㄷ. '기타 주의 사항'에 따르면 회의실 내 충분한 콘센트가 마련되어 있지 않으므로 노트북 지참 시 충전 용량이 충분한지 확인해야 함을 알 수 있다.

67 정답 ③

A캠핑이 10% 가격할인을 할 경우의 B마운틴의 월 매출현황은 다음과 같다.

- B마운틴이 0% 할인할 경우
  - 매출액 : $5\times3=15$천만 원
  - 비용 : $5+2\times3=11$천만 원
  - 순수익 : $15-11=4$천만 원
- B마운틴이 10% 할인할 경우
  - 매출액 : $5\times(1-\frac{10}{100})\times5=22.5$천만 원
  - 비용 : $5+2\times5=15$천만 원
  - 순수익 : $22.5-15=7.5$천만 원
- B마운틴이 20% 할인할 경우
  - 매출액 : $5\times(1-\frac{20}{100})\times8=32$천만 원
  - 비용 : $5+2\times8=21$천만 원
  - 순수익 : $32-21=11$천만 원
- B마운틴이 30% 할인할 경우
  - 매출액 : $5\times(1-\frac{30}{100})\times10=35$천만 원
  - 비용 : $5+2\times10=25$천만 원
  - 순수익 : $35-25=10$천만 원

따라서 B마운틴은 가격을 20% 할인했을 때 순수익(월)이 11천만 원으로 가장 높다.

68 정답 ④

현수막의 기본 크기는 $1\text{m}\times3\text{m}(=3\text{m}^2)$이고 가격은 5,000원으로 1m^2당 3,000원의 추가 비용이 든다.
B대리가 요청한 현수막은 '$3\text{m}\times8\text{m}$' 2개, '$1\text{m}\times4\text{m}$' 1개이다.

- $3\text{m}\times8\text{m}(=24\text{m}^2)$ 크기의 현수막 제작 비용
  : $5{,}000+(24-3)\times3{,}000=68{,}000$원
- $1\text{m}\times4\text{m}(=4\text{m}^2)$ 크기의 현수막 제작 비용
  : $5{,}000+(4-3)\times3{,}000=8{,}000$원

따라서 현수막 제작 비용은 $68{,}000\times2+8{,}000=144{,}000$원이다.

69

정답 ③

보증료 계산식에서 보증료율을 보면 크게 차이가 나지 않지만, 보증금액과 기간이 일정 배수대로 움직인다는 사실을 파악하면 문제를 풀기 쉽다. 우선 보증금액의 경우 1억 2천만 원을 A, 보증기간 1년을 B라고 가정하면 다음과 같이 정리할 수 있다.

구분	보증금액	신용등급 (보증료)	보증기간	(보증금액) ×(보증기간)
가 회사	2A	3(0.408%)	3B	6AB
나 회사	3A	4(0.437%)	2B	6AB
다 회사	2A	4(0.437%)	2B	4AB
라 회사	A	5(0.469%)	4B	4AB
마 회사	5A	1(0.357%)	B	5AB

복잡한 계산 없이 비교하는 방법으로 보증료가 가장 높은 회사는 가와 나 둘 중 하나이며, 낮은 곳은 다와 라 둘 중 하나이다. 이때 신용등급을 보면 가와 나 회사 중에서는 신용등급이 더 낮은 '나 회사'가 가장 많이 보증료를 내고, 다와 라 회사 중에서는 신용등급이 더 높은 '다 회사'가 보증금을 가장 적게 냄을 알 수 있다. 보증료를 공식에 대입하여 직접 계산하면 다음과 같다.

구분	보증료(만 원)
가 회사	24,000×0.00408×3×365÷365=293.76
나 회사	36,000×0.00437×2×365÷365=314.64
다 회사	24,000×0.00437×2×365÷365=209.76
라 회사	12,000×0.00469×4×365÷365=225.12
마 회사	60,000×0.00357×1×365÷365=214.20

따라서 보증료를 가장 많이 내는 회사는 나 회사, 가장 적게 내는 회사는 다 회사이다.

70

정답 ④

ㄱ. 경쟁사와의 제휴를 통한 공존·상생하여 판매 채널을 확장하는 방안은 내부의 약점(W)을 보완하여 기업 외부의 위협(T)을 극복할 수 있는 전략이다.

ㄴ. 꾸준한 실적을 내고 있는 렌터카 부문 영업을 강화하여 리오프닝으로 증가하는 여행 수요에 대응해 여행 부문 영업 인력을 충원하는 방안은 내부의 강점(S)을 강화하여 외부의 기회(O)를 활용하는 전략이다.

ㄷ. 140개국에 걸친 해외 네트워크를 적극 활용하여 과열 경쟁으로 인한 영업 이익의 감소 우려를 최소화하는 방안은 내부의 강점(S)을 활용하여 외부의 위협(T)을 최소화할 수 있는 전략이다.

ㄹ. OBT 등의 차별화 시스템과 전문화된 업무 역량을 강화하여 리오프닝 등으로 인해 여행 수요의 증가를 적극 활용하는 방안은 내부의 강점(S)을 강화하여 외부의 기회(O)를 활용하는 전략이다.

오답분석

ㅁ. 진입장벽을 높임으로써 이미 게임 체인저로 평가받고 있는 N 사이트 등의 이종 기업들에 맞서는 인위적인 전략은 시장의 자연스러운 흐름을 거스르고 부당경쟁·담합을 초래할 우려가 있으므로 위기에 대응하는 적절한 전략으로 보기 힘들다. 온라인 플랫폼 기업들의 부상이라는 시장의 변화를 대세로 인정하고, 위기 극복에 성공한 경험에서 얻은 지혜를 십분 활용해 자사의 내부 경쟁력을 더욱 강화함으로써 생존력을 높이는 전략이 효과적일 수 있다.

제2영역 금융 · 디지털상식

71

정답 ④

한국은행의 주요 기능

- 효율적인 통화신용정책의 수립과 집행을 통하여 물가안정을 도모한다. 이를 위하여 공개시장 조작정책, 재할인정책, 지급준비정책 등의 정책수단을 활용한다.
- 한국은행법이 정하는 바에 의하여 대한민국 내에서 은행권과 주화를 발행할 수 있는 유일한 발행기관이다.
- 금융기관으로부터 예금을 수입하고 이를 통해 금융기관 간의 자금결제를 완결하는 전통적인 기능을 수행함과 아울러 금융기관 간 거액자금거래를 전자자금이체방식에 의해 수시로 결정하는 한국은행 금융결제망을 구축 · 가동함으로써 지급결제제도의 중핵이 되고 있다.
- 제한적인 은행감독의 기능을 가지고 있다.
- 한국은행법 및 외국환거래법에 의한 외국환업무와 기획재정부장관이 한국은행 총재에게 위탁한 외국환은행 외화자금 조달 및 운용에 관한 관리업무를 수행하며 국제금융기구와의 거래 및 교류 관련 업무도 수행하고 있다.
- 기타 한국은행은 국내외 경제상황을 분석 · 전망하고 정책제안 및 중장기 발전과제를 연구하는 한편, GDP, 국제수지, 자금순환, 수입 · 지출 등 국민계정과 통화금융, 물가, 기업경영 등 주요 통계를 편제하고 새로운 통계자료를 개발하고 있다.

72

정답 ④

정부나 금융권의 유가증권 매입, 재할인율의 인하, 지급준비율의 인하 등은 통화량을 증가하는 결과를 초래한다.

73

정답 ①

금융시장이란 기업, 가계, 정부, 금융기관 등 경제 주체들이 금융상품을 거래하여 필요한 자금을 조달하고 여유자금을 운용하는 조직화된 장소를 말한다. 이는 추상적인 것으로 어느 특정 건물이나 장소를 의미하는 것은 아니다.

오답분석

② 금융시장은 자금의 수요와 공급이 만나 자금의 대차거래가 이루어지는 장이다.
③ 은행에서 빌려오는 것은 간접금융, 주식이나 채권 발행으로 일반인의 투자를 유도하는 것은 직접금융이다.
④ 일반적으로 1년 미만은 단기, 1년 이상은 장기이다.

74

정답 ①

우리나라의 단기금융시장으로는 콜 · 기업어음(CP) · 양도성 예금증서(CD) · 환매조건부채권(RP) 매매 · 표지어음 · 통화안정증권시장이 있다. 회사채와 금융채, 국채 등은 장기금융시장에서 거래되는 상품이다.

75

정답 ①

변동금리에 대한 내용이다. 연동금리란 시장 실세금리에 연동, 매일 또는 매월 금리가 고시되고 이 금리를 일정기간 확정 · 부여한다.

76

정답 ③

블루투스는 1994년 스웨덴의 통신 장비 제조사 에릭슨이 개발한 근거리 무선통신산업 표준이다. 전 세계 많은 기업들이 무선장비의 통신규격으로 사용하고 있다. 블루투스의 명칭과 로고는 덴마크와 노르웨이를 통일한 왕 하랄드 블라톤의 별칭 '푸른 이'에서 따왔다.

77

정답 ①

데이터 베이스 관리시스템은 소프트웨어에 속하며, 데이터 베이스를 구축하여 이용자에게 제공할 수 있도록 유지관리하는 기능의 모임이다.

78

정답 ④

C언어는 절차 지향 언어이고, C++언어는 C언어를 확장한 객체 지향 언어이다.

79

정답 ②

국가 초고성능컴퓨터 5호기 '누리온'은 개인용 컴퓨터 약 2만 대에 해당하는 성능을 보유하고 있으며, 1초에 2경 5,700조 번의 부동소수점 연산이 가능하다. 2018년 12월부터 정식 서비스가 시작되었고, 이는 2009년 슈퍼컴퓨터 4호기인 '타키온 Ⅱ' 도입 이후 9년 만에 이루어진 성능 개선이었다.

80

정답 ④

SLC 메모리는 셀당 1비트만을 저장할 수 있으므로 다른 메모리에 비해 오류가 발생할 확률이 낮다.

오답분석

①·②·③ 메모리에는 SLC(Single Level Cell), MLC(Multi Level Cell), TLC(Triple Level Cell)가 있다. 그중 SLC는 셀당 1비트를 저장할 수 있는 기술로, SLC 반도체는 1개의 비트밖에 저장할 수 없지만 대신 데이터 처리 속도가 빠르다. 데이터를 읽는 속도에서는 MLC보다 30%, 쓰기 속도에서는 75% 정도 빠르다. MLC는 셀당 2비트를 저장해 대용량 데이터를 저장하는 데 용이하다. TLC의 경우 셀당 3비트를 저장하여 SLC나 MLC보다 저장 효율이 뛰어나 더 작은 제품에도 많은 용량을 구현할 수 있어 생산성은 높지만 속도와 안정성이 SLC, MLC보다 떨어진다. 따라서 SLC는 같은 용량의 MLC, TLC에 비해 고가이며, TLC의 경우 셀당 많은 데이터를 기록하기 때문에 수명이 상대적으로 짧다.

하나은행 온라인 필기전형

제4회 모의고사 정답 및 해설

01	02	03	04	05	06	07	08	09	10
④	③	④	③	③	④	②	①	④	②
11	12	13	14	15	16	17	18	19	20
②	③	④	②	③	②	③	②	④	②
21	22	23	24	25	26	27	28	29	30
④	①	①	③	③	①	④	①	④	③
31	32	33	34	35	36	37	38	39	40
③	②	①	②	②	④	④	①	③	②
41	42	43	44	45	46	47	48	49	50
①	①	③	③	②	①	②	②	②	④
51	52	53	54	55	56	57	58	59	60
②	④	③	④	②	②	④	①	④	③
61	62	63	64	65	66	67	68	69	70
④	③	③	③	②	④	④	③	①	①
71	72	73	74	75	76	77	78	79	80
④	④	①	①	②	②	①	④	②	④

제 1 영역 NCS 직업기초능력

01
정답 ④

'투영하다'는 '어떤 상황이나 자극에 대한 해석, 판단, 표현 따위에 심리 상태나 성격을 반영하다.'의 의미로, '투영하지'로 적는 것이 적절하다.

오답분석

① 문맥상 '(내가) 일을 시작하다.'의 관형절이기 때문에 '시작한'으로 수정해야 한다.
② '못' 부정문은 주체의 능력을 부정하는 데 사용된다. 문맥상 단순 부정의 '안' 부정문이 사용되어야 하므로 '않았다'로 수정해야 한다.
③ '안건을 결재하여 허가함'의 의미를 지닌 '재가'로 수정해야 한다.

02
정답 ③

'격세지감(隔世之感)'은 '오래지 않은 동안에 몰라보게 변하여 아주 다른 세상이 된 것 같은 느낌'을 이르는 말이다.

오답분석

① 건목수생(乾木水生) : 마른나무에서 물이 난다는 뜻으로, 아무것도 없는 사람에게 무리하게 무엇을 내라고 요구함을 이르는 말
② 견강부회(牽强附會) : 이치에 맞지 않는 말을 억지로 끌어 붙여 자기에게 유리하게 함
④ 독불장군(獨不將軍) : 무슨 일이든 자기 생각대로 혼자서 처리하는 사람

03
정답 ④

'맑은 물에 고기 안 논다'는 사람이 지나치게 결백하면 남이 따르지 않음을 비유적으로 이르는 말로, 지나치게 원리·원칙을 지키다 친구들의 신뢰를 잃게 된 반장 민수의 상황에 적절하다.

오답분석

① 남의 덕으로 대접을 받고 우쭐댄다.
② 아무리 좋은 일이라도 여러 번 되풀이하여 대하게 되면 싫어진다.
③ 큰 것을 잃은 후에 작은 것을 아끼려고 한다.

04
정답 ③

제시문은 첫 번째와 두 번째 문단에서 비체계적 위험과 체계적 위험을 나누어 살핀 후 비체계적 위험 아래에서의 투자 전략과 체계적 위험 아래에서의 투자 전략을 제시하고 있다. 그리고 세 번째 문단에서 베타 계수를 활용하여 체계적 위험에 대응하는 내용이 전개되고 있다. 따라서 글의 제목으로 가장 적절한 것은 '비체계적 위험과 체계적 위험을 고려한 투자 전략'이다.

05
정답 ③

제시문의 마지막 문단에서 예술 작품을 통한 해석으로 작품의 단일한 의미를 찾아내는 일이 꼭 실현되는 건 아니라는 것을 알 수 있다.

06

정답 ④

제시문에 따르면 단순히 젊은 세대의 문화만을 존중하거나, 기존 세대의 문화만을 따르는 것이 아닌 두 문화가 어우러질 수 있도록 기업 차원에서 분위기를 만드는 것이 본질적인 해결법으로 가장 적절하다.

오답분석

① 급여받은 만큼만 일하게 되는 악순환이 반복될 것이므로 글에서 언급된 문제를 해결하는 기업 차원의 방법으로는 적절하지 않다.
② 기업의 전반적인 생산성 향상을 이룰 수 없으므로 기업 차원의 방법으로 적절하지 않다.
③ 젊은 세대의 채용을 기피하는 분위기가 생길 수 있으므로 적절하지 않다.

07

정답 ②

제시문은 문화재 가운데 가장 가치 있는 것으로 평가받는 국보에 대해 설명하는 글이다. 따라서 (가) 문화재의 종류와 국보에 대한 설명 – (다) 국보 선정의 기준 – (나) 국보로 선발된 문화재의 종류 – (라) 국보로 선발된 문화재가 지니는 의미 순으로 나열하는 것이 적절하다.

08

정답 ①

제시문은 프루시너가 발견한 프리온 단백질을 소개하는 글로, 프루시너의 이론이 발표되기 전 분자 생물학계의 중심 이론을 함께 설명하고 있다. 따라서 프루시너의 이론과 이와 대립하는 기존 분자 생물학계의 주장을 제시하면서 글을 전개하고 있다.

09

정답 ④

제시문의 중심 내용은 4차 산업혁명의 신기술로 인해 금융의 종말이 올 것임을 예상하는 것이다. 따라서 앞으로도 기술 발전은 금융업의 본질을 바꾸지 못할 것이라는 내용의 ④가 글에 대한 비판으로 가장 적절하다.

10

정답 ②

제시문에 따르면 다리뼈는 연골세포의 세포분열로 인해 뼈대의 성장이 일어난다.

오답분석

① 사춘기 이후 호르몬에 의한 뼈의 길이 성장은 일어나지 않는다.
③ 뼈끝판의 세포층 중 뼈대의 경계면에 있는 세포층이 아닌 뼈끝과 경계면이 있는 세포층에서만 세포분열이 일어난다.
④ 남성호르몬인 안드로겐은 사춘기 여자에게서도 분비된다.

11

정답 ②

제시문은 우리나라 작물의 낮은 자급률을 이야기하는 글이다. 보기의 문장은 우리나라 작물의 낮은 자급률을 보여주는 구체적인 수치이다. 따라서 '하지만 실상은 벼, 보리, 배추 등을 제외한 많은 작물의 종자를 수입하고 있어 그 자급률이 매우 낮다고 한다.' 뒤인 (나)에 위치하는 것이 가장 적절하다.

12

정답 ③

제시문은 범죄 보도가 가져오는 법적·윤리적 논란에 관하여 설명하고 있으므로 지나친 범죄 보도가 문제가 될 수 있다는 내용인 ③이 뒤에 이어져야 한다.

13

정답 ④

제시문의 첫 번째, 두 번째 문단에서 EU가 절제 다리 덫 사용을 금지하는 나라의 모피만 수입하기로 한 결정과 동물실험을 거친 화장품의 판매를 금지하는 조치 법령이 WTO의 영향으로 실행되지 못한 사례를 이야기하고 있다. 따라서 추론한 내용으로 가장 적절한 것은 ④이다.

14

정답 ②

훈련시간은 훈련 실시 신고 변경 불가사항에 해당하므로 변경예정일과 관계없이 승인 요청이나 신고를 통한 변경이 불가능하다.

오답분석

① 변경예정일 4일 전까지 변경 승인을 요청할 수 있다.
③ 변경예정일 전일까지 변경 신고를 할 수 있다.
④ 변경예정일 전일까지 변경 승인을 요청할 수 있다.

15

정답 ③

종전 적금의 중도해지에 따른 불이익, 잔여 복무기간 등을 종합적으로 고려하여 판단할 필요는 있으나 효율적이지 않다고 단언할 수는 없다.

오답분석

① 향후 적금상품 운용 경과, 병사급여 인상 추이 등을 감안하여 월적립한도 상향 등을 단계적으로 협의해 나갈 계획이다.
② 향후 상품 출시시기에 맞춰 은행연합회 팝업창, 참여은행 홈페이지 연계 등을 통해 적극 홍보할 계획이다.
④ 관리시스템이 구축될 신규 적금상품부터 법령개정을 거쳐 추가 인센티브 부여를 추진할 예정이다.

16

정답 ②

자료에서 재무현황 안내에 대한 내용은 알 수 없다.

오답분석

① (나)에 해당하는 내용이다.
③ (가)에 해당하는 내용이다.
④ (다)에 해당하는 내용이다.

17

정답 ③

제6조의3 제2항 제2호에 따르면 감사인이 감사대상업무의 의사결정과정에 직·간접적으로 관여한 경우 해당 감사에 관여할 수 없다.

오답분석

① 제4조 제3호에 해당하는 내용이다.
② 제4조의2 제1항에 해당하는 내용이다.
④ 제6조의3 제3항에 해당하는 내용이다.

18

정답 ②

선택지에 제시된 나라 중 2040년의 고령화율이 2010년 대비 2배 이상 증가하는 나라는 한국(3.0배), 브라질(2.5배), 인도(2.0배)이다.

- 한국 : $\frac{33.0}{11.0}=3.0$배
- 브라질 : $\frac{17.6}{7.0}\fallingdotseq 2.5$배
- 인도 : $\frac{10.2}{5.1}=2.0$배

오답분석

- 미국 : $\frac{21.2}{13.1}\fallingdotseq 1.6$배
- 일본 : $\frac{34.5}{23.0}=1.5$배

19

정답 ④

자료에서 '상품혜택'의 빈칸에 해당하는 내용을 관계식으로 나타내면 (최대소득공제한도)×(예상세율)=(최대절세효과)이며, 이에 따라 빈칸 A, B, C에 들어갈 내용을 구하면 다음과 같다.

- A
  - $A\times0.066=330,000 \rightarrow A=\frac{330,000}{0.066}=5,000,000$원
  - $A\times0.165=825,000 \rightarrow A=\frac{825,000}{0.165}=5,000,000$원
- B
  - $B=3,000,000\times0.165=495,000$원
  - $B=3,000,000\times0.385=1,155,000$원
- C
  - $2,000,000\times C=770,000 \rightarrow C=\frac{770,000}{2,000,000}\times100=38.5\%$
  - $2,000,000\times C=924,000 \rightarrow C=\frac{924,000}{2,000,000}\times100=46.2\%$

따라서 A는 500만 원, B는 495,000 ~ 1,155,000원, C는 38.5 ~ 46.2%이다.

20

정답 ②

- A : 순수보장형 1년 납입보험료가 22만 원이므로 3년 납입보험료 누계액은 $22\times3=66$만 원이다.
- B : (해지환급금)=(납입보험료 누계액)×(환급률)÷100, 순수보장형 보험에 가입하여 20년 후에 해지할 시 해지환급금은 $220\times0.15=33$만 원이다.
- C : (환급률)=$\frac{(\text{해지환급금})}{(\text{납입보험료 누계액})}\times100$, 환급형 보험으로 가입하여 20년 후에 해지할 시 환급률은 $1,140\div1,200\times100=95\%$이다.

따라서 A는 66, B는 33, C는 95이다.

21

정답 ④

은행별 감축률은 각각 다음과 같다.

- A은행 : $\frac{1,170-1,009}{1,170}\times100\fallingdotseq 13.8\%$
- B은행 : $\frac{1,695-1,332}{1,695}\times100\fallingdotseq 21.4\%$
- C은행 : $\frac{980-950}{980}\times100\fallingdotseq 3.1\%$
- D은행 : $\frac{1,530-1,078}{1,530}\times100\fallingdotseq 29.5\%$

따라서 D-B-A-C 순서로 우수하다.

오답분석

① 제시된 자료에서 2023년 대비 2024년에 모든 은행의 민원 건수가 감소한 것을 확인할 수 있다.
② 각 은행의 고객 수는 '(전체 민원 건수)÷(고객 십만 명당 민원 건수)×(십만 명)'으로 구할 수 있다. 2024년 고객 수는 B은행이 약 29,865,471명으로 가장 많으며, 금융민원 건수도 1,332건으로 가장 많다.
③ C은행의 2024년 금융 민원 건수는 950건으로 가장 적지만, 감축률은 3.1%로 다른 은행과 비교해 미미한 수준이다.

22

정답 ①

2022년 인구성장률은 0.63%, 2025년 인구성장률은 0.39%이다. 2025년 인구성장률은 2022년 인구성장률에서 40% 감소한 값인 $0.63\times(1-0.4)=0.378\%$보다 값이 크므로 40% 미만으로 감소하였다.

오답분석

② 제시된 자료를 보면 2022년 이후 인구성장률이 매년 감소하고 있으므로 옳은 설명이다.

③ 2020년부터 2025년까지 인구성장률이 가장 낮았던 해는 2025년이며, 합계출생률도 2025년에 가장 낮았다.

④ 인구성장률이 높은 순서로 나열하면 2022년 - 2020년, 2023년 - 2021년 - 2024년 - 2025년이다. 합계출생률이 높은 순서로 나열하면 2020년 - 2023년 - 2022년 - 2021년 - 2024년 - 2025년이다. 따라서 인구성장률과 합계출생률이 두 번째로 높은 해는 2023년이다.

23

정답 ①

2022년에는 위암이 가장 많이 증가했다.

오답분석

② 매년 인구증가율 평균이 1.54%인데, 전년 대비 가장 적게 상승한 2023년에도 4% 이상 증가했다.

③ 간암의 경우 2023년에는 전년 대비 증가율이 마이너스(−)를 보이고 있다.

④ 다른 암에 비해서 간암의 경우 29.9명에서 31.7명으로 1.8명 늘어났으므로 간암의 증가율이 가장 낮다.

24

정답 ③

ㄴ. 제시된 자료를 통해 2월 21일의 원/달러 환율이 지난주 2월 14일보다 상승하였음을 알 수 있다.

ㄷ. 달러화의 강세란 원/달러 환율이 상승하여 원화가 평가절하되면서 달러의 가치가 높아지는 것을 의미한다. 3월 12일부터 3월 19일까지는 원/달러 환율이 계속해서 상승하는 추세이므로 옳은 설명이다.

오답분석

ㄱ. 3월 원/엔 환율의 경우 최고 환율은 3월 9일의 1,172.82원으로, 3월 한 달 동안 1,100원을 웃도는 수준에서 등락을 반복하고 있다.

ㄹ. 달러/엔 환율은 $\frac{(\text{원/엔 환율})}{(\text{원/달러 환율})}$로 도출할 수 있다. 제시된 자료에 따르면 3월 27일 원/달러 환율은 3월 12일에 비해 상승하였고, 반대로 원/엔 환율은 하락하였다. 즉, 분모는 증가하고 분자는 감소하였으므로 3월 27일의 달러/엔 환율은 3월 12일보다 하락하였음을 알 수 있다.

25

정답 ③

2024년 3/4분기의 저축은행 ROA(총자산순이익률)가 −0.9%인데, ③의 그래프에서는 0%로 되어 있으므로 옳지 않다.

26

정답 ①

우선 중도상환하는 금액이 얼마인지를 알아야 한다. 남은 대출원금을 전액 중도상환하는 것이므로, 대출원금에서 지금까지 상환한 금액을 빼면 중도상환하는 금액을 알 수 있다.

- (중도상환원금)=(대출원금)−(월상환액)×(상환월수)

$$=24,000,000-\left(\frac{24,000,000}{60}\times18\right)$$

$=16,800,000$원

- (중도상환수수료)

$$=16,800,000\times0.025\times\frac{36-18}{36}$$

$=210,000$원

따라서 A씨가 고객에게 안내해야 할 중도상환수수료 금액은 210,000원이다.

27

정답 ④

수연이가 여행 전 800달러를 환전할 때 지급한 원화는 우대환율 70%이므로, 이를 적용하여 계산하면 다음과 같다.

구분	9월 14일	9월 15일	합계
적용 환율	1,152−(1,152−1,140)×0.7 =1,143.6원/달러	1,155−(1,155−1,145)×0.7 =1,148원/달러	−
지불 금액	1,143.6×500 =571,800원	1,148×300 =344,400원	916,200원

여행 후 10월 16일부터 20일까지 현찰을 팔 때 우대환율이 20% 추가되어 90%가 적용된다. 날짜별 우대환율 90%를 적용한 후 800달러를 원화로 환전하면 다음과 같다.

구분	10월 16일	10월 19일	10월 20일
적용 환율	1,146+(1,158−1,146)×0.9 =1,156.8원/달러	1,140+(1,150−1,140)×0.9 =1,149원/달러	1,131+(1,143−1,131)×0.9 =1,141.8원/달러
환전 금액	1,156.8×800 =925,440원	1,149×800 =919,200원	1,141.8×800 =913,440원

따라서 수연이가 800달러를 원화로 환전할 때 날짜별 손익을 구하면 다음과 같다.

- 10월 16일 : 925,440−916,200=9,240원 이익
- 10월 19일 : 919,200−916,200=3,000원 이익
- 10월 20일 : 913,440−916,200=2,760원 손해

28

정답 ①

등산복 2벌을 45만 원에 5개월 할부로 구매하였으므로 할부수수료율은 14%(5개월)가 적용되며, 회차별 할부수수료는 다음과 같다.

(단위 : 원)

구분	이용원금 상환액	할부수수료	할부잔액
1회	90,000	$450,000 \times 0.14 \div 12 = 5,250$	360,000
2회	90,000	$360,000 \times 0.14 \div 12 = 4,200$	270,000
3회	90,000	$270,000 \times 0.14 \div 12 = 3,150$	180,000
4회	90,000	$180,000 \times 0.14 \div 12 = 2,100$	90,000
5회	90,000	$90,000 \times 0.14 \div 12 = 1,050$	0
합계	450,000	15,750	–

따라서 K씨가 지불한 할부수수료는 총 15,750원이다.

29

정답 ④

예금 가입기간이 20개월이므로 기본이자율은 연 1.30%(12개월 이상)가 적용된다. 그리고 우대금리 중 첫 번째와 세 번째 항목을 충족하였으므로 0.2%p가 가산된다. 그러므로 만기 시 적용되는 금리는 1.30+0.2=1.50%가 된다.

단리식 예금이므로 만기 시 이자는 $1,000,000 \times 0.015 \times \frac{20}{12} = 25,000$원이고, 이자금액에 대한 세금을 제외하고 나면 $25,000 \times (1-0.154) = 21,150$원이 된다.

따라서 A고객이 수령할 수 있는 금액은 1,000,000+21,150=1,021,150원이다.

30

정답 ③

매년 말에 1,000만 원씩 입금할 경우 원금에 대한 단리이자를 정리하면 다음과 같다.

(단위 : 만 원)

1년 말	2년 말	3년 말	4년 말	5년 말
1,000				$1,000 \times 0.08 \times 4 = 320$
	1,000			$1,000 \times 0.08 \times 3 = 240$
		1,000		$1,000 \times 0.08 \times 2 = 160$
			1,000	$1,000 \times 0.08 \times 1 = 80$
				1,000

따라서 5년 동안의 원금은 5,000만 원이며, 마지막 5년 말에 입금한 1,000만 원에는 이자가 없고, 나머지 4년 동안 납입한 4,000만 원에 대한 총이자는 320+240+160+80=800만 원이다.

따라서 A씨가 가입 후 6년 초에 받는 금액은 5,000+800=5,800만 원이다.

31

정답 ③

A와 B가 매달 상환해야 하는 금액을 각각 a원, b원이라고 하자.

- A의 경우

	1개월 후	2개월 후	…	11개월 후	12개월 후
	a	$a(1.02)$	…	…	$a(1.02)^{11}$
		a	…	…	$a(1.02)^{10}$
					…
				a	$a(1.02)$
					a
300	300(1.02)	…	…	…	$300(1.02)^{12}$

12개월 후의 a에 관한 마지막 항들을 모두 합하면 A가 내야 할 총금액이 나온다(등비수열의 합 공식을 이용한다).

$$a \times \frac{(1.02)^{12}-1}{1.02-1} = 300 \times (1.02)^{12}$$

$$\rightarrow a \times \frac{0.27}{0.02} = 300 \times 1.27$$

$$\therefore a \fallingdotseq 28$$

즉, A가 매달 내야 하는 금액은 28만 원이다.

- B의 경우

	1개월 후	…	7개월 후	…	11개월 후	12개월 후
			b	…	…	$b(1.02)^5$
						$b(1.02)^4$
			…		…	…
					b	$b(1.02)$
						b
300	300(1.02)		…	…	$300(1.02)^{11}$	$300(1.02)^{12}$

a를 구한 방식으로 b를 구할 수 있다.

$$b \times \frac{(1.02)^6-1}{1.02-1} = 300 \times (1.02)^{12}$$

$$\rightarrow b \times \frac{0.13}{0.02} = 300 \times 1.27$$

$$\therefore b \fallingdotseq 58$$

즉, B가 매달 내야 하는 금액은 58만 원이다.

따라서 A와 B의 1회당 갚는 돈의 차액은 58−28=30만 원이다.

32

정답 ②

현재 빌릴 돈을 x만 원, 이율을 $r\%$, 개월 수를 n개월이라고 하자. 4년 후 갚아야 할 돈이 2,000만 원이므로 복리와 단리를 계산하면 다음과 같다.

- 복리

$$(\text{원금}) \times (1+r)^{\frac{n}{12}} = x \times 1.08^4 = 2,000$$

$$\therefore x = \frac{2,000}{1.08^4} = \frac{2,000}{1.36} \fallingdotseq 1,471$$

- 단리

$$(\text{원금}) \times \left(1+\frac{r}{12} \times n\right) = x \times (1+0.08 \times 4) = 2,000$$

→ $x\times1.32=2{,}000$

$\therefore\ x=\frac{2{,}000}{1.32}\fallingdotseq1{,}515$

따라서 빌릴 수 있는 금액의 차이는 1,515−1,471=44만 원이다.

33
정답 ①

사각뿔의 부피를 구하는 공식은 (부피)$=\frac{1}{3}\times$(밑면의 가로)×(밑면의 세로)×(높이)이다.

따라서 사각뿔에 가득 채워지는 물의 부피를 구하면 $\frac{1}{3}\times6\times6\times5=60\text{cm}^3$ 이다.

34
정답 ②

피타고라스의 법칙을 이용하여 밑변을 am, 높이를 bm라고 가정하면 다음과 같은 식이 성립한다.

$\sqrt{a^2+b^2}=40$

$\therefore\ a^2+b^2=1{,}600$

또한 직각삼각형 넓이의 최댓값 $\frac{a\times b}{2}\text{m}^2$을 구하기 위해 산술기하평균 $\text{A}+\text{B}\ge2\sqrt{\text{AB}}$를 이용하면 다음과 같은 식이 성립한다.

$a^2+b^2\ge2\sqrt{a^2\times b^2}$

→ $\frac{1{,}600}{2}\ge a\times b$

$\therefore\ a\times b\le800$

따라서 강아지 보금자리 넓이의 최댓값은 $\frac{a\times b}{2}=\frac{800}{2}=400\text{m}^2$이다.

35
정답 ②

두 소금물을 모두 섞으면 소금물의 양은 1,000g이 되고, 두 소금물에 들어있는 소금의 양은 각각 다음과 같다.

- 농도 8%인 소금물 200g에 들어있는 소금의 양
  : $\frac{8}{100}\times200=16\text{g}$
- 농도 3%인 소금물 800g에 들어있는 소금의 양
  : $\frac{3}{100}\times800=24\text{g}$

따라서 두 소금물을 모두 섞었을 때 소금물의 농도는 $\frac{16+24}{1{,}000}\times100=4\%$이다.

36
정답 ④

기차가 터널을 완전히 빠져나갈 때까지의 이동거리는 (기차의 길이)+(터널의 길이)이다.

기차의 길이를 xm라고 하면 다음과 같은 식이 성립한다.

$680+x=30\times30$

→ $x=900-680$

$\therefore\ x=220$

따라서 기차의 길이는 220m이다.

37
정답 ④

스낵을 최대로 많이 구매하기 위해서는 가격이 가장 저렴한 스낵을 가장 많이 구매해야 한다. 제시된 A, B, C스낵을 1개씩 구매한 금액은 1,000+1,500+2,000=4,500원이고, 나머지 금액은 50,000−4,500=45,500원이다. 이때 A, C스낵은 천 원 단위이므로 B스낵을 하나 더 구매하고, 남은 금액으로 A스낵을 44,000÷1,000=44개 구매해야 한다.

따라서 A스낵 44+1=45개, B스낵 2개, C스낵 1개를 구매하여 최대 45+2+1=48개의 스낵을 구매할 수 있다.

38
정답 ①

작년의 여자 사원 수를 x명이라고 하면 남자 사원 수는 $(820-x)$명이므로 다음과 같은 식이 성립한다.

$\frac{8}{100}(820-x)-\frac{10}{100}x=-10$

$\therefore\ x=420$

따라서 올해의 여자 사원 수는 $\frac{90}{100}\times420=378$명이다.

39
정답 ③

- 2명 다 호텔 방을 선택하는 경우 : ${}_3\text{P}_2=3\times2=6$가지
- 2명 중 1명만 호텔 방을 선택하는 경우 : 호텔 방을 선택하는 사람은 A, B 2명 중 1명이고, 1명이 호텔 방을 선택할 수 있는 경우의 수는 3가지이므로 2×3=6가지
- 2명 모두 방을 선택하지 않는 경우 : 1가지

따라서 호텔 방을 선택하는 경우의 수는 6+6+1=13가지이다.

40
정답 ②

- 내일 비가 왔을 때 이길 확률 : $\frac{2}{5}\times\frac{1}{3}=\frac{2}{15}$
- 내일 비가 오지 않았을 때 이길 확률 : $\frac{3}{5}\times\frac{1}{4}=\frac{3}{20}$

따라서 구하고자 하는 확률은 $\frac{2}{15}+\frac{3}{20}=\frac{17}{60}$이다.

41
정답 ①

현재 A의 나이를 x세라고 하면 아버지의 나이는 $(x+18)$세이므로 다음과 같은 식이 성립한다.

$3(x+4)=x+18+4$

$\therefore\ x=5$

따라서 2년 전 A의 나이는 3세이다.

42

정답 ①

A회사는 10분에 5개의 인형을 만드므로 1시간에 30개의 인형을 만든다.
따라서 40시간에 1,200개의 인형을 만들고, B회사는 인형 뽑기 기계를 40대 만든다. 기계 하나당 적어도 40개의 인형이 들어가야 하므로 최대 30대의 인형이 들어 있는 인형 뽑기 기계를 만들 수 있다.

43

정답 ③

지하철이 A, B, C역에 동시에 도착하였다가 다시 동시에 도착하는 데까지 걸리는 시간은 3, 2, 4의 최소공배수인 12분이다.
따라서 세 지하철역에서 지하철이 5번째로 동시에 도착한 시각은 처음으로 같이 도착한 오전 4시 30분으로부터 $12\times4=48$분 후인 오전 5시 18분이다.

44

정답 ③

A는 합격할 확률이 $\frac{5}{6}$이므로 불합격할 확률은 $\frac{1}{6}$이고,
B는 합격할 확률이 $\frac{1}{3}$이므로 불합격할 확률은 $\frac{2}{3}$이다.

- A만 합격할 확률 : $\frac{5}{6}\times\frac{2}{3}=\frac{5}{9}$
- B만 합격할 확률 : $\frac{1}{6}\times\frac{1}{3}=\frac{1}{18}$

따라서 2명 중 1명만 합격할 확률은 $\frac{5}{9}+\frac{1}{18}=\frac{11}{18}$이다.

45

정답 ②

농도 5%의 소금물의 양을 xg이라고 하면 다음과 같은 식이 성립한다.

$\frac{11}{100}\times100+\frac{5}{100}\times x=\frac{10}{100}\times(100+x)$

$\rightarrow 1,100+5x=1,000+10x$

$\therefore x=20$

따라서 농도 5%의 소금물의 양은 20g이다.

46

정답 ①

처음 12분 동안 달린 거리는 $8\times\frac{12}{60}=1.6$km이므로 남은 거리는 8.4km이다. 남은 거리를 달리는 동안의 평균 속력을 $x$km/h라고 하면 다음과 같은 식이 성립한다.

$\frac{8.4}{x}\le\frac{48}{60}$

$\rightarrow 48x\ge504$

$\therefore x\ge10.5$

따라서 최소 평균 10.5km/h의 속력으로 달려야 기념품을 받을 수 있다.

47

정답 ②

- 0 ~ 100kW까지 10분당 내야 하는 비용 : $300\div6=50$원
- 101 ~ 200kW까지 10분당 내야 하는 비용 : $50\times1.7=85$원
- 201 ~ 240kW까지 10분당 내야 하는 비용 : $85\times1.7=144.5$원

10분에 20kW씩 증가하므로 사용 단위별 비용은 다음과 같다.

- 0 ~ 100kW까지 비용 : $50\times5=250$원
- 101 ~ 200kW까지 비용 : $85\times5=425$원
- 201 ~ 240kW까지 비용 : $144.5\times2=289$원

$\therefore 250+425+289=964$원

따라서 240kW까지 전기를 사용하면 964원을 내야 한다.

48

정답 ②

A가 이긴 횟수를 x회, 진 횟수를 y회라고 하자.
A가 받은 금액에 대해 다음과 같은 식이 성립한다.

$10\times x-7\times y=49-20 \rightarrow 10x-7y=29$ … ㉠

B가 받은 금액에 대해 다음과 같은 식이 성립한다.

$10\times y-7\times x=15-20 \rightarrow -7x+10y=-5$ … ㉡

㉠과 ㉡을 연립하면 다음과 같다.

$100x-49x=290-35$

$\rightarrow 51x=255$

$\therefore x=5$

따라서 A는 게임에서 5회 이겼다.

49

정답 ②

i) A○○○B인 경우
A와 B는 자리가 정해져 있으므로 C, D, E만 일렬로 세우면 된다. → $3\times2\times1=6$가지

ii) B○○○A인 경우
마찬가지로 C, D, E만 일렬로 세우면 된다. → $3\times2\times1=6$가지

따라서 5명이 일렬로 설 때 A와 B가 양 끝에 서는 경우의 수는 $6+6=12$가지이다.

50

정답 ④

입구와 출구가 같고, 둘레가 456m인 타원 모양의 호수 둘레를 따라 4m 간격으로 일정하게 심겨 있는 가로수는 $456\div4=114$그루이다. 입구에 심어져 있는 가로수를 기준으로 6m 간격으로 가로수를 옮겨 심으려고 할 때, 4m와 6m의 최소공배수인 12m 간격의 가로수 $456\div12=38$그루는 그 자리를 유지하게 된다. 즉, 호수 둘레를 따라 6m 간격으로 일정하게 가로수를 심을 때 필요한 가로수는 $456\div6=76$그루이고, 그대로 두는 가로수 38그루를 제외해야 한다.
따라서 옮겨 심어야 하는 가로수는 $76-38=38$그루이다.

51

정답 ②

무의 개수를 a개, 감자의 개수는 $(15-a)$개라고 하면 다음과 같은 식이 성립한다.

$700a+1,200\times(15-a)=14,500$

$\rightarrow 500a=3,500$

$\therefore\ a=7$

따라서 구매한 무의 개수는 7개이다.

52

정답 ④

전체 합격자 수가 280명이므로 남학생 합격자는 $280\times\frac{5}{7}=200$명, 여학생 합격자는 $280-200=80$명이다. 불합격한 남학생과 여학생의 수를 각각 $4a$명, $3a$명이라고 하면 전체 학생 수에 대해 다음과 같은 식이 성립한다.

$(200+4a):(80+3a)=3:2$

$\rightarrow(200+4a)\times2=(80+3a)\times3$

$\rightarrow400+8a=240+9a$

$\therefore\ a=160$

따라서 지원자 중 여학생은 $80+3\times160=560$명이다.

53

정답 ③

제시된 명제를 정리하면 현명한 사람은 거짓말을 하지 않고, 거짓말을 하지 않으면 다른 사람의 신뢰를 얻는다. 따라서 현명한 사람은 다른 사람의 신뢰를 얻는다.

54

정답 ④

오답분석

① 세 번째 명제의 대우와 첫 번째 명제를 통해 알 수 있다.
② 첫 번째 명제의 대우이다.
③ 두 번째 명제의 대우이다.

55

정답 ②

'날씨가 좋다.'를 p, '야외활동을 한다.'를 q, '행복하다.'를 r이라고 하여 명제를 정리하면 다음과 같다.

- 첫 번째 명제 : $p \rightarrow q$
- 두 번째 명제 : $\sim p \rightarrow \sim r$

두 번째 명제의 대우는 $r \rightarrow p$이므로 $r \rightarrow p \rightarrow q$가 성립한다. 따라서 빈칸에 들어갈 명제로 가장 적절한 것은 $r \rightarrow q$의 대우 명제인 '야외활동을 하지 않으면 행복하지 않다.'이다.

56

정답 ②

진술에 따르면 C는 D와 커피를 마셨다. D도 C와 커피를 마셨다. 그러므로 C와 D는 함께 커피를 마셨다. 따라서 B가 D와 커피를 마셨다고 한 것은 거짓말임을 알 수 있다.

57

정답 ④

A와 B는 하나가 참이면 하나가 거짓인 명제이다. 문제에서 1명이 거짓말을 한다고 하였으므로, A와 B 2명 중 1명이 거짓말을 하였다. 경우를 나누어 각 층에서 내린 사람을 정리하면 다음과 같다.

- A가 거짓말을 할 경우

1층	2층	3층	4층	5층
C	D	B	A	E

- B가 거짓말을 할 경우

1층	2층	3층	4층	5층
B	D	C	A	E

따라서 두 경우에서 모두 A는 D보다 높은 층에서 내린다.

58

정답 ①

A는 B와 C를 범인으로 지목하고, D는 C를 범인으로 지목하고 있다. A의 진술이 진실인데 D의 진술이 거짓일 수는 없으므로 각각의 경우로 나누어 정리하면 다음과 같다.

- A와 D의 진술이 모두 진실인 경우
  B와 C가 범인이므로 B와 C가 거짓을 말해야 하며, A, D, E는 반드시 진실을 말해야 한다. 그런데 E가 거짓을 말하고 있으므로 2명만 거짓을 말해야 한다는 조건에 위배된다.
- A의 진술은 거짓, D의 진술은 진실인 경우
  B는 범인이 아니고 C만 범인이므로 B는 진실을 말하고, B가 범인이 아니라고 한 E도 진실을 말한다. 따라서 A와 C가 범인이다.
- A와 D의 진술이 모두 거짓일 경우
  범인은 A와 D이고, B, C, E는 모두 진실이 된다.

따라서 A와 C 또는 A와 D가 동시에 범인이 될 수 있다.

59

정답 ④

열차 2와 열차 3이 지나는 지역은 대전을 제외하고 중복되지 않는다고 했으므로, E의 고향은 대전이고, 열차 1은 대전을 경유한다. B가 탈 수 있는 열차는 열차 2뿐인데, 대전, 부산은 각각 E, A의 고향이므로, B의 고향은 춘천이다.

열차 1에는 D를 포함해 3명이 타는데, B는 열차 2를 이용하고, C는 D와 같이 탈 수 없다. 따라서 A, D, E가 열차 1을 이용하고, C는 열차 3을 이용한다.

구분	경유지	탑승자
열차 1	대전, 대구, 부산 또는 대전, 광주, 부산	A, D, E
열차 2	대전, 춘천, 부산	B
열차 3	대전, 대구 또는 대전, 광주	C

따라서 열차 1은 대전, 대구, 부산 또는 대전, 광주, 부산을 경유하므로 참이 아니다.

60

정답 ③

첫 번째, 세 번째 조건에 의해 A는 가운데 집에 산다.

두 번째, 네 번째, 다섯 번째 조건에 의해 A는 노란 지붕 집에 살고, 원숭이를 키운다.

다섯 번째, 여섯 번째 조건에 의해 B는 빨간 지붕 집에 살고, 개를 키운다.

이에 따라 C는 파란 지붕 집에 살고, 고양이를 키운다.

ㄷ. 둘 중에 하나만 참이면 되는데, C가 파란 지붕 집에 살고 있으므로 참이다.

ㄹ. C는 고양이를 키우므로 참이다.

오답분석

ㄱ. C가 빨간 지붕 집에 살지 않지만, B는 개를 키우므로 참이 아니다.

ㄴ. A가 노란 지붕 집에 살고, 원숭이를 키우므로 참이 아니다.

ㅁ. B는 농부일 수도 있고, 의사일 수도 있다.

61

정답 ④

거짓말은 1명만 하는데 진희와 희정의 말이 서로 다르므로 둘 중 1명이 거짓말을 하고 있음을 알 수 있다. 이때, 반드시 진실인 아름의 말에 따라 진희의 말은 진실이 되므로 결국 희정이가 거짓말을 하고 있음을 알 수 있다. 그러므로 영화관에 아름 – 진희 – 민지 – 희정 – 세영 순으로 도착하였다. 따라서 가장 마지막으로 영화관에 도착한 사람은 세영이다.

62

정답 ③

이동 시간이 긴 순서대로 나열하면 'D – B – C – A'이다. 이때 이동 시간은 거리가 멀수록 많이 소요된다고 하였으므로 서울과의 거리가 먼 순서에 따라 D는 강릉, B는 대전, C는 세종, A는 인천 지점에서 근무하는 것을 알 수 있다.

63

정답 ③

은호의 신발 사이즈는 235mm이며, 은호 아빠의 신발 사이즈는 270mm이므로 은호 아빠와 은호의 신발 사이즈 차이는 270−235=35mm이다.

오답분석

① 은수의 정확한 신발 사이즈는 알 수 없다.

② 은호의 엄마는 은호보다 5mm 큰 신발을 신으므로 은호 엄마의 신발 사이즈는 240mm이다. 따라서 은호 아빠와 엄마의 신발 사이즈 차이는 270−240=30mm이다.

④ 은수의 신발 사이즈는 230mm 이하로 엄마의 신발 사이즈와 최소 10mm 이상 차이가 난다.

64

정답 ③

C대리의 2025년 업무평가 점수는 직전 연도 업무평가 점수인 89점에서 지각 1회에 따른 5점, 결근 1회에 따른 10점을 제한 74점이다. 따라서 승진 대상에 포함되지 못하므로 그대로 대리일 것이다.

오답분석

① A사원은 근속연수가 3년 미만이므로 승진 대상이 아니다.

② B주임은 출산휴가 35일을 제외하면 근속연수가 3년 미만이므로 승진대상이 아니다.

④ D과장은 승진을 하나, 직급은 대리가 아니다.

65

정답 ②

먼저 A행원의 시간당 통상임금을 구하면 4,493,500÷209=21,500원이다. 주중 초과근무를 한 날짜와 시간을 확인하면 11일 2시간, 12일 2시간, 19일 2시간, 23일 3시간(3시간까지만 인정)이다. 그러므로 주중 초과근무수당은 21,500×1.5×(2+2+2+3)=290,250원이다.

다음으로 주말과 공휴일의 초과근무수당을 확인하면 5일과 27일에 각각 8시간을 채워서 일당으로 초과근무수당을 받을 수 있다. 그러므로 주말과 공휴일의 초과근무수당은 (21,500×8)×1.5×2=516,000원이다.

따라서 A행원의 지난달 초과근무수당은 290,250+516,000=806,250원이다.

66

정답 ④

제시된 규정에 따라 사례금액의 상한액을 산출하면 다음과 같다.

구분	강의시간	기타	사례금액 상한액
A국립대 M교수	1시간	-	20만 원
B언론사 K기자	2시간	-	250만 원
C병원 S병원장	2시간	-	100만 원
D사립대 J강사	1시간	원고료 10만 원 추가 요청	100만 원
합계			470만 원

B언론사 K기자와 C병원 S병원장의 경우, 1시간을 초과하여 강의를 하므로 (기본 1시간 상한금액)+(상한금액의 1.5배)에 해당하는 추가금액을 지급할 수 있다.
따라서 사례금액의 총상한액은 470만 원이다.

67

정답 ④

A씨는 15t 화물트럭을 이용하므로 B씨의 차종은 4종에 해당하며, 4종의 km당 주행요금은 62.9원이다. 이를 바탕으로 A씨의 고속도로 통행요금을 구하면 다음과 같다.

- 서울 → 영천
  - 개방식 6차로 비용 : $720+180\times(62.9\times1.2)=14{,}306.4 \fallingdotseq 14{,}306$원
  - 폐쇄식 4차로 비용 : $900+150.4\times62.9=10{,}360.16 \fallingdotseq 10{,}360$원
- 영천 → 부산
  - $(900\times0.5)+44.4\times(62.9\times0.5)=1{,}846.38 \fallingdotseq 1{,}846$원

따라서 A씨가 지불해야 하는 고속도로 통행요금은 $14{,}306+10{,}360+1{,}846=26{,}512$원이다.

68

정답 ③

남행원은 B등급 이상인 호텔을 선호한다고 하였으므로, K·M·W호텔이 이에 해당한다. M호텔은 2인실이 없으므로 제외되며, K·W호텔의 숙박비와 식비(조식1, 중식2, 석식1)는 K호텔은 $17\times3+1\times3\times6=69$만 원이고, W호텔은 $15\times3+0.75\times4\times6=63$만 원이다. 그러므로 가장 저렴한 W호텔에서 숙박하며, 비용은 63만 원이다.
여행원도 B등급 이상인 호텔을 선호한다고 했으므로 K·M·S호텔 중 M호텔은 2인실이 없으므로 제외되며, K·S호텔 중에서 역과 가장 가까운 K호텔에 숙박한다. 그러므로 K호텔의 비용은 $17\times2+1\times3\times4=46$만 원이다.
따라서 남행원과 여행원에게 사용하는 출장비용은 각각 630,000원, 460,000원이다.

69

정답 ①

가능한 점수는 최대 20개 모두 개선/확장하면 400점, 최소 20개 모두 중단하면 160점이다.
20개의 사업을 모두 개선/확장한 경우인 400점에서 생각하자. 1개의 사업이 개선/확장을 한 것이 아니라 현행을 유지한 것으로 상황이 바뀌면, 총점은 $20-12=8$만큼 감소한다. 또한 1개의 사업이 개선/확장이 아니라 중단으로 바뀌면, 총점은 $20-8=12$만큼 감소한다.
따라서 현행유지한 사업의 개수를 x개, 중단한 사업의 개수를 y개라고 하면 총점은 $(400-8x-12y)$점이 된다($x \le 20$, $y \le 20$, $x+y \le 20$, x, y는 0 또는 자연수).
선택지의 점수가 나오는 경우를 가정하면 다음과 같다.
i) $x=4$, $y=10$인 경우 : $400-8\times4-12\times10=248$점
ii) $x=5$, $y=8$인 경우 : $400-8\times5-12\times8=264$점
iii) $x=9$, $y=2$인 경우 : $400-8\times9-12\times2=304$점
따라서 부서의 분기 사업성과점수로 나올 수 없는 것은 218점이다.

70

정답 ①

기회는 외부환경요인 분석에 속하므로 회사 내부를 제외한 외부의 긍정적인 면에 작용하는 것을 말한다. 따라서 ①은 외부의 부정적인 면으로 위협요인에 해당한다.

오답분석

②·③·④ 외부환경의 긍정적인 요인으로 볼 수 있어 기회요인에 속한다.

제2영역 금융 · 디지털상식

71 정답 ④

환금성 보장 및 거래의 안정성 등 우량한 단기자금 운용수단은 투자자 측면에서의 기능이다.

72 정답 ④

재산신탁은 수탁받는 신탁재산이 금전이 아닌 다른 재산인 신탁으로 유가증권신탁, 부동산신탁, 동산신탁 등이 있다. 노후생활연금신탁은 금전신탁에 해당한다.

73 정답 ①

투자목표를 설정할 때는 투자자의 성별이 아니라 투자자의 나이를 고려하여야 한다.

74 정답 ①

전략적 자산배분전략은 장기간으로 설정하여 자산을 배분하며, 자본시장조건이 변하지 않는 것으로 가정하여 소극적이고 정적인 운용방법을 선택한다. 효율적인 자산배분을 통해 시장평균수익률을 추구하며, 대표적인 모델로 CAPM(자본자산 가격결정 모형)이 있다. 전술적 자산배분전략은 중장기간으로 설정하여 자산을 배분하며, 자본시장조건이 어떻게 변동할지 예상하여 적극적으로 시장평균수익률을 초과하는 수익률을 얻고자 하는 전략이다. 다만, 전략적, 전술적 자산배분전략 모두 투자자의 위험허용정도는 상황변화에 따라 변하지 않음을 가정한다.

75 정답 ②

위험회피형 투자자의 효용함수는 원점에 대해서 오목한 우상향의 무차별곡선을 갖는다. 반면에 위험선호형 투자자의 효용함수는 원점에 대해 볼록한 형태로 투자수익의 증가가 있을 때 체증하는 모양을 보인다. 위험중립형의 효용함수는 직선형으로 표시된다.

76 정답 ②

NCSC(미국 국립 컴퓨터 보안센터)에서 규정한 보안 등급은 보안 정책, 접근 방식, 인증 정도에 따라 (낮음) D1 → C1 → C2 → B1 → B2 → B3 → A1 (높음)으로 구분한다.

77 정답 ①

오답분석

② 랜섬웨어 : 악성코드(Malware)의 일종으로, 인터넷 사용자의 컴퓨터에 잠입해 내부 문서나 스프레드시트, 그림파일 등을 암호화해 열지 못하도록 만든 다음, 이를 해제하기 위해서는 악성코드 제작자에게 대가로 금품을 제공해야 하는 악성 프로그램
③ 트로이목마 : 자료삭제 · 정보탈취 등 사이버테러를 목적으로 사용되는 악성 프로그램으로, 해킹 기능을 가지고 있어 인터넷을 통해 감염된 컴퓨터의 정보를 외부로 유출하는 것이 특징임
④ 매크로 바이러스 : 매크로 명령을 사용하는 프로그램 데이터에 감염되는 컴퓨터 바이러스로, 엑셀이나 워드 등 매크로를 사용하는 데이터를 전자우편으로 보낼 때 상대방의 컴퓨터에 침투하여 작업한 문장을 바꾸어 놓거나 하드디스크를 지워버리는 일을 함

78 정답 ④

메인넷은 회사마다 목표로 한 블록체인 서비스에 알맞은 플랫폼을 구현하기 위해 기존의 플랫폼에서 나와 독자적인 생태계를 구성하게 되었다.

79 정답 ②

AI 콘택트센터(AICC)는 인공지능(AI)을 통해 콜봇이나 챗봇이 고객의 질문에 답변하는 지능형 고객센터를 말한다. 음성인식, 문장분석, 대화엔진 등의 각종 AI 기술이 동시 적용되어 인간과 유사한 목소리로 일상적인 언어를 구사해 고객의 질문에 적절하게 대응하며, 실시간으로 상담내용을 파악해 상담사에게 관련 정보를 찾아주는 기능도 한다.

80 정답 ④

오픈뱅킹은 하나의 애플리케이션만으로 여러 은행의 계좌를 관리할 수 있도록 제공하는 서비스이다.

오답분석

① 섭테크 : 금융감독(Supervision)과 기술(Technology)의 합성어로, 금융감독의 업무를 효율적으로 시행하기 위한 기술. 대표적으로 금융감독원의 주 업무인 금융의 감독, 감시업무를 자동화하기 위한 기술이 있음
② 레그테크 : 규제(Regulation)와 기술(Technology)의 합성어로, IT기술을 활용하여 금융회사에서 내부의 업무를 통제하고 국가의 법이나 규제를 자동적으로 준수할 수 있도록 하는 기술
③ 뱅크런 : 경제상황 악화로 금융시장에 위기감이 조성되면서 은행의 예금 지급 불능 상태를 우려한 고객들이 대규모로 예금을 인출하는 사태